Carl-Auer

D1735672

CIK UnternehmerBeratung GmbH
St. Ottilien-Str. 8 · D-82299 Türkenfeld

Bernd Schmid/
Christiane Gérard

Intuition und Professionalität

Systemische Transaktionsanalyse
in Beratung und Therapie

2008

Über alle Rechte der deutschen Ausgabe verfügt Carl-Auer-Systeme
Verlag und Verlagsbuchhandlung GmbH Heidelberg
Fotomechanische Wiedergabe nur mit Genehmigung des Verlages
Satz u. Grafik: Drißner-Design u. DTP, Meßstetten
Umschlaggestaltung: Goebel/Riemer
Printed in the Netherlands
Druck und Bindung: Koninklijke Wöhrmann, Zutphen

Erste Auflage 2008
ISBN: 978-3-89670-649-2
© 2008 Carl-Auer-Systeme, Heidelberg

Bibliografische Information der Deutschen Nationalbibliothek
Die Deutsche Nationalbibliothek verzeichnet diese Publikation
in der Deutschen Nationalbibliografie; detaillierte bibliografische
Daten sind im Internet über http://dnb.d-nb.de abrufbar.

Informationen zu unserem gesamten Programm, unseren Autoren
und zum Verlag finden Sie unter: **www.carl-auer.de**.

Wenn Sie unseren Newsletter zu aktuellen Neuerscheinungen
und anderen Neuigkeiten abonnieren möchten, schicken Sie
einfach eine leere E-Mail an: **carl-auer-info-on@carl-auer.de**.

Carl-Auer Verlag
Häusserstraße 14
69115 Heidelberg
Tel. 0 62 21-64 38 0
Fax 0 62 21-64 38 22
E-Mail: info@carl-auer.de

Inhalt

Vorwort 9
Einleitung 10

1. Standortbestimmung 15

2. Intuition 22

2.1 Jeder lebt in seiner Wirklichkeit 22
2.1.1 *Als Eric Berne die Transaktionsanalyse erfand* 22
2.1.2 *Intuition als Beurteilungsvorgang* 23
2.1.3 *Der Informationsbegriff des systemischen Ansatzes* 24
2.1.4 *Intuition als Information* 25
2.1.5 *Wirklichkeitsfinden* 26
2.1.6 *Verantwortung* 28
2.1.7 *Professionsgewohnheiten* 28
2.1.8 *Professionelle Kreativität* 30
2.2 Ich handle, also weiß ich 31
2.2.1 *Beschreibung und Definition von Intuition* 31
2.2.2 *Verfügbarkeit professioneller Intuition* 35

3. Kommunikationsmodelle – Die Seele ins Gespräch einladen .. 55
3.1 Das Sender-Kanal-Empfänger-Modell 55
3.2 Das Kulturbegegnungsmodell 56
3.3 Das Dialogmodell der Kommunikation 59
3.4 Schulung der Dialogfähigkeit 61
3.4.1 *Persönliche Mythologien und Begegnung* 62
3.4.2 *Erzählungen* 64
3.4.3 *Die Theatermetapher* 65
3.4.4 *Sinnorientierte Organisationskultur* 67
3.4.5 *Zusammenfassung und Schlussfolgerung* 69

4. Weitere Konzepte der systemischen Transaktionsanalyse
   im Überblick 71
4.1 Die Konstruktion von Wirklichkeiten 72
4.1.1 *Der Bezugsrahmen* 72
4.1.2 *Definierende, kodefinierende und redefinierende Transaktionen* .. 73

4.1.3 Abwertung und Wertung 73
4.1.4 Fokusbildung und Fokussierung 74
4.1.5 Pragmatische Unterscheidung von Wirklichkeitsbildern 74
4.1.5 ... auf dem Weg zu einer Wirklichkeitsstil-Analyse
       und -Beratung 74
4.2   Symbiose und Verantwortungskultur 75
4.2.1 Das Verantwortungssystem 76
4.2.2 Symbiosen als Störungen im Verantwortungssystem 76
4.2.3 Umgang mit Verantwortungsstörungen und
       Verantwortungsdialog 77
4.3   Zwickmühlen und der Dilemmazirkel 77
4.3.1 Definition und Beispiel 78
4.3.2 Der Dilemmazirkel 78
4.3.3 Umgang mit Zwickmühlen 79
4.3.4 Dilemmazirkel und Sinnzirkel 80
4.4   Arbeit mit Identitätsirrtümern – Passamtsarbeit 81
4.4.1 Identitätsüberzeugungen und Erfahrung 81
4.4.2 Engpass dritten Grades 82
4.4.3 Entstehung einschränkender Identitätsüberzeugungen 83
4.4.4 Die Passamtsarbeit 83
4.4.5 Identität als Mosaikspiegel 84
4.5   Antreiberdynamiken 84
4.5.1 Die 5 Antreiber 84
4.5.2 Konterdynamiken 85
4.5.3 Antreibersysteme 85

5. Rollenkonzept der TA 87
5.1   Das Rollenmodell der Persönlichkeit 87
5.2   Definition von Rolle 88
5.3   Diskussion zu Persönlichkeit 89
5.4   Kommunikation – Das Rollenmodell und
       Beziehungswirklichkeiten 91

6. Beziehungen 96
6.1   Macht der schöpferischen Beziehung 96
6.1.1 Beziehung als Schöpfungsraum 97
6.1.2 Schöpferische Orientierung 98
6.1.3 Die Welt- und Wirklichkeitserzeugung durch Schemata 99
6.1.4 Kreativität und »Gestörtheit« 100
6.1.5 Heilt Psychotherapie die Gesellschaft? 101

6.1.6 *Verantwortung für gesellschaftliche Ressourcen* 102
6.1.7 *Bindung und Weltoffenheit* 102
6.1.8 *Eine Evolutionsperspektive* 103
6.1.9 *Eine spirituelle Perspektive* 105
6.1.10 *Teilperspektiven und das Ganze* 105
6.1.11 *Neurowissenschaften und Modelle der Zukunft* 106
6.2 Privatbeziehungen und Organisationsbeziehungen –
    Auseinandersetzung mit dem Ansatz von Viktor Frankl . . . 108
6.2.1 *Beziehung und Begegnung* 108
6.2.2 *Privatbeziehungen* 109
6.2.3 *Organisationsbeziehungen* 114
6.2.4 *Zusammenfassung* 123
6.3 Beziehungen und professionelle Individuation 124
6.3.1 *Was meint »Wesentlich«?* 124
6.3.2 *Transaktionsanalyse und Wesensschau* 125

7. Konzeptionelle Perspektiven für Therapie und Beratung **128**
7.1 Orientierungsschema 128
7.1.1 *Die Perspektiven* 128
7.1.2 *Die Betrachtungsebenen* 131
7.2 Das Orientierungsschema in Aktion 134
7.2.1 *Der Fall* 134
7.2.2 *Der professionelle Anfang* 139

8. Professionalität und systemische Transaktionsanalyse **143**
8.1 Professionalität und Professionalisierung 143
8.2 Supervision und professionelle Kompetenz
    für Transaktionsanalytiker 144
8.2.1 *Weiterbildung früher* 144
8.2.2 *Weiterbildung heute* 145
8.2.3 *Die professionelle Kompetenz* 145
8.2.4 *Das »Toblerone-Modell« für professionelle Kompetenz* 148
8.2.5 *Zweck der Transaktionsanalytiker-Prüfung früher und heute* . . . 151
8.2.6 *Ausblick* 151
8.3 Supervision nach dem Toblerone-Modell 154
8.3.1 *Der Fall* 155
8.3.2 *Die Supervision* 158
8.3.3 *Einschätzung des Vorgehens und andere Optionen* 159
8.3.4 *Konzeptualisierung der Beratung mit*
    transaktionsanalytischen Konzepten 161

8.3.5 Der Beratungsvertrag 162
8.3.6 Umgang mit dem Bezugsrahmen und persönlichen Optionen ... 162
8.3.7 Spielanalyse 163
8.3.8 Entwicklung einer Moderationsstrategie für das Gespräch
mit den Abteilungsleitern 165
8.3.9 Definition der Beraterrolle 166
8.3.10 Zusammenfassung 169
8.4   Die Weiterbildung in Transaktionsanalyse 169
8.4.1 Wichtige Merkmale der TA-Weiterbildung 169
8.4.2 Vorzüge der TA-Weiterbildung 173
8.4.3 Die Kultur der transaktionsanalytischen Gemeinschaft 176
8.4.4 Zusammenfassung 177

9. Meilensteine **179**
9.1   Theorie, Sprache und Intuition 179
9.1.1 Begreifen und Begriffe 179
9.1.2 Fachsprache und Wirklichkeit 180
9.1.3 Komplexität versus Handlungsfähigkeit 182
9.1.4 Intuition und Sprache 183
9.1.5 Der Umgang mit Konzepten 184
9.1.6 Schluss 185
9.2   Identität als Transaktionsanalytiker 186
9.2.1 Die Inkonsistenz von Konzepten 186
9.2.2 Das Einnehmen einer Metaperspektive 187
9.2.3 Kritische Fragen an die TA 188
9.3   TA – auch eine professionsübergreifende Qualifikation 195
9.3.1 Ein Plädoyer für die Gleichberechtigung
der Professionen in der TA 195
9.3.2 Entwicklung von Autonomie geschieht in
allen gesellschaftlichen Feldern 196
9.3.3 Psychotherapie und gesellschaftliche Verantwortung 198
9.3.4 Neue Kompetenzen statt Heilung alter Neurosen 199
9.3.5 Ein universelleres Verständnis von Transaktionsanalyse 200

10. Glossar **202**

Literatur **208**
Hinweise **218**
Über die Autoren **222**

Vorwort

»Wo ist der Wind, wenn er nicht weht?«, lautete der Titel eines meiner früheren Bücher. Weshalb hat diese Frage für mich bis heute eine magische Ausstrahlung behalten? Es ist wohl die Doppelgesichtigkeit von Wirklichkeit, die wir nicht auflösen können und mit der wir gestaltend leben müssen: Einerseits sind Welt, Wirklichkeit und Leben real und unwiederbringlich einmalig und andererseits ein Universum von Möglichkeiten. Und wir sind mittendrin.

In diesem Buch geht es um eine Professionalität, die unter vielfältigen Gesichtspunkten Sinn ergibt und die uns hilft, als Spielbälle der Strömungen einerseits und als verantwortlich Handelnde andererseits immer wieder Balancen zu finden. Es geht um Verständnisse, Haltungen, Konzepte und Methoden, die uns zu professioneller Würde verhelfen und dazu, praktische Kompetenz, menschliche Berührbarkeit und gesellschaftliche Verantwortung zueinanderzubringen.

Viele haben als Wegbereiter, Lehrer, Kollegen und Schüler zur Entstehung dieses Buches beigetragen. Dabei sind Menschen aus verschiedenen gesellschaftlichen und professionellen Feldern zu Weggefährten und Freunden geworden. Ich wüsste nicht, wo anfangen und aufhören, würde ich versuchen, sie im Einzelnen nennen. Doch danke ich euch allen für euer Engagement, eure Wahrhaftigkeit und eure Verbundenheit.

Hervorheben möchte ich drei Menschen, ohne die dieses Buches wohl kaum entstanden wäre. Da sind Beate Ch. Ulrich vom Carl-Auer Verlag, von der die Initiative stammt, meine Kollegin Christiane Gérard, durch deren Kompetenz aus einer Textansammlung ein Buch wurde, und Ingeborg Weidner, die als Lektorin des Instituts (im Zusammenspiel mit Uli Wetz, dem Lektor für den Carl-Auer Verlag) dem Rohmanuskript eine kunstgerechte Form gab.

Ihnen allen verdanke ich, dass diese Ideen nun schwarz auf weiß zugänglich sind.

Bernd Schmid
Wiesloch, im Juni 2008

Einleitung

Nehmen wir an, einer unserer Vorfahren trinkt an einer Quelle. Als er sich aufrichtet, sieht er sich einem Wolf gegenüber. Augenblicklich aktiviert sich bei ihm eine sehr komplexe Urteilsbildung, die sich unmittelbar in körperliche Aktivität umsetzt. Um zu wissen, was er tun muss, muss er jede Menge Informationen aufnehmen, analysieren und zu einem Urteil integrieren. Dazu gehört zum Beispiel die Frage nach den Motiven des Wolfes – will er trinken oder jagen? Welche Reaktionen lösen vermutlich welche Reflexe bei ihm aus? Falls unser Vorfahr auf Bedrohung schließt, wie beurteilt er die Topografie des Ortes, und was schließt er aus den Positionen von Wolf und Mensch dort? Welche Bedingungen sind gegeben: Sprechen sie eher für Kampf, Flucht oder vorsichtiges Zurückziehen? Wie werden die eigenen Kräfte und zu erwägenden Vor- und Nachteile in einem Kampf eingeschätzt? Wie die des Wolfes? Ist eine Erstarrung in Nichthandeln ein angemessener Totstellreflex, oder wäre die sofortige Aktivität relativ ungefährlicher? Die Datenbereiche und -mengen, die hierzu herangezogen werden und das weitere Verhalten bestimmen könnten, können beliebig erweitert werden. Die Beurteilung muss jedoch ohne solche intellektuelle Kategorisierung blitzschnell erfolgen und direkt in Handeln umgesetzt werden.

Zu den Begegnungen mit Wölfen unserer Zeit gehören immer komplexer werdende berufliche Herausforderungen und die Erwartung, sofort, entschlossen und dennoch intelligent handeln zu können. Dies wird zum Beispiel in der professionellen Beratung von Menschen oder Organisationen erwartet. Dort haben die Fachleute über eine eigene Beurteilung der Lage hinaus den Anspruch, Wegführer für andere Menschen in deren Gelände zu sein. Dieser Anspruch erfordert es in besonderem Maße, ihre eigene Orientierung und die Art und Weise, wie sie anderen orientierende Dienste leisten wollen, zum Gegenstand ihrer Betrachtung und Verantwortung zu machen.

Ereignisse, Verknüpfungen und Zusammenhänge, die intuitiv als wesentlich für Begegnungen und Entwicklungen gesehen werden, werden von Denkschulen in Sprache und Konzepte gefasst. Diese entwickeln allerdings leicht ein Eigenleben, werden zu »Selbstverständlichkeiten« und häufig mit Realität gleichgesetzt. Dann können sie die Intuition eines Beraters in bestimmten Dimensionen schulen und ausrichten, aber auch verengen. Es ist eine Herausforderung für jeden Professionellen, in seiner Sprache, in seinen Konzepten und Vorgehensweisen »zu Hause zu sein« und sie dennoch als vorläufige Arbeitsmittel mit befragungswürdiger Aussage zur Disposition stellen zu können.

Beratungsprozesse sollten die vielfältige Lebendigkeit menschlicher Wirklichkeiten, aber auch die Kräfte gesellschaftlicher Prozesse widerspiegeln. Andererseits muss Komplexität vereinfacht, in Begriffe oder Konzepte gefasst werden, so dass daraus Handlungsmöglichkeiten ablesbar und Methoden entwickelt werden können. Dies ist ein Drahtseilakt, der letztlich nur teilweise gelingen kann und daher ständig verbessert werden muss. All das in Demut anzunehmen und sich dennoch herausfordern zu lassen ist für Professionelle entscheidend.

Man kann das den fragmentarischen Ansatz der Professionalität nennen: »Ein Fragment ist ein Bruchstück, das beispielhaft für ein Ganzes steht. Über Kostproben kann das Ganze verstanden werden, ohne dass das Ganze je erreicht oder erfasst werden könnte.«[1]

Die neun Kapitel des Buches sind in diesem Sinne Pars pro Toto: Sie liefern Ideen, Impulse, Werkzeuge und Beispiele. Anhand ihrer kann jeder, der professionell in Sachen Beratung oder als Mitgestalter von Organisationen unterwegs ist, seine Professionalität reflektieren. Vieles wird am Beispiel der systemischen Transaktionsanalyse (TA) illustriert. Vorkenntnisse in TA sind jedoch nicht erforderlich. Von den dargestellten Überlegungen zur Professionalität kann jeder profitieren, der einer anspruchsvollen Tätigkeit in Organisationen bzw. einer beraterischen oder psychologischen Tätigkeit nachgeht, unabhängig davon, zu welchen Schulen oder Denkrichtungen er neigt.

Im *ersten* Kapitel erläutert Bernd Schmid im Gespräch seinen professionellen Standort und den des *Instituts für systemische Beratung*, Wiesloch. Insbesondere wird spürbar, wie die Ausführungen dieses Buch aus jahrzehntelanger Auseinandersetzung mit Professionalität,

---

1 Zum fragmentarischen Ansatz und zu fragmentarischem Lernen siehe die Website des *Instituts für systemische Beratung (ISB)* unter: http://www.systemische-professionalitaet. de/isbweb/content/view/83/156/ [13.5.2008].

der Transaktionsanalyse und systemischer Therapie bzw. Beratung erwachsen sind.[2]

Im *zweiten* Kapitel geht es um Intuition, einen der zentralen Begriffe dieses Bandes. Intuition ist ein wesentliches Moment jeder erfolgreichen Tätigkeit. Wie elementar Intuition in menschlichen Beziehungen ist, kann man erkennen, wenn sie fehlt oder stark eingeschränkt ist, wie dies z. B. bei Autismus der Fall ist. Wenn zwei oder mehr Menschen (bzw. lebende Systeme) mit ihren jeweils eigenen Erlebnis-, Erfahrungs- und Denkwelten aneinanderankoppeln, ist immer Intuition im Spiel. Aus der Vielzahl möglicher Begegnungen, Inhalte und Qualitäten müssen die für einander wesentlichen bestimmt und abgestimmt werden.

Im *dritten* Kapitel werden Kommunikationsmodelle beschrieben, die Intuition berücksichtigen. Sie legen vielschichtige Reflexionen darüber nahe, wie kommunikative Abstimmung geschieht und verbessert werden kann (Abschnitt 3.2 und 3.3). Milton Erickson fasste dies sinngemäß so: Glaube nie, durch deine Konzepte die Wirklichkeiten eines Gegenübers ganz fassen zu können. Es kann immer auch anders sein, und deine Aufgabe ist es, damit flexibel und kreativ umzugehen (vgl. Zeig 2006).

Intuitive Vorgänge sind sowohl für Selbststeuerung nach innen wie auch für die Aufgabenbewältigung und Beziehungsgestaltung nach außen entscheidend. Gut versorgt und verantwortet, haben sie ein großes kokreatives Potenzial (Abschnitt 3.4).

Das *vierte* Kapitel gibt einen Überblick über eine Reihe von bewährten Konzepten für Professionelle, die Bernd Schmid über die Jahre entwickelt hat, meist aufbauend auf Konzepten der TA. Hierzu gehören Fragen der Konstruktion von Wirklichkeiten, des Bezugsrahmens und der Wirklichkeitsstile ebenso wie der Umgang mit verantwortungsvermeidenden symbiotischen Beziehungen, Zwickmühlen oder mit Identitätsirrtümern und Antreibern.

Im *fünften* Kapitel wird das Rollenmodell der TA ausführlicher dargestellt. Diese Erweiterung des Persönlichkeitsmodells der TA

---

2 Bernd Schmid hat als TA-Lehrtrainer viele Therapeuten und Berater wie auch Lehrtrainer und Supervisoren weitergebildet und hat bei der Entwicklung der Deutschen Gesellschaft für Transaktionsanalyse maßgebend mitgewirkt.
Das von ihm ab 1984 aufgebaute *Institut für systemische Beratung* hat bis heute ca. 2000 Professionelle im Organisationsbereich in mindesten einjährigen Curricula weitergebildet. Für seine Beiträge zum systemischen Ansatz wurde er als Ehrenmitglied in die Systemische Gesellschaft berufen.

berücksichtigt den gesellschaftlichen Zusammenhang und ist für professionelles Arbeiten über psychologische Fragestellungen hinaus hilfreich. Die Persönlichkeit eines Menschen wird als das Bündel seiner Rollen, die er auf den Bühnen seiner Welten spielt, gesehen. So ist der systemische Zusammenhang zu gesellschaftlichen Inszenierungen schon durch die Definition von Persönlichkeit hergestellt. In Beziehungen können dadurch bruchlos Belange ganz verschiedener Professionen und Organisationen berücksichtigt werden.

Um Beziehungen geht es auch im *sechsten* Kapitel. Beziehung wird als der Ort für schöpferische Wirklichkeitsgestaltung beschrieben. Dabei werden verbreitete Professionsgewohnheiten und ihre Wirklichkeitserzeugungen kritisch unter die Lupe genommen. Kokreative Beziehungen ermöglichen es, einerseits gemeinsam erfolgreich zu arbeiten und gesellschaftliche Verantwortung zu tragen sowie andererseits sich selbst zu verwirklichen und dem eigenen Dasein Sinn zu verleihen. Konzepte hierfür sollten den Brückenschlag zwischen privater Selbstverwirklichung und der Mitgestaltung gesellschaftlicher Verhältnisse erleichtern.

Daher werden bewährte Ansätze wie etwa der von Viktor Frankl gewürdigt, aber auch um Perspektiven von Profession und Organisation ergänzt.

Im *siebten* Kapitel wird ein didaktisches Schema für die Konzeption und Reflexion von Beratung aus systemischer Perspektive vorgestellt. Dieses Schema zeigt, wie Beobachtungen in der Beratung in ganz verschiedene Zusammenhänge gestellt werden können, was ganz verschiedene Vorgehensweisen auf unterschiedlichen Arbeitsebenen nahelegt. An einem fiktiven Fall wird illustriert, wie sich wenige Wirklichkeitsüberzeugungen vernetzen und zu einem bizarren Verhalten führen können. Vielleicht könnte man bei systemischer Beratung ohne die üblichen Krankheitsbilder und die daraus erwachsenden Therapien auskommen.

Im *achten* Kapitel wird das Toblerone-Modell für professionelle Kompetenz vorgestellt. Dieses Modell steht seit Jahren für Perspektivenerweiterung in Supervisionen ganz allgemein und für deren Konsequenzen für die Weiterbildungs- und Prüfungskultur von Verbänden wie z. B. denen der TA. An einem Beispielfall aus dem Organisationsbereich wird illustriert, zu welchen Betrachtungen und Konsequenzen die Supervision mit diesem Modell führt. Professionelle Wirklichkeitserzeugung hat entscheidend mit der Weiterbildungskultur der Verbände zu tun. Am Beispiel der TA werden Kulturelemente beschrieben, die eine offene, pluralistische, repressionsarme und doch verbindliche Verbandskultur bewirken sollen.

Im *neunten* Kapitel werden drei Meilensteine in den Beiträgen Bernd Schmids zur Entwicklung der TA-Verbandskultur vorgestellt. Der erste (1986a) ist dem Zusammenhang von Intuition, Theorie und Sprache gewidmet. Dadurch sollte an die kreative und offene Atmosphäre der TA-Gründer-Jahre angeknüpft werden. Der zweite (1988a) plädiert dafür, das professionelle Selbstverständnis von gewachsenen Inhaltskonzepten und Methoden abzulösen, damit neue Entwicklungen in der Berufslandschaft in Kernkonzepten berücksichtigt und in das Selbstverständnis der Schule integriert werden können. Der dritte Beitrag zeigt auf, wie Wege aus immer noch unterschwellig durch Psychotherapie dominierten Professionsverständnissen in Richtung professionsübergreifender Ansätze aussehen könnten.

Ein Glossar am Ende des Buches erläutert einige Konzepte der Transaktionsanalyse und einige von Bernd Schmids Denk- und Wortgestalten. Eine Übersicht über seine Schriften zur Transaktionsanalyse ermöglicht eine weiter gehende Orientierung.

1. Standortbestimmung

Die folgenden Ausführungen[3] sollen in einer eher lockeren Form an die Perspektiven dieses Buches heranführen.

Könnten Sie einem Laien in einem Satz erklären, was Transaktionsanalyse ist?

Die klassische TA ist für Persönlichkeit und Kommunikation so etwas Ähnliches wie das Fehleranalyse- und -reparaturprogramm für die Elektronikprogrammierung eines Autos. Man kann damit herausfinden, welche Fehlsteuerungen den Fahrkomfort oder die Sicherheit beeinträchtigen und Abhilfe schaffen.

Was ist für Sie das wichtigste Konzept der TA?

Das ist das Konzept der Intuition [s. hier Kap. 2]. Intuition ist die Basis von Kommunikations- und Führungskompetenz.

Ohne wechselseitige intuitive Abstimmung könnte zum Beispiel ein erfolgreiches Zusammenspiel in einer Fußballmannschaft überhaupt nicht funktionieren. In anspruchsvollen Berufen braucht man daher geschulte, professionelle Intuition. Diese sollte von einem ebenfalls geschulten, professionellen Bewusstsein überwacht werden. Denn Intuition kann auch fehlprogrammiert sein oder nicht zur Situation passende Programme benutzen. Jeder Autofahrer kennt bei einem plötzlich auftauchenden Hindernis den intuitiven Bremsreflex – auch bei Glatteis. Hier kommt es zu einer gefährlichen intuitiven Fehlsteuerung, weil die Intuition noch nicht angemessen durch ein Schleudertraining geschult wurde.

In speziellen Analyseverfahren kann herausgefunden werden, was bei der »spontanen Reaktion« genau schiefläuft. Dann kann eine Korrektur oder Neuausrichtung vorgenommen werden, und zwar so, dass die Intuition in vergleichbaren Situationen künftig besser arbeitet [s. auch Kap. 3]. Die TA bietet viel Erfahrung in der Schulung von Intuition [s. Kap. 8].

---

3 Der Text besteht aus zwei Interviews, die hier, gekürzt und bearbeitet, zu einem zusammengefasst sind (vgl. Schmid u. Webers 2007; Schmid 2004b).

Sie gelten als systemischer Transaktionsanalytiker. Was hat Sie bewogen, sich der systemischen Betrachtung zu widmen?

Neben der TA-Ausbildung habe ich mich für einige Jahre in systemischer Therapie bei der Mailänder Gruppe (Gianfranco Cecchin, Luigi Boscolo und anderen) weitergebildet. Ich gelangte zu einer neuen metatheoretischen Orientierung in der Systemtheorie und den Theorien zur Wirklichkeitskonstruktion. Ich hatte bereits den Ansatz der chilenischen Neurobiologen Umberto Maturana und Francesco Varela sowie die Ideen von Gregory Bateson und der Palo-Alto-Gruppe (Watzlawick u. a.) und anderer studiert. Ich hatte mich auch mit der Tiefenpsychologie von C. G. Jung vertraut gemacht und bei dem legendären Hypnotherapeuten Milton Erickson studiert.

Jede dieser Betrachtungsweisen und Methoden brachte andere Wirklichkeiten in den Vordergrund. Dies hat mich frei gemacht, auch die TA für die systemische Arbeit in Organisationen weiterzuentwickeln. Ich war bereit, mich nach einer neuen Identität umzusehen und mich selbst als systemischen Therapeuten zu bezeichnen.

Mehr und mehr Führungskräfte setzen sich in Managementtrainings mit Modellen der Transaktionsanalyse auseinander. Braucht eine Führungskraft dieses Wissen, um professionell mit seinen Mitarbeitern umzugehen?

Im obigen Bild gesprochen, interessiert sich der Autofahrer normalerweise verständlicherweise wenig für die Programmierung seiner Autoelektronik. Selbst die Benutzerinformationen erspart er sich, wenn intuitives Lernen zu einem befriedigenden Gebrauch führt. Anders ist das mit Technikbegeisterten und Fachleuten, die mit Störungen oder Steuerungsoptimierungen zu tun haben. Sie müssen alles über die Autoelektronik wissen und mit immer neuen Prüf- und Reparaturprogrammen umgehen. Wenn diese Programme an ihre Grenzen kommen, sollten die Technikfachleute sie sogar an wachsende Erfordernisse anpassen können. In immer mehr Berufen ist heute Steuerung bei höchster Komplexität vonnöten und insofern auch die Weiterentwicklung entsprechender professioneller Intuition. Eine sich immer wieder erneuernde TA, die ihre Intuitionen und Konzepte auf professionelles Arbeiten im Organisationsbereich ausrichtet, kann hierzu viel beitragen.

Sie haben die klassische Transaktionsanalyse zunehmend hinter sich gelassen und sehen sich heute als systemischer Berater. Was fehlt der klassischen TA zur Lösung der aktuellen Probleme in Organisationen?

Die meisten klassischen TA-Modelle sind für kindheitsorientierte psychologische Betrachtungen entwickelt. Allerdings bedienen sie gerade deshalb nicht unbedingt die für den Organisationsbereich wichtigen Fragestellungen [s. auch Kap. 8]. Der Organisationsbereich funktioniert nach anderen Spielregeln als die Psychotherapie. Dort müssen andere Rollen, andere Kontexte, andere Beziehungslogiken und andere Verantwortlichkeiten im Vordergrund stehen. Im Organisationsbereich müssen die Beratung und ihre Ergebnisse auch unter ökonomischen, rechtlichen, markt- oder branchenorientierten Gesichtspunkten Sinn ergeben, müssen zu der hier bestehenden Wirklichkeit passen und dafür praktikable und konsensfähige Anknüpfungspunkte finden.

Ich habe mich gefragt: Was fehlt noch? Was schließen wir aus? Welche Berufsverständnisse exportieren wir unbemerkt, wenn wir gewohnheitsmäßig Konzepte aus dem Bereich Therapie übertragen? Deshalb habe ich mich aufgemacht, die Konzepte der Psychotherapie vom Berufsverständnis der Therapeuten zu reinigen.

Haben Sie ein Beispiel dafür?

Nun, als Transaktionsanalytiker ist man praktisch schon darauf trainiert herauszufinden, welche unglücklichen Kommunikationsmuster oder Spiele beim Klienten ablaufen, mit denen er sich und andere behindert. Das führt dann zum Beispiel zum Thema Skript – das ist aus Sicht der TA eine einschränkende Lebensplanung oder eine frühe neurotische Vorstellung davon, was im Leben nicht glücken kann. Meine Aufgabe als Therapeut besteht darin, dem Klienten das aufzuzeigen, ihn zu befreien für ein glücklicheres Leben.

Das ist doch prima, was soll denn da noch fehlen?

Man hat ja nicht nur Defizite, Störungen und pathologische Beziehungen, sondern auch Begabungen, Kompetenzen und kreative Beziehungen! Statt den Blick dafür zu schärfen, mit wem ich mich in tragisch endende Beziehungsspiele verstricken könnte, wäre es doch auch sinnvoll zu erkennen, mit wem ich ein gutes Lern- und Arbeitsbündnis entwickeln könnte. Es geht mir im Unterschied zu dieser Orientierung an Pathologien um Ressourcenorientierung und um die Entwicklung professioneller Rollen. Neben der Sicht auf den Menschen als Privatmenschen gilt es, einen Blick dafür zu entwickeln, wie er sich als Professioneller, als Mensch in seiner Berufswelt verhält und erlebt. Oder man könnte fragen, was in einer Organisation im Hintergrund an Gutem laufen könnte statt an Schlechtem. Das ist ein ganz anderer Ansatz.

Entsteht das Positive nicht von alleine, wenn die Störungen wegtherapiert sind?

Eben nicht! Der Wohlfühlfaktor alleine reicht nicht. Ob jemand in einem wirtschaftlichen Kontext zur Wirksamkeit kommt, hängt für mich eher davon ab, ob er eine professionelle Kompetenz entwickeln kann, die seiner Eigenart entspricht.

Heißt das denn nicht, dass ich dann zuerst an der Persönlichkeit arbeiten muss, um die Eigenart herauszuarbeiten?

Nein, so wurde bisher gedacht. Ich trenne nicht zwischen dem Menschsein oder dem Wesen eines Menschen und seiner Rolle, sondern die Eigenart eines Menschen, sein Wesen, kommt nach meiner Auffassung in der Art und Weise zum Ausdruck, wie er seine Rolle erlebt und lebt. Unter Person oder Persönlichkeit wird ein Mensch in seinen Rollen und als Gestalter auf Bühnen verstanden. Und dazu gehören eben auch Rollenkompetenz und ein Verständnis dessen, was inszeniert werden kann.

Sie haben im August 2007 in San Francisco für Ihr innovatives Rollenkonzept den Award der internationalen TA-Organisation (ITAA) verliehen bekommen.

Ja. Ich habe das TA-Modell mit den drei Ich-Zuständen zum Drei-Welten-Modell der Persönlichkeit weiter entwickelt (vgl. B. Schmid 2003a, S. 65 f.).

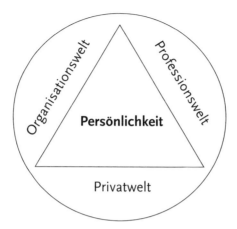

Abb. 1: Das Drei-Welten-Modell der Persönlichkeit (nach Schmid 1990b)

Das Drei-Welten-Modell beschreibt Persönlichkeit in Rollen und Inszenierungen auf den Bühnen der beruflichen Entwicklung, der Organisationen, in denen man tätig ist, und auf Bühnen der privaten Welten. Hierbei ist die Trennung zwischen Professions- und Organisationswelten wichtig. Man sollte heute wissen, wer man professionell ist, unabhängig von der Karriere in einer bestimmten Organisation. Und es geht um Entwicklungsbalancen zwischen diesen Welten. Bildhaft kann man sich einen dreibeinigen Hocker vorstellen, auf dem man mit erhobenem Haupt möglichst aufrecht stehen möchte. Die Länge jedes Hockerbeines steht für die persönliche Selbstverwirklichung in einer der drei Welten. Nun kann man leicht damit spielen, wie der eigene Hocker und wie ausbalanciert die Haltung auf ihm derzeit beschrieben werden kann.

Diese Modellbildung soll verhindern, dass gesellschaftliche Rollen und Menschsein getrennt gesehen und behandelt werden. Durch dieses Verständnis können auch andere Kontexte als die traditionellen Bereiche der psychotherapeutischen Transaktionsanalyse in unser professionelles Handeln mit einbezogen werden.

Geht es Ihnen um eine politische Mission?

Zu den heutigen Herausforderungen des Systemischen gehört für mich, dass sich unser Blick weitet, dass wir umfassender verstehen, was alles dazugehört, eine menschengerechte Zivilisation überhaupt nur zu erhalten.

Dies erfordert, dass wir uns mental frei in den Welten bewegen, in denen wir tätig sind, ohne uns dabei zu verlieren. Wenn Selbstfindung als Abkehr von der Welt stattfindet, verstärkt sich das Transferproblem: Wie kann ich die für mich gewonnenen Erkenntnisse auf andere Menschen, auf andere Welten und auf gemeinsame Verantwortung übertragen? Dieses Problem wird, wenn nur Selbstfindung ohne Bezug auf die oben beschriebenen drei Welten betrieben wird, von den Fachleuten auf die Kunden verschoben.

Wir betonen Selbstfindung im Getriebe der Welt. Wir versuchen, die Selbstfindung, die Werteorientierung, die Spiritualität in der Auseinandersetzung mit dem professionellen Umfeld und mit seiner Dynamik zu fördern. Und über die Selbstfindung hinaus sollen Professionelle ermutigt und gestärkt werden, auch die Organisations- und Professionskultur aktiv und positiv zu gestalten. Sonst flüchtet man immer wieder zum Abspannen und Erholen aus Beruf und Unternehmen. Aber anschließend kommt man in dieselbe Tretmühle zurück. Das ist dann wie am Montag nach der ergreifenden Sonntagsrede oder mit Gewichtsreduktionsdiäten.

Ich kann mich auf endlosen Therapie- und Beratungsbedarf einrichten. Oder aber ich kann dazu beitragen, die Gesellschaft so zu gestalten, dass dieser Bedarf erst gar nicht so groß wird.

Und damit wären wir beim Thema der bewussten Gestaltung von Kommunikation und Organisation in Unternehmen, d. h. bei der Notwendigkeit, dass sich eine Kultur bildet, in der sich gesunde und schöpferische Kräfte entfalten und miteinander kreativ verbinden können.

Was verstehen Sie unter Kultur?

Kultur lädt die besseren Seiten der Menschen in den Vordergrund ein und hilft, sie miteinander konstruktiv zu verknüpfen. Kultur heißt für mich Begreifen über die Wortebene hinaus. Mitgestalten und anderen eine Bühne bereiten, auf der jeder gemäß seiner Eigenart das Beste geben kann und sich gleichzeitig mit anderen so zu verbinden vermag, dass daraus ein gutes, tragfähiges (Gemeinschafts-)Stück entsteht.

Der Samen zu dieser Haltung sollte bereits bzw. spätestens in der Ausbildung gesät werden. Darum lege ich persönlich auch großen

Wert auf eine entsprechende Lernkultur [s. Kap. 8]. Lernkultur und eine spätere Professions- bzw. Organisationskultur sind eng verknüpft. Es reicht nicht, eine Rolle oder ein Bündel von Fertigkeiten zu lernen, sondern man muss begreifen, was eine Rolle ist und in welchem Kulturzusammenhang sie Sinn ergeben kann. Professionalität heißt heute auch die Kompetenz, sich professionell, kreativ und beweglich – für viele Bühnen, Rollen, Inszenierungen, Themen [s. Kap. 3] usw. – zu halten.

2. Intuition

2.1 Jeder lebt in seiner Wirklichkeit

2.1.1 Als Eric Berne die Transaktionsanalyse erfand

Als Eric Berne die Transaktionsanalyse mit den Professionstraditionen erfand, in denen wir noch heute leben, war nach unserem Verständnis sein Interesse, seinen Intuitionen Raum und Gestaltungskraft zu geben, entscheidend. Wie hätte es sein können, als Eric Berne die Transaktionsanalyse erfand?

In der Art und Weise, wie wir uns diese Geschichte vorstellen, wollen wir verdeutlichen, was uns am Problem der Professionalität und an der Art, mit Intuition umzugehen, beschäftigt.

Wir stellen uns das so vor …

Dr. Berne, Arzt und angehender Psychoanalytiker, ein Mensch mit einem Beruf, sitzt in seinem Büro. Zunächst lässt er noch keine Patienten herein. Er befindet sich also »ungestört« in seiner Wirklichkeit. Es ist seine Welt, in der er sich selbstverständlich bewegt, vielleicht ohne darüber nachzudenken, dass das nur eine von vielen möglichen Welten ist. Sie hat für ihn im Laufe der Jahre eine Natürlichkeit erreicht, so wie das für uns alle auch der Fall ist. Wir konstruieren für uns unsere persönlichen Gewohnheiten, die Wirklichkeit zu erfahren und Kontakte mit anderen zu gestalten und dabei eine vertraute Gemeinschaftswirklichkeit hervorzubringen. Dieses Verständnis von Wirklichkeit und unserer Identität darin ist uns mehr oder weniger zu einer Selbstverständlichkeit geworden.

Das ist also die Welt des Dr. Berne. Nun kommt ein Patient – sagen wir Herr S. – zu Dr. Berne. Herr S. kommt ins Büro und setzt sich ihm gegenüber. Auch er befindet sich in einer Wirklichkeit, die ihm im Laufe der Jahre zu einer lieben Gewohnheit geworden ist. Nehmen wir mal an, der Herr S. hat noch nie etwas von Psychotherapie gehört. Es hat ihm aber vielleicht jemand gesagt: »Geh mal zu dem Dr. Berne, der kann dir helfen.« Herr S. schaut sich jetzt das Büro des Dr. Berne ganz selbstverständlich aus der Perspektive seiner Wirklichkeit an. Er wundert sich, dass Dr. Berne da eine Couch zum Schlafen hat, denn in seinem eigenen Arbeitszimmer hat er keine Couch zum Schlafen. Aber vielleicht weiß der Doktor, was gesund ist. Dass eine Couch in einem Büro für anderes gedacht sein könnte, das kommt zunächst in seiner Wirklichkeit nicht vor. Er hat ja auch keine Ahnung, was Psychotherapie ist. Also setzt er sich und wartet ab, was passiert.

Dr. Berne ist dafür zuständig, das zu steuern, was gemeinsame Wirklichkeit zwischen Dr. Berne und Herrn S. werden soll. Und er hat bestimmte Vorstellungen, über die er sich nicht unbedingt Gedanken machen muss, sondern die durch Konventionen seines Berufsstandes und seiner eigenen professionellen Individualität und durch privatpersönliche Vorlieben entstanden sind. Er hat eine bestimmte Art, sich zu organisieren, und vielleicht fragt er zur Eröffnung: »Wie geht es Ihnen?« Und damit bedient er irgendwelche Auslöser des Verständnisses bei Herrn S. für diese Situation Therapie und erhält erste Informationen. Herr S. könnte vielleicht mitgebrachte Vorstellungen haben, dass es eine gute Voraussetzung ist, wenn der Doktor fragt, was einem wehtut, weil er einem dann etwas gibt, was hilft. Und es könnte sein, dass Herr S. dann erzählt, was ihm wehtut, was nicht funktioniert, und er könnte das auch dringlich machen. Denn er könnte denken, wenn es dringlich in seiner Wirklichkeit ist, dann versteht der Doktor, dass er auch ein Interesse an einer raschen Heilung haben muss. Und nachdem er eine dringliche Schilderung dessen, was ihm wehtut im Leben, in seiner eigenen Sprache abgegeben hat, wartet er, was der Doktor daraufhin tut. Neben dem, dass Dr. Berne vielleicht inhaltlich etwas zu den geschilderten Lebensumständen und Lebensbezügen sagt, hört Herr S. aus dessen Ausführungen auch heraus, in welche Richtung das Gespräch gehen soll. Also: »Was musste ich noch mehr erzählen, und was sollte ich vielleicht weniger erzählen, als ich erzählen würde, wenn mich jemand etwas anderes gefragt hätte?«

2.1.2 Intuition als Beurteilungsvorgang

Dr. Berne hat schon einiges an Wirklichkeitsschulung professioneller Art durch Ausbildungen in Psychoanalyse und durch eine eigene Lehranalyse erhalten. Er hat also, kritisch gesehen, erfahren, dass sein Berufsstand eine Menge Theorien darüber hat, was in anderen Wirklichkeiten vor sich geht. Und er ist der Meinung, dass viele dieser Theorien sehr abgehoben seien und eigentlich konkrete Lebenssituationen und Lebensumstände anderer Menschen nicht nachvollziehbar abbildeten.

TA wird sich später in Teilen in Abgrenzung zu den Konventionen der Psychoanalyse, wie sie damals in den USA vorherrschend waren, definieren.

Nun ist Dr. Berne begabt, in Bildern zu sehen. Während er mit Herrn S. spricht, stellt sich in ihm das Bild eines Kindes in einer bestimmten Lebenssituation ein. Dr. Berne möchte gerne mit diesem bildhaften Erleben arbeiten. Er findet das praktisch, und er kann sich, wenn er den anderen in einer konkreten Lebenssituation bildhaft sieht, Lebensvollzüge vorstellen, aus denen heraus Herr S. falsche Lösungen gebildet haben kann. Er kann dann Ideen entwickeln, wie bessere Lösungen ausgesehen hätten und wie diese heute zu anderen Wirklichkeiten führen könnten. Diese Bilder tauchen einfach auf und scheinen zur Situation zu passen.

Später wird Dr. Berne Intuition definieren als eine Art Wissen über Wirklichkeit, ohne dass der Intuierende weiß, wie er zu diesem Wissen kommt. Wie kam Dr. Berne plötzlich zu diesem Bild? Wie ist dieser Vorgang des Intuierens zu beschreiben? Dr. Berne bemerkte auch, dass er bereits gelegentlich auf Grund solcher intuitiven Bilder gehandelt hatte, ohne dass ihm diese gleich bewusstgeworden wären. Also war dies bei der Definition zu ergänzen: Häufig weiß der Intuierende nicht nur nicht, *wie* er intuiert, sondern auch nicht, *was*. Zumindest weiß er es nicht in Sprache. Er weiß es in Handlung. Er handelt, als ob er wüsste. Um besser zu erkennen, was er intuiert, sollte er also außer den auftauchenden Bildern die eigenen Handlungen im Zusammenspiel mit dem Gegenüber beobachten. Dies wird später soziale Diagnose genannt werden. Sie erfordert eine bestimmte Art von Metastandpunkt.

> Intuition ist aus systemischer Sicht nicht ein Wissen über Wirklichkeit, sondern eine Konstruktion von Wirklichkeit. Aus vielen Möglichkeiten, Wirklichkeiten zu sehen, wird eine ganz bestimmte herausgehoben. Damit man zu einer qualifizierten Konstruktion, zu einer Beurteilung von Wirklichkeit kommt, bedarf es einer Kompetenz.

2.1.3 Der Informationsbegriff des systemischen Ansatzes

Für die weitere Abhandlung ist es wichtig, den Informationsbegriff des systemischen Ansatzes zu erläutern. Dieser sagt: Eine Information ist ein Unterschied, der einen Unterschied macht (Bateson 1981, S. 582). Das heißt, aus der Vielfalt der möglichen beobachtbaren Signale nehmen wir solche, die wir voneinander unterscheiden, und zwar so voneinander unterscheiden, dass es einen Unterschied macht. Für wen macht es einen Unterschied? Natürlich für den Beobachter. Und was will er mit diesem Unterschied machen? Sich selbst organisieren – und das heißt, zwischen A oder B einen Unterschied machen, der zu einem Unterschied führt, der letztlich Handeln bestimmt. Wenn ich mich für B entscheide, realisiere ich einen anderen nächsten Schritt, als wenn ich mich für A entschieden hätte. Das nennt man Differentialdiagnose. Wenn es keinen Unterschied macht, ob ich mich für A oder B entscheide, weil ich mich sowieso in einer ganz bestimmten Weise verhalten werde, dann ist das keine Information, sondern eine bloße Etikettierung, die keinen Steuerungswert für einen professionell Handelnden hat. Solche Etikettierungsvorgänge dienen u. a. dazu, ein Gefühl von »Man kennt sich aus« zu erzeugen. Es geht also eher um das Abrufen von Gewohnheiten oder Identitäten als darum, Situationen spezifisch zu deuten oder spezifisches Handeln darin zu organisieren.

2.1.4 Intuition als Information

Wenden wir nun den Informationsbegriff auf unsere fiktive Situation an. Dr. Berne hat folgende Intuitionen: Manchmal ist Herr S. wie ein Kind und dann wieder mehr wie ein Erwachsener oder beides irgendwie gemischt. Wofür ist diese Information nun wichtig? Berne bemerkt, dass in dem Vorgang, den beide Bilder in ihm auslösen, er selbst ein anderes Gefühl seiner Organisation und unterschiedliche Steuerungsimpulse bekommt, je nachdem, ob er sich auf den Erwachsenen oder auf das Kind im Gegenüber bezieht. Ob er also den anderen vorwiegend als Kind oder als Erwachsenen sieht, löst in ihm unterschiedliche Erlebnisse in seiner Wirklichkeit aus und gibt ihm jeweils andere Einschätzungen seiner Handlungsmöglichkeiten. Es ist also ein Unterschied, der einen Unterschied macht, ob er im Moment eher die Intuition hat, hier ist das Kindliche im Vordergrund, und er sich darauf bezieht, oder ob er die Intuition hat, da ist ein Erwachsener, und er bezieht sich darauf. Insbesondere auf diese seltsamen Mischungen hin bekommt er »gemischte Reaktionen«, die sich vielleicht verwirrend anfühlen oder keine deutliche Reaktion nahelegen.

Er kommt auf die Idee, dem Gegenüber die eigenen Bilder und Reaktionen zu schildern. Der Herr S. wäre vielleicht überhaupt nicht auf die Idee gekommen, sich damit zu beschäftigen, wie das Gespräch läuft und wie sich der Dr. Berne und er dabei befinden, und er wäre bestimmt auch nicht auf die Idee gekommen, einen Erwachsenen und ein Kind zu unterscheiden. Aber es ist etwas zwischen den beiden entstanden, was ihn motiviert, diese Unterscheidung anzunehmen, und es interessiert ihn, was Dr. Berne mit dieser Unterscheidung macht. Wenn nun Dr. Berne sagt, jetzt ist der Erwachsene dran, entsteht zwischen ihnen etwas anderes, und er gestaltet es zunehmend mit, als wenn Dr. Berne sagt, da ist jetzt ein Kind. Wenn Dr. Berne von verwirrenden Vermischungen spricht und davon, was dies bei ihm auslöst, erkennt er vielleicht etwas wieder und möchte sich näher damit beschäftigen. Gleichzeitig bemerkt er, dass er ganz rebellisch wird und sich von so einem nichts sagen lassen will, und spürt dann diese Verwirrung, die Dr. Berne vielleicht meint. Später werden solche Erfahrungen den TA-Konzepten »Erwachsenen-Ich« und »Kindheits-Ich« und der Trübung des Erwachsenen-Ichs durch Dynamiken des Kindheits-Ichs Pate stehen.

Vielleicht spüren der Leser und die Leserin an dieser Stelle, wie eine Fiktion der Autoren schon zu einer nachvollziehbaren Geschichte geworden ist, die eine solche Konzeptbildung plausibel erscheinen lassen. Dann sind sie in die entstehende TA-Wirklichkeit eingetreten. Mit solchen Konzepten kann man aufklärend arbeiten. »Enttrübungsarbeit« scheint angesagt, ja notwendig, damit sich Verwirrung auflösen kann.

> Geäußerte Intuition kann dem andern als Information dienen und kann seine Wirklichkeit und Handlungsmöglichkeiten ändern.

2.1.5 Wirklichkeitsfinden

Von außen betrachtet, ist es natürlich schwer zu sagen, ob Dr. Berne und sein Patient in dieser fiktiven Situation etwas heraus-gefunden oder er-funden haben. Ist die Unterscheidung zwischen dem, was Kind und was Erwachsener genannt wurde, jetzt das Herausmeißeln von etwas, das schon da war, oder ist das eine aufeinander abgestimmte komplementäre Kreation von Wirklichkeit, die für beide Plausibilität hat und die sie gemeinsam stabilisieren?

In der Familientherapie-Weiterbildung haben wir dazu früher folgendes Experiment durchgeführt: Wir haben drei Therapeutenteams für ein Rollenspiel bestimmt. Sie sollten den Raum verlassen, um danach getrennt voneinander eine bestimmte durch Teilnehmer gespielte Familie zu interviewen. Wir gaben vor, solange sie vor der Tür warteten, die Familie zu instruieren. Stattdessen haben wir den Darstellern der potenziellen Familienmitglieder ein Kommunikationsverbot auferlegt und die Übung erklärt. Weder die Rollen noch die Situation der Familie wurden definiert. Das Einzige, was wir taten, war, das Setting einer Familientherapie herzustellen. Nach einer Zeit, in der die Teams draußen geglaubt haben, jetzt würden wir die Familie und ihre Charakteristika definiert haben, haben wir die Berater hereingeholt und sie gebeten, mit dem Familieninterview zu beginnen.

Es war dann hochinteressant zu beobachten, dass durch die Art und Weise, wie die Therapeuten das Gespräch begannen, mit den Spielern der Familie ausgehandelt wurde, um welche Familie es sich handelte, welche Rollen es gab, um welches Thema es ging, welche Krankheiten es gab und welche Hintergründe dafür. Innerhalb von einer Viertelstunde war eine von allen plausibel gelebte Familie mit Problemen, Verwandtschaft und allem Weiteren entstanden. Bei den Teilnehmern der jeweils erfundenen Wirklichkeiten zeigten sich erstaunliche Wirkungen bis hin zu Emotionen, einschließlich der somatischen Reaktionen wie z. B. Migräne. Und zwar bei jedem Beraterteam verschieden. Obwohl ja seitens der Spieler schon eine mehr oder weniger abgestimmte Familienwirklichkeit präsent war, änderte sich durch das Interview des nächsten Teams diese manchmal dramatisch.

Es ist unglaublich, wie die verbundene Intuition aller Beteiligten hier arbeitet. Das ist auch ein Beweis für die enorme Leistungsfähigkeit der Intuition.

> Intuition steuert Komplexität, wählt in komplexer Abstimmung aus dem Universum von möglichen Wirklichkeiten bestimmte plausible Bilder und kombiniert sie zu einem Erleben bzw. Urteil.

Dieses Experiment war uns ein ganz wichtiger Hinweis darauf, dass wir im systemischen Ansatz nicht von einem Herausfindenmodell, sondern von einem Erfindenmodell ausgehen sollten. Durch die handlungsleitenden Intuitionen, an denen beide Gruppen – Therapeuten wie Familienspieler – beteiligt sind, werden gemeinsam ein Feld und seine Spielregeln geschaffen. Hierzu gehören Interpretationslogik und die Neigungen, bestimmte Themen und Fragestellungen in den Vordergrund und andere in den Hintergrund zu rücken. Das dann in den Vordergrund Gerückte wird in einer bestimmten Weise verstanden, und es wird in einer bestimmten Weise damit umgegangen. Es entstehen Architekturen von Familien-, von Problem- und Lösungswirklichkeiten. Es hätten genauso gut ganz andere Architekturen entstehen können. Wäre das in »realen« Situationen auch so?

Für uns ist diese Sichtweise keine Glaubensposition, sondern ein Perspektive, die wir für Wachheit und Lernen einnehmen. Aus dieser Perspektive ergeben sich Fragen, die uns beschäftigen und die Teil dieses Buches sind. Es geht darum, den schöpferischen Akt des Wirklichkeitsfindens zu studieren.

2.1.6 Verantwortung

Gelegentlich schließen Menschen aus dieser Relativierung auf eine Freiheit, die Unverbindlichkeit nahelegt. »Anything goes« und »Alles ist relativ«. Wie kann man dann eine bestimmte moralische Position beziehen? Wir kommen wie die meisten Vertreter des systemischen Ansatzes zum gegenteiligen Schluss: Weil es keine gesicherte Wirklichkeit gibt, sind wir in besonderem Maße aufgerufen, für die Wirklichkeitskonstruktion, an der wir uns beteiligen, Verantwortung zu übernehmen. Die Schuldfrage kann nicht mehr durch Hinweis auf das Faktische weggeschoben werden. Auch situative Plausibilität ist nicht alles. Der Zusammenhang darf nicht aus den Augen verloren werden. Wofür ist das, was zwischen Dr. Berne und Herrn S. entsteht, wichtig? Hat es überhaupt wesentlich mit dem Anlass des Besuchs von Herrn S. zu tun?

Wir können der Verantwortung, als Schöpfer mitzuwirken, nicht entrinnen. Auch Ignorieren oder Dulden befreit uns nicht von dieser Verantwortung. Und die Berufung darauf, dass andere ähnlich schöpfen oder dass wir uns einem Berufsverband zugehörig fühlen, in dem gängige Wirklichkeiten gemeinsam plausibilisiert, gegenseitig bestätigt und durch Konventionen gestützt werden – die Berufung also auf nicht zu hinterfragende Selbstverständlichkeiten entlastet uns nicht.

2.1.7 Professionsgewohnheiten

Nun hat Dr. Berne ja einen Beruf gelernt, der sich auf ganz bestimmte Traditionen und gelernte Theorien stützt. Sein Beruf legt ihm nahe, das nicht recht Fassbare in der Kommunikationssituation als Spiegelungen von Kindheitserfahrungen des Gegenübers zu analysieren. Die berufliche Gewohnheit der Psychoanalyse legt ihm nahe, das Kindliche, das er wahrnimmt, unter dem Gesichtspunkt der Wiederholung von Kindheitsfixierungen aus der persönlichen Geschichte des Gegenübers zu interpretieren. Und die gleiche Betrachtungsperspektive legt ihm nahe, seine Interpretationen darauf auszurichten. Was hier an Wirklichkeit entstehen könnte, ist dann in Beschreibungen zu fassen wie »Hier wiederholt sich etwas«. Wir haben also ein Übertragungsdrama, das sich in der Beziehung zwischen ihm und seinem Gegenüber inszeniert. Später wird sich Eric Berne mit solchen Betrachtungen unter dem Begriff »Skript« beschäftigen, und die TA wird recht technisch anmutende Konzepte wie »Skriptapparat« dazu entwickeln. Ursprünglich definierte Berne Lebensskripts als ein Übertragungsdrama (Berne 1957).

Für dieses Interpretationsraster z. B. eines Wiederholungsmusters eignet sich der Unterschied, den wir vorher schon hatten: Da gibt es irgendetwas Kindliches und etwas Erwachsenes. Durch diese Sprachbilder können er und Herr S. auf Augenhöhe gemeinsam analysieren, was vielleicht durch manche Konzepte der Psychoanalyse weniger gut möglich ist. Dafür nutzen beide die Unterscheidung zwischen Erwachsenenverhalten und Kindheitsverhalten. Vermutlich hatte Eric Berne für das Erwachsenenverhalten in seiner professionellen Tradition weniger differenzierte Beschreibungsschemata gelernt, dagegen aber ausführliche für Kindheitsverhalten, insbesondere für gestörtes. Wir vermuten, dass er eine gewisse Neigung gehabt haben wird, sich mit dem zu befassen, was er gelernt hat und wofür er ausführliche Interpretationsraster hatte, die als Expertenwissen die eigene Profession begründen.

> Das Erkenntnisinteresse ruft auch die Wirklichkeit wach, auf die es sich richtet.

Von draußen, d. h., aus unserer Perspektive betrachtet, bewegt sich Dr. Berne in einer professionellen Konvention, die das Herstellen eines ganz bestimmten Settings nahelegt. Dieses Setting ruft ein Sortiment von ganz bestimmten Arten und Weisen wach, sich auf Situationen zu beziehen, und diese TA-Wirklichkeiten werden erfolgreich durch Transaktionen inszeniert. Das heißt, durch die Frage: »Wie geht's?«, gibt er dem anderen die Information: »Dein Befinden ist hier wichtig!« Wenn Herr S. beim TÜV gewesen wäre, würde er vielleicht gefragt worden sein: »Ist Ihnen irgendetwas an Ihrem Fahrzeug aufgefallen?« In seiner Profession rückt jeder bestimmte Fragestellungen in den Vordergrund und gestaltet damit die Situation. Dieses Vorgehen dient dazu, sich in Position zu bringen, um mit dem Instrumentarium, das man in seiner professionellen Schule gelernt hat, etwas anfangen zu können. Wenn es gutgeht, erfährt der so Einbezogene und in diesem Rahmen Mitgestaltende dadurch einen Gewinn.

Hier soll keine Profession diffamiert werden, sondern wir nehmen eine bestimmte Position ein, einen besonderen Blickwinkel, aus dem heraus wir fragen: Wie sind unsere Professionsgewohnheiten? Wie machen wir sie erfolgreich anderen plausibel, so dass diese die dazu geeigneten komplementären Verhaltensweisen zeigen? Dadurch können wir aktiv werden und ein – nach den Kriterien unserer Profession – erfolgreiches Verhalten zeigen. Um professionelle Arbeit zu verstehen, ist es wichtig zu wissen, welche professionellen Gewohnheiten wir mitbringen.

Etwas überzeichnet, kann man professionelles Handeln auch so betrachten, dass es in erster Linie der Erhaltung und Transzendierung der eigenen Lebensform – der Profession – dient. Was wir tun, muss überhaupt nicht richtig sein, sondern nur erfolgreich im evolutionären Sinne insofern, als wir für diese Berufspraxis Mitspieler finden, die sie mittragen und uns dafür Geld und andere Ressourcen überlassen. Das ist das Erfolgskriterium der Evolution.

2.1.8 Professionelle Kreativität

Wichtig ist, dass wir heute sehen, dass Berne – so schöpferisch er war und sosehr er bestimmte Plausibilisierungsgewohnheiten seiner Profession ändern wollte – einige Deutungen gewohnheitsmäßig beibehalten hat. Das sind z. B. die Konzepte der Übertragungsanalyse, der entwicklungspsychologischen Deutung der Hintergründe, Erklärungen dessen, was Neurose erzeugt und aufrechterhält, und was man tun muss, um sie aufzulösen. Und diese Konzepte haben ihre immanente Logik und ihre inneren Beurteilungsvorgänge.

Trotz der Entwicklung neuer Ansätze hat Berne dieses traditionelle Verständnis über große Strecken beibehalten. Er soll bis zu seinem plötzlichen Tod 1970 noch klassische Psychoanalysen durchgeführt haben.

Berne und dann seine Nachfolger haben kreativ viele neue Konzepte entwickelt. Überhaupt gehört Kreativität zum Selbstverständnis der TA-Szene. Doch wurden die neuen Konzepte und daraus abgeleiteten Vorgehensweisen ihrerseits wieder zu Erklärungs-, Therapie-,

Weiterbildungs- und Prüfungsgewohnheiten. Gegen diese Dogmatisierung von besitzergreifender Erfahrung ist keine Bewegung gefeit, auch nicht die systemische. So wurde dort z. B. die Abkehr von intrapsychischen Prozessen und die Hinwendung zu intrapersonellen öfter als identitätsbegründendes Dogma gehandelt. Die Konzeptualisierungen von Erfahrung müssen wieder neu emanzipatorisch in Frage gestellt werden.

Wir arbeiten heute in der Psychotherapie und in der Beratung unter Bedingungen, die sich seit der Zeit Eric Bernes verändert haben. Wir wenden transaktionsanalytische Konzepte nicht nur in der Psychotherapie, sondern auch in anderen Professionsfeldern an. Wir haben neue Qualitätsmaßstäbe entwickelt. Wir nutzen nach wie vor das Instrument der Intuition, doch muss auch dieses immer wieder neu »geeicht« werden. Wir sind z. B. im Organisationsbereich in einer ganz anderen Welt von Fragestellungen gelandet, für die andere Vorgehensweisen als relevant gelten. Wir steuern uns anders und haben eine andere Vorstellung davon, wie der andere sich steuern soll. Und wer weiß, wie Eric Berne mit seiner Intuition heute Transaktionsanalyse gelebt hätte. Vielleicht wäre er der Erste, der sie an heutige Erfordernisse anpassen wollte.

Profession gebunden an ihre jeweiligen Gewohnheiten zu sehen ist uns Aufforderung, unsere Konzepte immer wieder zu überdenken und sie veränderten Bedingungen anzupassen.

2.2 Ich handle, also weiß ich

2.2.1 Beschreibung und Definition von Intuition

Das besondere Interesse Eric Bernes galt, wie beschrieben, der Intuition. In Abschnitt 2.2 möchten wir uns ausführlicher mit seinen Intuitionskonzepten beschäftigen.

Zunächst noch einmal die bernesche Definition (1977) von Intuition: Intuition ist ein Wissen auf Grund von Erleben, das durch sinnlichen Kontakt mit dem Gegenüber gewonnen wird, ohne dass der Intuierende genau sagen kann, wie er zu seinem Wissen bzw. seinen Schlüssen kommt.

Diese Definition bezieht sich auf Intuition als Ergebnis des Intuierens. Zunächst wollen wir unser Augenmerk jedoch auf Intuition als Funktion bzw. als Vorgang richten.

Intuition kann als eine Funktion oder als ein Vorgang verstanden werden, bei dem wir in kürzester Zeit alle möglichen Eindrücke und Fantasien zu einem Bild von der Wirklichkeit komponieren. Auf Grund dieses intuitiven Bildes oder Urteils steuern wir unser Verhalten und Erleben, unabhängig davon, ob uns dieses Bild bewusst ist oder nicht. Im Folgenden gehen wir außer von der selbsterklärenden Wirkung des Verhaltens auch von einer Wirkung des eigenen Erlebens aus. Die neuere Forschung über Spiegelneuronen (Bauer 2005) legt nahe, dass andere intuitiv miterleben, was wir erleben. Natürlich könnte man sagen, dass ein Verhalten vorliegen muss, sonst teilt sich Erleben nicht mit. Pragmatisch ist jedoch eine solche Unterscheidung nicht von Bedeutung.

Sowohl die Entstehung einer Intuition als auch ihre erlebens- und verhaltenssteuernde Wirkung selbst entziehen sich einer Erklärung. Häufig weiß der Urteilende nicht einmal, dass er urteilt und welches Urteil als Ergebnis entstanden ist, aber er orientiert sein Erleben und Handeln daran. Nur durch die Beobachtung des eigenen Erlebens und Verhaltens kann man hinterher einen Rückschluss auf das Urteil ziehen, das diesem Handeln wohl zu Grunde lag. Dem Erleben und Handeln kommt man oft erst dadurch auf die Spur, dass man die Reaktionen anderer darauf beobachtet und daraus rückschließt, wie man wohl verstanden wird. Natürlich kann die Reaktion anderer wiederum auf einem falschen intuitiven Urteil beruhen, doch tut man gut daran, näher hinzusehen, wenn sich bestimmte Verständnisse wiederholen. Selbst wenn man sicher ist, von anderen missverstanden zu werden, lohnt es sich, mehr über häufige Missverständnisse zu wissen. Denn Auswirkungen haben sie allemal. Dann kann man auch versuchen, das Urteil, das sich als Handlungswissen zeigt, in Sprache zu beschreiben.

Manche sprechen, wenn sie Intuition meinen, von einem »Bauchgefühl« oder von »Bauchentscheidungen«. Auch dies ist nur eine Metapher, die besagt, dass ich mein Urteil und sein Zustandekommen nicht rational erklären kann. Inwieweit das Phänomen Intuition überhaupt geklärt werden kann, bleibt unklar. Unabhängig davon versuchen wir, Beschreibungen zu finden, mit denen wir uns pragmatisch einem Verstehen des Phänomens annähern können. Da kaum jemand ernsthaft die Existenz und die Wirkung von Intuition bestreiten dürfte, sollten wir uns allgemein und jeder spezifisch in seinem Kontext mit ihr auseinandersetzen. Selbst Juristen stellen sich neuerdings der

Erkenntnis, dass sie trotz aller Rationalität letztlich intuitiv zu ihren Urteilen kommen (Öhler 2007).

Wir versuchen also, den Vorgang der und die Fähigkeit zur Intuition genauer zu charakterisieren. Intuition hilft, Daten aus den verschiedensten Sphären zu Informationen zu integrieren. Diese Daten helfen dem Organismus, sich zu organisieren und zu orientieren. Interessant ist nun, aus welchen Wirklichkeitsbereichen Daten ausgewählt und zu Informationen gemacht werden, mit welcher Perspektive Urteilsbildungen vorgenommen werden und welcher Art die sich ergebenden Urteile sind.

Durch die Auseinandersetzung mit den Vorgängen der Urteilsbildung und ihren Ergebnissen können wir unsere Intuitionen besser kennen- und nutzen lernen. Ein solcher Läuterungsprozess ist Gegenstand professioneller Qualifizierung.

Intuition muss wie jedes Urteilen über Wirklichkeit in verschiedenen Dimensionen beschrieben und kritisch befragt werden. Intuitives Urteilen kann zum Beispiel falsch oder richtig, qualifiziert oder unqualifiziert, befangen oder unbefangen, konventionell oder kreativ, borniert oder weitsichtig, versponnen oder weltzugewandt, liebevoll oder gnadenlos sein. »Intuitiv« ist also weder ein Gütesiegel noch eine Disqualifikation. Wenn wir uns mit Intuition auseinandersetzen, müssen wir uns mit den Weltbildern und dem Urteilsvermögen, das sich in der Intuition zeigt, befassen.

Intuition ist Teil unserer Kultur und weder im positiven noch im negativen Sinn eine natürliche Kraft, die durch Erziehung verschüttet wurde und lediglich freizusetzen ist. Intuition ist wie jedes Urteilen im Zusammenhang mit der persönlichen Entwicklung von Menschen und der Kultur, in der sie sich bewegen, zu sehen. Intuitive Steuerung heißt also weder Steuerung nach einer anderen, besseren Intelligenz noch unbedachte und in ihren Motiven und Interessen unkontrollierte Steuerung. Intuitiv steuern heißt, komplexe Daten zu Informationen verarbeiten zu können, so wie wir sie bewusst und erklärbar nicht verarbeiten könnten. Intuitiv steuern heißt außerdem, dass dieser Vorgang ungeheuer schnell abläuft und unabhängig von der Übersetzung in Sprache direkt in Handlung umgesetzt werden kann.

Die Hauptleistung der Intuition ist also die blitzschnelle Verhaltenssteuerung in komplexen Situationen. Sie hat sicher mit der Evolution der Intuition zu tun: Jemand trinkt an der Quelle, guckt hoch, und da steht der Wolf; jetzt hat er keine Zeit, zum Beispiel Erwägungen wie hier anzustellen, sondern er flieht, oder er kämpft. Und diese Eindrücke müssen hochintegrativ sofort in Verhalten umgesetzt werden. Sicher ist diese Leistung bei Menschen auf ähnliche Weise entstanden wie komplexe Steuerungen bei anderen Arten. Ein entscheidender Unterschied besteht vielleicht darin, dass dieselben Steuerungsprinzipien bei Menschen auch in die Beurteilung und Gestaltung von Wirklichkeit in einem Kultursinne übergegangen sind.

Anhand des Beispiels von Vorfahren und Wolf kann man sich leicht den Evolutionsnutzen dieser sich entwickelnden seelischen Steuerung vorstellen. Es macht auch plausibel, dass die Steuerung zunächst direkt mit Handeln verbunden und eine Vernetzung mit Sprache erst sekundär von Bedeutung ist. Man kann sich auch vorstellen, dass das sich so in Handeln zeigende Urteilsvermögen sich bald in verschiedene Lebensbereiche und Funktionen hineinspezifiziert. So werden Jäger und Sammler, Töpfer und Korbflechter jeweils verschiedene Vorbilder studieren und Erfahrungen sammeln, die zu einer entsprechenden Intuitionsentwicklung führen. Das intuitive Urteilen hat also vermutlich von jeher mit Lebens- und Entwicklungsinteressen der Urteilenden zu tun und kann ohne Verständnis ihrer sich entwickelnden Lebenskultur nicht begriffen werden, wie wir das am fiktiven Beispiel von der Erfindung der TA durch Eric Berne expliziert haben. Es ist nur konsequent, wenn wir professionelle Intuition zu verstehen versuchen, indem wir gleichzeitig in den Spiegel unserer professionellen Selbstverständnisse und Interessen schauen.

Zu fragen wäre, welchen Stellenwert man symbolischen Ausdrucksweisen und den sich entwickelnden Sprachen als Teil intuitiver Steuerungsorganisation beimessen sollte. Zunächst ist es einleuchtend, sich vorzustellen, dass Intuition im Dienst einfachster vitaler Überlebens- und Entwicklungsinteressen steht. Gleichzeitig kann man beobachten, dass sich Menschen auch in anderen gesellschaftlichen Lebensbezügen, die nicht unbedingt mit direkter Befriedigung primärer Bedürfnisse zu tun haben, intuitiv organisieren können. So konnte sich z. B. Kekulé die chemische Formel des Benzols intuitiv mit der bildhaften Darstellung des Benzolrings als Schlange, die sich in den Schwanz beißt, vergegenwärtigen.[4]

---

4 In Jung et al. (1968, S. 38): C. G. Jung zeigt anhand eines Traumes des deutschen Chemikers Kerkulé, dass der Uroboros kein weltfremdes Symbol ist. So träumte Kerkulé, als er die Molekularstruktur des Benzols untersuchte, von einer Schlange, die sich in den eigenen Schwanz beißt, daraufhin deutete er die Molekularstruktur als Benzolring.

Man kann also davon ausgehen, dass das Potenzial der Intuition sich auf Wirklichkeitsbezüge und den gestalterischen Umgang mit Wirklichkeiten richten kann, die relativ fern von einer unmittelbaren Bedürfnisbefriedigung angesiedelt werden können.

2.2.2 Verfügbarkeit professioneller Intuition

Obwohl Berne sicherlich von der Psychoanalyse, wie sie damals gelebt wurde, geprägt war [s. Abschnitt 2.1], zwängte er seine Vorstellungen vom Patienten nicht in das Korsett der dort üblichen Deutungsmuster, sondern erlaubte sich, freimütig mit den Bildern, die ihm im Gespräch mit Patienten einfielen, umzugehen. Er teilte diese Bilder seinen Patienten mit und lud sie wiederum ein, ihrerseits mit ihnen umzugehen oder sie selbst anzureichern. Das Persönlichkeitsmodell der Transaktionsanalyse mit den drei Ich-Zuständen aus Kind-Ich, Erwachsenen-Ich und Eltern-Ich ging aus solchen Gesprächen hervor.[5]

Eric Bernes Studien zur Intuition, die ihn im Zusammenhang mit Psychotherapie interessierten, liegen in einer kommentierten Sammlung in deutscher Übersetzung vor. Dort, insbesondere im Aufsatz zum Wesen der Intuition (Berne 1949/1991) bezieht sich Berne auf frühere Autoren, die sich mit dem Phänomen Intuition beschäftigt haben, wie z. B. Aristoteles, Freud, Jung und Bergson.

Die folgenden Ausführungen greifen auf diese Sichtweisen und Überlegungen zurück, um nachfolgend Intuition in ihrer Bedeutung für die Selbstorganisation Professioneller und die Steuerung professionellen Handelns und damit auch als entscheidenden Gesichtspunkt für Professionalisierung zu beschreiben.

Berne postulierte, dass die professionelle Verfügbarkeit von Intuition im Wesentlichen auf zweierlei Weise beeinträchtigt wird. Erstens durch Tabus, also durch empfundene Verbote, Aspekte der Wirklichkeit wahrzunehmen, und zweitens durch uneingestandene Bedürfnisse, die das intuitive Interesse fehlleiten. Hier soll zunächst auf Letzteres eingegangen werden.

2.2.2.1 Intuition und Bedürfnisse

Berne ging davon aus, dass man sein intuitives Interesse und seine intuitive Kompetenz nur dann weitgehend in den Dienst einer Sache

---

5 Eine einfache, verständliche Darstellung der psychologischen Transaktionsanalyse wie auch ihrer Weiterentwicklung zu einem Rollenmodell für professionelle Begegnung steht dem Leser an anderer Stelle zur Verfügung (Schmid 1994a, S. 41 ff.).

oder einer Beziehung stellen kann, wenn man mit den eigenen Motivationen im Reinen ist. Wenn nicht, wird die Intuition von Interessen geleitet, die unterschwellig uneingestandene Bedürfnisse befriedigen. »Im Reinen sein« kann bedeuten, dass man eigene Bedürfnisse kennt und sie außerhalb professioneller Beziehungen so gut versorgt, dass sie die professionelle Intuition nicht subversiv dominieren. Bedürfnisse können dann zurückstehen, wenn sie anerkannt und hinreichend versorgt sind.

Die Intuition kann dann für eine Zeit lang ganz für professionelle Aufgaben verfügbar gemacht werden. Noch besser ist es, wenn es gelingt, professionelle Anliegen und Rollen gut in Einklang mit unseren Bedürfnissen zu bringen, so dass kaum Konflikte entstehen.

Insbesondere in helfenden Beziehungen sollte es möglich sein, das eigene Urteilsvermögen vorrangig in den Dienst des anderen zu stellen. Hierzu ist es notwendig, dass man von der Befriedigung eigener Bedürfnisse bei dieser Gelegenheit relativ unabhängig ist bzw. sie mit der Steuerung der helfenden Begegnung positiv vereinbaren kann. Wenn Geben und Nehmen in diesen Bereichen angemessenen Raum finden und kompetent gehandhabt werden, verringert sich die Gefahr, dass man insgeheim denjenigen, dem geholfen werden soll, für die eigene Bedürfnisbefriedigung missbraucht oder dass man die Freimütigkeit und Potenz in der Begegnung wegen Befangenheit auf unverdächtige, aber weniger relevante Bereiche reduziert.

Es ist sicher nicht grundlos, dass Menschen, die sich in Begegnungen als übermäßig bedürfnislos gebärden, bei anderen Menschen Unbehagen auslösen und deren Aufmerksamkeit im Beobachten vermuteter versteckter Interessen binden. Menschen dagegen, deren Interessen man unverstellt wahrnehmen kann und mit denen man sich einig ist, wie die Bedürfnisse gestillt werden sollen, laden eher dazu ein, die Aufmerksamkeit für das vereinbarte Begegnungsthema freizugeben. Dies ist die beste Voraussetzung für potente und unbestechliche Urteile und eine Vorbeugung gegen verdeckte Ausbeutung in Beziehungen.

Für den psychotherapeutischen Bereich hat Berne über Grundbedürfnisse und Intuition gearbeitet. Hier sollen die Grundzüge einiger für Nichtpsychoanalytiker etwas befremdlicher, wenn auch amüsanter Überlegungen so wiedergegeben werden, dass ihre Bedeutung für den Umgang mit der eigenen Motivationslage der professionell Tätigen erkennbar wird.

Laut Berne beruht das Interesse der Menschen aneinander auf Kannibalismus. Dies kann man vielleicht wörtlich verstehen, wenn man an hungrige Urstämme denkt, die auf Vertreter anderer Stämme treffen. Für die heutige Zeit und ins Symbolische übertragen, kann man übersetzen: Ich möchte dich oder Teile von dir in mich aufnehmen, damit ich das, was ich davon assimilieren kann, zu meinem Eigenen machen kann. Menschen interessieren sich für andere Menschen dann, wenn diese für vitale Interessen Nahrung bieten oder dem Umgang mit ihnen ein seelischer Nährwert zugeschrieben wird.

Natürlich kann man sich bezüglich des Nutzens für die eigenen vitalen Interessen sowie des seelischen Nährwerts irren. So wie man sich in der Einschätzung von Lebens- oder Geschäftspartnern oder des biologischen Gehalts von Nahrungsmitteln irren kann. Auch dann, wenn Menschen in Rollen und Kontexten tätig sind, in denen es zunächst nicht um die Befriedigung eigener kannibalischer Interessen geht, sondern die anscheinend auf selbstloses Wirken für andere oder eine Sache ausgerichtet sind, ist es doch nützlich, sich, d. h. seine Motivationen und Selbststeuerung, daraufhin zu hinterfragen, inwieweit man direkt oder indirekt einen so verstandenen Kannibalismus zu befriedigen sucht.

Differenziertere Fragestellungen hierfür ergeben sich, wenn man nach psychoanalytischer Lehre der frühkindlichen Entwicklungsphasen der Ausdifferenzierung dieses Grundbedürfnisses folgt.

Nach Berne differenziert sich das kannibalische Interesse in 1. orale Gier, 2. anale Bemächtigung sowie 3. in Exhibitionismus und Voyeurismus. Für unsere Zwecke können wir die in allen menschlichen Begegnungen wichtigen Motivationen übersetzen in:

1. das Bedürfnis, etwas zu bekommen,
2. das Interesse, Einfluss ausüben zu können,
3. den Wunsch, andere authentisch, d. h. ohne Verstellung wahrnehmen und sich selbst ebenso zeigen zu können.

Zu 1.: Das Bedürfnis, etwas zu bekommen

Hiermit ist gemeint, dass Menschen einen Teil ihrer Aufmerksamkeit darauf verwenden festzustellen, ob von anderen in der Begegnung genügend von dem zu bekommen ist, wonach eigene Haben-wollen-Bedürfnisse verlangen. Dabei spielt es keine Rolle, in welchem Kontext und in welcher Situation sie sich befinden. Es kann sich um mehr oder weniger situationsgemäße wie auch um fehlplatzierte Bedürfnisse handeln. Es interessiert nur: Bekomme ich auf konstruktive Weise das, was ich beim andern vermute und mir wünsche, oder muss ich es mir nebenbei oder subversiv verschaffen? Daher erscheint es uns sinnvoll, für das Verständnis dessen, was Menschen bei einer Begegnung mit anderen »umtreibt« (im Sinne von »steuert«), zu fragen, inwiefern das Bedürfnis, etwas zu bekommen, a) in einer Begegnung erfüllt wurde und b) so erfüllt wurde, dass es mit dem Zweck der Begegnung gut vereinbar ist.

Zu 2.: Das Interesse, Einfluss ausüben zu können

Zu den Grundbedürfnissen der Menschen und auch zu Bedingungen seiner Gesundheit gehört das Erleben, auf Situationen Einfluss nehmen zu können. Das Bedürfnis, mit eigenen Mitteln andere und den Gang der Geschehnisse wirksam zu steuern (im Notfall sogar zu kontrollieren), muss mit entsprechenden Bedürfnissen der anderen abgestimmt werden. Gelingt dies, kann man an einem Strang ziehen. Misslingt es, können Machtkämpfe oder unfruchtbare Unterordnung die Folge sein. Das Gefühl, dass man die eigenen Interessen wirksam vertreten kann, ist für die Integrität eines Organismus elementar. Deshalb ist es sinnvoll, Kommunikation daraufhin zu befragen, ob die eigenen Bedürfnisse dieser Art angemessen berücksichtigt werden können insofern, als sie situations- und kontextangemessen ausgelebt werden können und nicht dysfunktional oder subversiv befriedigt werden müssen.

Zu 3.: Der Wunsch, andere ohne Verstellung wahrnehmen und sich selbst ebenso zeigen zu können

Ein solcher Wunsch zeigt sich nicht nur in privaten Intimbereichen, in denen wir lustvoll an Intimitäten Anteil geben und nehmen können. Das Bedürfnis, sich in seiner Eigenart anderen zu zeigen, dies mit Freude zu tun und dabei Wohlgefallen hervorzurufen, kann auch auf andere Bereiche des Selbstverständnisses und des Sich-der-Welt-Präsentierens ausgedehnt werden. Wie soll ein Berater seinen Beruf mit innerer Beteiligung ausüben, wenn er kein Interesse mehr an authentischem Geschehen beim Gegenüber hat? Wie soll ein Lehrer seine Schüler erreichen, wenn er sich nicht mehr mit seinem Wesen zeigen mag? Lustvolle Selbstinszenierungen z. B. als Enfant terrible und ebenso lustvolle Entrüstungen auf der anderen Seite sind Beispiele für oberflächliche Versionen solcher Dynamiken. Das Spiel mit Schamlosigkeit auf beiden Seiten ist der Ersatz für das Grundbedürfnis, sich selbst als wesentlich zu zeigen und den anderen als wesentlich erleben zu können.

2.2.2.2 Tabus, Kompetenz und Gewohnheiten

Wie oben gesagt, sieht Berne in seinem Persönlichkeitsmodell die unbefangen-kreative Kompetenz von Erwachsenen-Ich-Zuständen im Wesentlichen aus zwei Quellen beeinträchtigt: durch uneingestandene Bedürfnisse und Tabus. Kommen wir nun zu den Tabus.

Tabus

Kreativer Wirklichkeitsbezug und entsprechende Intuitionen werden durch Tabus behindert oder verfälscht. Entsprechende Wahrnehmungen werden aus der Interpretation der Situation ausgeblendet oder bei bewusster Steuerung nicht berücksichtigt, und/oder ihre unbewusste Berücksichtigung bleibt ohne Kontrolle. Hierbei ging Berne davon aus, dass es durch Sozialisation mit Angst belegte Einschränkungen sein müssten, die solche Ausblendungen erklären. Ein klassisches Beispiel dafür ist das empfundene Verbot, die Unvereinbarkeit von Botschaften aufzeigen zu dürfen. »Verrückte« Versuche der Anpassung können die Folge sein (Bateson 1981, Doppelbindungstheorie). Mit Tabus belegte Themen sind sicherlich auch durch den jeweilige Zeitgeist definiert. So werden ehemals tabuisierte Themen wie Sex, Geld oder Macht heute relativ angstfrei »gehandhabt« und sind ersetzt durch Tabuthemen unserer Zeit.

Über die von Eric Berne genannten hinaus sind zwei weitere Bedingungen, die die Verfügbarkeit unserer Intuition beeinträchtigen können, unserer Meinung nach bedeutsam. Sie könnten oft entscheidender sein als die bisher genannten, und es braucht zu ihrer Beseitigung mehr als Aufklärung.

Schulung und Erfahrung

Die Urteilsfähigkeit wird beeinträchtigt durch fehlende Schulung und Erfahrung. Oft wird der Bedarf an kontext-, rollen-, situations- und feldspezifischer Kompetenz für professionelle Intuition nicht einmal erkannt, und man glaubt, Erfahrungen aus anderen Lebensbereichen einfach übernehmen zu können. Ohne Schulung und spezifische Erfahrung bleibt der Kunstkenner als Musikfreund genauso Laie wie der Experte für Psychotherapie als Organisationsberater (und umgekehrt).

Hemmende Gewohnheiten

Der kreative Umgang mit Wirklichkeit wird durch Gewohnheiten beeinträchtigt. Gewohnheiten – insbesondere, wenn sie als gelernte Selbstverständlichkeiten daherkommen – verhindern offene, neue Betrachtungen. Es ist einfacher, Unbekanntes in bekannte Rahmen einzupassen, als die Rahmen in Frage zu stellen und neue zu entwickeln. In einer Art Kreativitätsträgheit neigt man dazu, sich mit gewohnheitsmäßigen Erklärungen und daraus folgenden gewohnheitsmäßigen Vorgehensweisen zu begnügen. Solange die Anforderungen der Umwelt solche Gewohnheiten nicht erschüttern oder man sich in Kreisen bewegt, die diese Gewohnheiten stabilisieren und rechtfertigen, bleibt man in seinem Gewohnheitsrahmen. Manche Spezies, die nicht in Krisen kam, solange noch die Chance für Neuanpassung war, ist ausgestorben. Will man die eigenen Gewohnheiten erkennen, sollte man bei der Begegnung mit Menschen anderer Kreise und Professionen gut zuhören und ihr Erstaunen bzw. auch ihr Befremden nicht gleich als Unkenntnis abtun. Multidisziplinäre Weiterbildungen und Gemeinschaften wirken hier Einseitigkeiten und Sektendynamiken entgegen (Schmid 2004e).

Sieht man sich diese vier Beeinträchtigungsbereiche an, so kann man sich leicht vorstellen, wie Intuition begrenzt und verfälscht werden, wie kreative Urteilskraft in menschlichen Begegnungen abhandenkommen kann. Voraussetzung für eine Neubelebung des Urteilsvermögens und ein Freisetzen kreativer Kräfte ist, dass man die Beeinträchtigungen identifiziert und auf Abhilfe sinnt. Eine weitere gute Voraussetzung für eine kreative Urteilsbildung ist die Bereitschaft, mit der Einbeziehung neuer Daten bei der Beurteilung und Steuerung zu experimentieren.

2.2.2.3 Weitere psychotherapeutische Perspektiven Bernes

Für das nähere Studium der Sichtweisen Bernes sei noch einmal auf die in Berne 1991 auf Deutsch wiedergegebenen Aufsätze verwiesen (Berne 1952, 1953 und 1955).

Intuition und Neurose

Berne interessierte sich als Psychotherapeut für die Kommunikation zwischen Menschen. In seinem sehr verbreiteten Buch *Spiele der*

Erwachsenen (Berne 1970a) beschrieb er, wie Menschen sich – vom Erwachsenen-Ich unbemerkt – blitzschnell als Mitspieler für psychologisch deutbare problematische Beziehungsdynamiken identifizieren und auf Grund solcher Intuitionen neurotische Beziehungssituationen initiieren.

Insbesondere war er interessiert daran, wie Beziehungserfahrungen angelegt werden, so dass sie neurotische Lebenshaltungen bestätigten. Welche unterschwelligen Verabredungen zu problematischen Verhaltensmustern können im Hintergrund unverfänglicher sozialer Beziehungen stehen? Die in diesem Fall korrumpierte Intuition (der »kleine Professor«) ist dann Instrument der Weiterentwicklung von neurotischen Wirklichkeitsbezügen und dient dazu, die neurotischen Lebensentwürfe mit Hilfe anderer Menschen in Szene zu setzen. Andere Menschen lassen sich aus eigenem komplementärem neurotischem Interesse oder aus Unachtsamkeit und Anfälligkeit für Illusionen in solche neurotischen Beziehungen einladen.

Aus der Sichtweise des Therapeuten sah Berne Intuition hier ganz im Dienst der Erfüllung von problematischen Lebensplänen und der Inszenierung der dazugehörigen Situationen und Beziehungen. Entsprechend dieser therapeutischen Tradition schulte die daraus entstehende Transaktionsanalyse Generationen von Therapeuten, ihre Intuition sowie ihre bewusste Beobachtung zu nutzen, um geeignete Daten für solche Diagnosen zu sammeln und sie zu relevanten Informationen für alle Beteiligten zu machen. Berne ging davon aus, dass Therapeuten, die eine entsprechend vorhandene Intuition ihrem Bewusstsein zugänglich machen, sofort in der Lage sind, die sich entfaltenden problematischen Beziehungsmuster und Lebensvollzüge zu erkennen und durch gelernte therapeutische Manöver zu durchkreuzen.

Initialtransaktionen

Die Entwicklung einer neurotischen Beziehungssituation verfolgte Berne mit besonderer Aufmerksamkeit für die ersten zwischen Menschen ausgetauschten Botschaften.

Mit Aufmerksamkeit und etwas psychologisch geschultem Ohr kann ein Beobachter die Anfänge solcher unterschwelligen neurotischen Inszenierungen als verdeckte komplementäre Botschaften auch aus scheinbar unverdächtigen Kommunikationsbezügen heraushören. Er kann ebenso die einzelnen Kommunikationsmanöver beobachten, mit denen das zu erwartende Beziehungsergebnis angestrebt und schließlich (meist in Form von unguten Gefühlen bei den Beteiligten) erreicht wird.

Auf die Wichtigkeit solcher Initialtransaktionen verweist schon der Titel von Bernes letztem Buch (1970b): *Was sagen Sie, nachdem Sie »Guten Tag« gesagt haben?* Die beteiligten Menschen beurteilen oft ohne bewusste Wahrnehmung in kürzester Zeit die Bereitschaft anderer Menschen, sich in von ihnen bevorzugte Beziehungsspiele und damit in die Weiterinszenierung problematischer Lebensvollzüge einbauen zu lassen, bzw. sie diagnostizieren sofort, an welcher Art von Beziehungsspielen und Lebensszenarien andere Menschen Interesse haben und ob ein Mitspielen in diesen Szenarien für eigene neurotische Lebensinszenierungen von Nutzen sein könnte. In drastischer Weise kann in solchen Fällen oft aufgezeigt werden, mit welch unglaublicher Treffsicherheit Menschen andere diagnostisch einordnen und auf Grund dieser intuitiven Urteilsbildung kraft eigenen Verhaltens mit ihnen Situationen inszenieren, in denen sie selbst in nicht unvertrauter Weise als Täter oder Opfer enden.

Erste Eindrücke

In seinen Überlegungen zu intuitiven Erstbildern von Menschen wies Berne auch darauf hin, dass ein nicht beeinträchtigter Psychotherapeut normalerweise in den ersten Sekunden der Begegnung mit einem Patienten ein gutes diagnostisches Bild von dessen Grundpersönlichkeit und von wesentlichen Themen seiner Entwicklung in sich konstelliert. Wäre er in der Lage, sich dieser Bilder in ganzem Umfang bewusst zu werden und von Anbeginn an auf Grund dieser Bilder psychotherapeutisch zu arbeiten, könnte er daraus in kürzester Zeit eine hochwirksame Therapie ableiten. Stattdessen aber – so schreibt Berne – lassen andere Schichten der Wirklichkeit und der intuitiven Wahrnehmung diese ersten treffenden, blitzlichtartigen Charakterisierungen in einer Art Nebelwand wieder verschwinden. Manchmal braucht es dann Monate und Jahre, bis die gleichen diagnostischen Bilder im Rahmen einer entsprechenden Therapie in gleicher Klarheit wieder in Erscheinung treten.

Damit beschreibt Berne eine Erfahrung, die viele Menschen kennen, denn sie müssen einen langen Erfahrungs- und sorgfältigen Erarbeitungsweg hinter sich bringen, um zu Urteilen zu kommen, von denen sie das Gefühl haben, sie von Anfang an gekannt zu haben. Allerdings kennt man auch die Erfahrung, dass Menschen blitzschnell zu Urteilen kommen, die sich im weiteren Verlauf als Fehlurteile herausstellen und möglicherweise die Entwicklung konstruktiver Beziehungen lange behindern.

Intuition und »wissenschaftliche« Kontrolle

Berne zitiert Vittels (1945), der die Schwächen der Intuition umriss:

> »1. Man muss die Veranlagung dafür besitzen, 2. sie kann uns irreführen, 3. eine bestimmte Grenze, von der ab ohne wissenschaftliche Methodik kein weiterer Fortschritt möglich ist, wird bald erreicht.«

Als Optimist antwortet Berne:

> »... dass er 1. glaubt, jeder sei mit Intuition begabt und man müsse nur an sie herankommen, 2. dass sie uns nicht irreführen werde, wenn wir sie von der destruktiven Verwicklung in neurotische Konstellationen befreien können, und 3. dass es eine Zeit für wissenschaftliche Methodik und eine Zeit für Intuition gebe« (Poincaré 1948).

Die eine bringt mehr Gewissheit mit sich, die andere bietet mehr Möglichkeiten; zusammen bilden die beiden die einzig mögliche Grundlage für kreatives Denken.

2.2.2.4 Erfahrung mit Intuition als Funktion

Zwar kann man Intuition nicht erklären, doch lohnt es sich, Erfahrungen beim Arbeiten mit Intuition zusammenzutragen. Hier seien zunächst einige Beschreibungen von Berne wiedergegeben.

Nach Eric Berne ist ein Arbeiten der Intuition erfolgversprechend, wenn man einerseits *relativ ausgeruht* ist und sich andererseits Zeit lässt, in eine intuitive Haltung zu finden. Für den Psychoanalytiker bedeutet dies, sich auf den Patienten auszurichten und die Aufmerksamkeit von Dingen, die nicht zum Erfassen der therapeutischen Situation mit dem Patienten dienen, frei zu machen. Hierdurch kann jene »schwebende Aufmerksamkeit« entwickelt werden, auf Grund deren man ohne Voreingenommenheit die intuitiv entstehenden Bilder und Verständnisse wahrnehmen kann und Raum hat, sie – zumindest für sich selbst – in Sprache zu fassen und über den Umgang mit ihnen zu bestimmen. Sich selbst in intuitive Stimmung zu bringen kann man üben. Es fällt zunehmend leichter. Es fällt jedoch schwer, willentlich intuitiv zu werden, wenn man nicht gut in Form ist.

Für die Einnahme einer solchen intuitiven Haltung ist das Herstellen einer *gleichbleibenden gewohnten Umgebung* hilfreich, in der sich nur die Dinge verändern, die Gegenstand der intuitiven Urteilsbildung sein sollen. Ein relativ stabiler und vertrauter Hintergrund schafft den Rahmen für intuitive Beurteilung des so ins Auge gefassten Vordergrunds. Zielrichtung und Ausrichtung der Aufmerksamkeit nach vorgegebenen Kategorien behindert Intuition. Sie funktioniert, bezogen auf Menschen, am besten bei Fremden. Vertrautheit ist für die Intuition eher ein Hindernis als eine Hilfe.

Allerdings scheint man – insbesondere durch *längere Unterbrechung* und Orientierung der Aufmerksamkeit auf andere Wirklichkeitsperspektiven – auch aus spezifischen intuitiven Stimmungen herausfallen zu können. Die Treffsicherheit im Erraten von Berufen der Teilnehmer an Musterungsuntersuchungen sank nach eintägiger Unterbrechung zunächst schwerwiegend. Man kann zum Beispiel auch feststellen, dass bestimmte professionelle Intuitionen – etwa nach einem längeren Urlaub – »eingerostet« sind und erst durch mehrfachen Gebrauch wieder funktionstüchtig werden.

Intuitives Arbeiten ermüdet den Intuierenden. Obwohl im Äußeren nicht unbedingt viel Aktivität zu beobachten ist, sind Menschen, die mit großer Aufmerksamkeit für ihre Intuitionen arbeiten, zwar einerseits geistig munter, andererseits jedoch nach einiger Zeit seelisch und körperlich erschöpft. Hohe intuitive Aktivität scheint also ähnlich anstrengend zu sein wie konzentriertes Schachspiel.

Intuition wird durch Druck beeinträchtigt. Intuitive Wertungsprozesse werden gestört, wenn sich der Intuierende als auf die Probe gestellt und unter Bewährungsdruck erlebt. Wenn er nicht über genügend konstruktive Mechanismen verfügt, mit auftretender Bewährungsangst fertigzuwerden, kann intuitive Beurteilung völlig scheitern.

Intuition erlahmt bei Gleichförmigkeit. Intuition hat kein Problem mit Komplexität und dem parallelen Verarbeiten von Eindrücken auf verschiedensten Ebenen. Jedoch erlahmt Intuition bei häufigem, insbesondere gleichförmigem Gebrauch. In Einschätzungsexperimenten nahm die intuitive Genauigkeit nicht ab, wenn in mehreren Dimensionen Beurteilungen gleichzeitig vorgenommen werden sollten. Intuitionen scheinen sich gegenseitig nicht zu beeinträchtigen. Vermutlich wird man hier hinzufügen müssen: sofern sie in Wirklichkeitsdimensionen liegen, die der Intuierende in sich integrieren oder konfliktfrei nebeneinander bestehen lassen kann.

Berne charakterisiert den intuitiven Prozess folgendermaßen: »Alles wird knapp unterhalb der Bewusstseinsebene« automatisch »in eine Ordnung gebracht«; »unterbewusst wahrgenommene« Faktoren werden eingeordnet, nehmen »automatisch« ihren Platz ein und werden in den endgültigen Eindruck aufgenommen, der letztendlich mit einiger Unsicherheit in Worte gefasst wird (Berne 1991, S. 58).

2.2.2.5 Ausweitungen auf Professionen allgemein

Mit dem Ziel, Intuition in ihrer Relevanz für professionelle Selbstorganisation und die Steuerung professioneller Begegnungen wie für den Lebensvollzug Professioneller und für Professionskultur wieder zu öffnen, sollen hier zunächst zwei im Professionsverständnis und in der psychotherapeutischen Konzeptbildung von Berne vorgenommene Spezifizierungen hinterfragt und neu für professionelle Fragen allgemein zur Diskussion gestellt werden.

Die Konzentration der Urteilsbildung auf vorrangig privat-persönliche Charakteristika von Menschen scheint ein einseitiges Interesse an Persönlichkeit aus der Sicht einer Psychotherapie zu sein. Insofern scheint es sich hier bereits um eine durch Berufskonventionen eingeschränkt ausgerichtete Perspektive zu handeln, d. h., es finden bei der Beschreibung und Schulung von Intuition nur diese Dimensionen Beachtung. Anders als von Berne angenommen, kann die intuitive Einschätzung von Situationen und Menschen, z. B. im Hinblick auf ihre professionellen Gewohnheiten, ausgerichtet sein. Es kann intuitiv wahrgenommen werden, ob ein Organisationsmitglied in seiner Art, sich in einer Sitzung zu präsentieren, eher für eine konservative oder eine innovative Unternehmenskultur steht. Es kann intuitiv eingeschätzt werden, ob dieses Mitglied eher im Konfliktfall der Verfolgung von Sachzielen oder der Würdigung von menschlich-sozialen Anliegen in Beziehungen den Vorrang geben würde, ob es interessiert und fähig zur Integration beider Bereiche wäre. Auch kann in Situationen blitzschnell intuitiv erfasst werden, ob die Kommunikation in der zur Verfügung stehenden Zeit zum Ziel führen kann und ob die einzelnen Gesprächsbeiträge auch dann, wenn sie sachlich auseinanderliegen, auf Konsens hin ausgerichtet werden können oder ob die Prozesse auseinanderlaufen, Organisationsstränge divergieren und Meinungen sich polarisieren.

Es ergibt kaum Sinn, Intuitionen nur auf Persönlichkeitsdiagnostik und den Umgang mit Individuen und ihrem »privaten« Hintergrund zu beziehen. Die Loslösung von »psychologischer Diagnostik« ist dann vollzogen, wenn man etwa in der Praxisberatung auf Grund einer Projektdarstellung intuitiv eine Beurteilung des Projektes und der Unternehmenskultur, auf der es gründet, vornimmt. Derjenige, der das Projekt vorstellt, steht hierbei als Medium für Daten und Informationsstrukturen des Unternehmens, über das berichtet wird, und gibt stellvertretend für das Unternehmen Einblick bezüglich vieler professioneller Fragestellungen.

Über die Ausrichtung auf psychologisch Deutbares hinaus sollte daher die mögliche Vielfalt der Betrachtungsperspektiven und Beurteilungsebenen wieder in die Wirklichkeitshorizonte aufgenommen werden. Es wird sonst schwer, sich von den eingeschränkten Selbstverständlichkeiten bestimmter Professionen oder Schulen zu lösen und den Freiraum für schöpferische Betrachtungsweisen über den vorgegebenen Rahmen hinaus wiederzueröffnen.

2.2.2.6 Von der Orientierung auf Störungen zur Ressourcen- und Lösungsorientierung

Oben wurde auf die Fähigkeit zur intuitiven Wahrnehmung neurotischer Neigungen von Menschen hingewiesen. Geschulte Transaktionsanalytiker können sich in der intuitiven Analyse von Kommunikationsbeiträgen daraufhin schulen, entsprechende hintergründige Ebenen der Kommunikation als für ihre Analyse entscheidend in den Vordergrund zu heben. Validiert wird ihre Analyse durch Selektion bestimmter Ereignisse, deren Verlauf vorhergesagt werden kann (s. z. B. die *Spiele der Erwachsenen*, 1970a), und durch Menschen, die diese »Deutung« der Wirklichkeit teilen und an ihren Einfluss auf das Verhalten »glauben«.

Zirkelschlüsse

Es besteht nun einerseits die Gefahr, dass wir unsere möglichen Sichtweisen einschränken, weil wir unsere Intuition auf diese Form der Interpretation der Wirklichkeit konzentrieren. Die Früherkennung der zu erwartenden Verläufe scheint durch spätere Verläufe in ihren Deutungen und Prognosen bestätigt zu werden. Auch scheint die Relevanz dieser Betrachtungen dadurch bestätigt. Doch besteht die Gefahr eines Zirkelschlusses. Man findet vielleicht die Ostereier, die man selbst versteckt hat. Dies gilt insbesondere, wenn die Beobachter entsprechend Vorgänge mitgestalten und durch Hervorheben dieser mitgestalteten Aspekte der Wirklichkeit in der Kommunikation andere in ihr Verständnis der Vorgänge einbeziehen. Sie beginnen auch, ihre eigene Steuerung an den von ihnen für relevant gehaltenen Ereignissen ausrichten. Dies kann wiederum von anderen intuitiv wahrgenommen und komplementär beantwortet werden.

Insofern wundert es nicht, wenn in transaktionsanalytischen Gruppen, in denen die Analyse von Beziehungsspielen geschult wird (von Beziehungsspielen, wie sie durch frühkindlich bedingte neurotische Motivationen ausgelöst werden und zur Bestätigung neurotischer Lebensvollzüge dienen), tatsächlich solche Beziehungsspiele gehäufter auftreten. Seit wir selbst nur noch bei besonderem Anlass z. B. auf Spiele Bezug nehmen, haben Spiele und der Umgang mit ihnen dramatisch abgenommen. Dabei soll nicht behauptet werden, dass es nicht Neigungen zu Spielen gäbe. Sie werden aber nicht mit Aufmerksamkeit versorgt. Als Beispiel sei die Erfahrung berichtet, dass wir früher in Gruppen häufig Probleme mit Pünktlichkeit hatten. Kam jemand zu spät, wurde das konfrontiert, und daraus ergaben sich oft längere Arbeiten. Nachdem wir verkündet hatten, dass jeder kommen kann, wann er mag, aber Aufmerksamkeit für Unpünktlichkeit nicht zur Verfügung steht, wurde die Pünktlichkeit schnell besser eingehalten, und dieses Thema trat in den Hintergrund.

Treibhauswirklichkeiten

Denkbar ist, dass neurotische Muster, die in anderen Kontexten irrelevant bleiben, unter den »Treibhausbedingungen« in Gruppen, die dafür Aufmerksamkeit bereitstellen, überdimensionale Bedeutung bekommen. Die Bereitschaft, sich an dieser Art von Wirklichkeit zu beteiligen und darin ganz bestimmte Rollen einzunehmen, können wichtige Beiträge dazu sein, Zugehörigkeit zu erleben und zu demonstrieren. So wie man angeblich bei den traumdeutenden Psychotherapien überhaupt und durchaus in der für die jeweilige Schule plausiblen Art träumt oder in Körpertherapien entsprechende Verspannungen zum Thema macht, so treten in TA-Gruppen passende Figuren in den Vordergrund.

Feine Misstöne im Hintergrund, die in den meisten Zusammenhängen unbeachtet bleiben können und sich oft von selbst korrigieren, werden zu Hauptmelodien. Sie zu konfrontieren kann sie mit Aufmerksamkeit und Energie versorgen, die dann in wichtigen und konstruktiven Prozessen fehlt. Berne hat mit Blick auf die Psychoanalyse eine solche Treibhauswirklichkeit als Zeitvertreib bzw. als Spiel beschrieben und auf sie aufmerksam gemacht. Mit seiner Kritik an »Endlostherapien« mangels Kontrakt bei der Behandlung von Patienten hat er ebenfalls darauf hingewiesen.

Situative Plausibilität reicht nicht

Gerne wird die erlebte Plausibilität innerhalb der therapeutischen Situationen rückwirkend als Rechtfertigung dafür genommen, dass so viel Ressourcen auf diese Themen verwendet wurden. Dazu kommen Normen, die das Thematisieren bestimmter »versteckter Hintergründe« verlangen, ohne deren »Bearbeitung« das Verschwinden von »Symptomen« verdächtig ist.

Doch Plausibilität ist ein Innenkriterium und sagt nichts darüber aus, ob aus den vielen möglichen Plausibilitäten sinnvolle ausgewählt und Ressourcen dafür angemessen eingesetzt wurden. Dass bestimmten Dimensionen Plausibilität verliehen werden kann, heißt auch nicht, dass diese für andere Kontexte relevant oder dort für einen Fortschritt entscheidend sind. Es ist immer wieder zu beobachten, dass Psychotherapeuten ihre Sensibilitäten und Wirklichkeitsmarkierungen auch in Kontexten, in denen sie deplatziert sind, ins Zentrum des Interesses stellen. Wenn dies ohne notwendige Hinterfragung und selbstverständlich geschieht, ist es irreführend und ethisch nicht vertretbar.

Ressourcen- und Lösungsorientierung

Systemische Haltungen wie Ressourcen- und Lösungsorientierung sind in vielen Praxisfeldern, nicht nur in der Psychotherapie, eine entscheidende methodische bzw. methodisch-professionelle Ergänzung. Sie schaffen ein Klima, bei dem man sich mit Problemen, wenn notwendig, mit Blick auf Lösungen und Ressourcen (im Sinne von Kompetenzen und positiven Wirkkräften) befasst.

Haltungen, Fokussierungen und Urteilsbildungen, auch intuitive, werden in diese Richtung gefördert. Ressourcen für konstruktive Wirklichkeit können so schon in deren Entwicklungsphasen in den Vordergrund geholt werden. Auch in belasteten Wirklichkeiten werden Lösungsmöglichkeiten und dafür nicht genutzte Ressourcen zum wesentlichen Betrachtungsgegenstand gemacht.

Wenn ein professioneller Berater Wirksamkeit hauptsächlich im Benennen und Aufspüren von verdeckten Problemen und nicht im

Adressieren von Ressourcen und Lösungsmöglichkeiten angesiedelt sieht, besteht die Gefahr, dass Klientensysteme in Problemwirklichkeiten geführt und sie dort unnötig lange festgehalten werden. Allerdings dürfen umgekehrt Systemiker auch nicht zu Problemvermeidern, zu Gesundbetern und Schönrednern werden. Sicher müssen beide Haltungen in eine angemessene Balance gebracht und in professionellen Situationen Intuitionen in beide Richtungen aktiviert werden können.

2.2.2.7 Intuition des Möglichen

Zurück zu unserer fiktiven Begegnung von Dr. Berne und Herrn S. Wir wollen gerne noch einen anderen Aspekt einbringen, den wir wieder Dr. Berne unterstellen möchten. Dr. Berne beginnt ein Gespräch mit dem Herrn S., und es entsteht in ihm plötzlich die Frage: Worauf könnten das Gespräch und die Therapie hinauslaufen? Er bekommt plötzlich die Vorstellung, dass außer dem, was vorhanden ist – der Ausdruck der Kommunikation, die Einschätzung, die Absichtsäußerung, die Problem- und Situationsbeschreibung –, dass zwischen dem Patienten und ihm selbst etwas ist, das sich entwickeln könnte. Das heißt, die seelische Funktion des Ahnens (Jung 1921) richtet sich auf etwas, was noch nicht ist, aber kommen könnte. Und er hat plötzlich Ideen, dass etwas an Kommunikation im Raum ist, das ankündigt, was kommen könnte. Er spürt auch in sich Impulse und Neigungen, in potenzielle Wirklichkeiten einzutreten oder sie anzustoßen, von denen er das Gefühl hat, dass sie angelegt sind. Das ist eine Intuition dessen, was möglich ist, was aus der Situation heraus entstehen könnte. Mit dem Ahnen, der Intuition des Möglichen, haben sich insbesondere der Tiefenpsychologe Carl Gustav Jung und seine Nachfolger befasst (von Franz u. Hillman 1980). Im jungschen System würden wir vermuten, dass in der Persönlichkeitsorganisation von Eric Berne die seelische Funktion der Ahnung eine große Rolle gespielt hat.

Zukunftsorientierung und Ahnen sind unterschiedliche Dimensionen der Intuition des Möglichen. Sich auf Zukunft zu orientieren ist nicht unbedingt mit Ahnen gleichzusetzen. Sich intuitiv auf Zukunft zu orientieren heißt, sich an der Intuition im Hinblick darauf zu orientieren, was 1. kommen wird oder 2. sich entwickeln könnte. Diese beiden Dimensionen sind zu unterscheiden.

Wenn sich Dr. Berne fragt, worauf das hinauslaufen wird, was jetzt schon zu erkennen oder unterschwellig zu spüren ist, dann hat dies mehr den Charakter, unterschwellig Vorhandenes zu identifizieren und fortzuschreiben. Aus solchen Betrachtungen ist später die Spielanalyse entstanden. Man versucht, Hintergründiges wahrzunehmen und sich abzeichnende Folgen rechtzeitig zu erkennen und anzusprechen, damit man nicht unbewusst auf problematische Ergebnissen, die später Spielgewinne heißen werden, zusteuert. Hierfür braucht man eher Intuition für das hintergründig Vorhandene.

Die Orientierung auf Mögliches meint hingegen etwas anderes. Musil schreibt in *Der Mann ohne Eigenschaften*: Wenn es einen Wirklichkeitssinn gibt, müsste es eigentlich auch einen Möglichkeitssinn geben. Für das Mögliche gibt es eben noch keine Belege, auch keine hintergründigen, weil es sich um eine Potentialität und nicht um eine Aktualität handelt. Letztlich ist fraglich, ob eine solche Unterscheidung theoretisch wirklich getroffen werden kann. Praktisch ergibt sie unterschiedliche Orientierungen und Haltungen. Jung hat sich in der Betrachtung von Menschen ohnehin viel davon leiten lassen, wozu sie bestimmt sein könnten und was es braucht, ihnen dorthin zu verhelfen. Dafür braucht man als Ahnungsfunktion die »Nase für das Mögliche« wie das Marie-Luise von Franz, eine der wichtigen Nachfolgerinnen von Jung, genannt hat.

Es könnte also jetzt sein, dass Dr. Berne Herrn S. dazu einlädt, sich auch mit dem zu beschäftigen, worauf das Gespräch und ihre Beziehung hinauslaufen könnte. Dies ist eine andere Orientierung, als wenn er sich mit der Frage beschäftigte, was letztes Mal zwischen ihnen war. Soweit damit Möglichkeiten gemeint sind, die nicht aus der Fortschreibung von Angelegtem zu erkennen sind, sondern etwas aus dem Möglichkeitsraum darüber hinaus ansprechen, eröffnet die Intuition des Möglichen eine zusätzliche Perspektive. Er wird sich auf Grund dessen steuern und Prozesse bewusst und unbewusst mitgestalten, die dieser Idee Plausibilität bescheren. Sie wird dann vielleicht von beiden in der Beziehung verwirklicht und erhält dadurch auch empirische Plausibilität.

Intuition des Möglichen richtet sich also auf das, was fehlt –in der Absicht, eine Wirklichkeit in der Situation fruchtbar zu machen. Die auffällige Abwesenheit kann als Zeichen dafür betrachtet werden, dass etwas zu ergänzen ist und das Mögliche in die Wirklichkeit einbezogen werden muss, damit für die weitere Entwicklung gesorgt wird. Viele professionelle Begegnungen kann man aus dieser Perspektive nicht in erster Linie durch den kompetenten Umgang mit Vorhandenem begründet sehen, sondern damit, dass Intuitionen bezüglich möglicher Entwicklungen und Visionen, die sich nicht aus dem Bisherigen ergeben, Gegenstand sein werden. Die Seele des Herrn S. interessiert sich vielleicht mehr für Dr. Bernes Ahnungen des Möglichen als für die »Einfühlung« in vorhandenes Erleben. Ein experimentelles Einbeziehen dieser Ahnungen in den Wirklichkeitshorizont der Beteiligten gibt ihrer Intuition die Gelegenheit, Wirklichkeitsmöglichkeiten zu prüfen und Verwirklichungsmöglichkeiten mit vorhandenen Ressourcen abzugleichen. Die Bereitschaft, für die angebotene professionelle Dienstleistung Interesse und Ressourcen aufzubringen, kann entscheidend von dem Gefühl geleitet sein, dass der Professionelle für visionäre Beurteilungsvorgänge Urteilsvermögen und Urteilskraft besitzt und ihm zugetraut wird, durch kommunikative Erfindungsvorgänge, an denen sich viele beteiligen können, dem Klientensystem und seiner Kultur sinnfällige und kreative Wege in die Zukunft zu eröffnen.

2.2.2.8 Intuitive Komplexitätssteuerung

Durch die wirklichkeitskonstruktive Perspektive wird Wirklichkeit bodenlos. Wir bemerken, wie viele Freiheitsgrade es in den Wirklichkeitsverständnissen, in professionellen Selbstdefinitionen und Selbstorganisationen gibt. Selbstverständliche Wirklichkeiten und professionell richtiger Umgang mit ihnen lösen sich auf. Diese gaben bislang Halt, doch können konventionelle Selbstverständnisse und gewohnheitsmäßige professionelle Selbststeuerungen den Anforderungen heutiger Komplexität und Dynamik nicht länger entsprechen. Auch Intuition muss aus gewachsenen Gewohnheiten befreit werden. Gleichzeitig dürfen Intuitionen nicht der kreativen Beliebigkeit preisgegeben werden.

Dies betont die Notwendigkeit, Intuition durch professionelle Qualifizierung gezielt zu läutern. Gezielt kann aber nicht wissenschaftlich-methodisch heißen, weil unser Urteilsvorgang sonst nicht mehr intuitiv wäre. Vielmehr müssen im Prozess der Intuitionsschulung wissenschaftlich-methodische und unbewusst-intuitive Vorgehensweisen integriert werden. Dies geschieht z. B. durch situatives Hinterfragen der in Professionssituationen wirkenden Intuitionen, etwa in der Supervision. Hierbei sollen die einen Intuitionen nicht einfach nur anderen gegenübergestellt werden. Sondern es soll aus einer Metaperspektive Intuition bewusst neu ausgerichtet werden. Auch Selbstkontrolle und Steuerung von Intuition über eine entsprechende Fachsprache müssen geübt werden. Durch eine solche – auch intuitive – Metasteuerung kann sich unsere Intuition kontext-, rollen-, situations- und strategiespezifisch ausrichten. Es wird so etwas wie eine im Prinzip bewusst kontrollierbare, aber intuitive Urteilsausrichtung gelernt.

Bei einer komplizierten Herzoperation kann es wirklich wichtiger sein, dass sich der Chirurg bzw. das Team ausschließlich auf die komplexe Organisation des Vorgangs ausrichtet und sich die Intuition nur bei hoher Relevanz mit anderen Themen befasst – etwa mit der Persönlichkeit und des persönlichen Lebensschicksals des Patienten, der privatpersönlichen Befindlichkeit der anwesenden Teammitglieder oder der Beurteilung der Auswirkung von Organisationsstrukturen und ihrer Verbesserungen. Selbst wenn angenommen wird, dass Intuition als Funktion mit ungeheurer Verarbeitungskapazität aufwartet, ist es dennoch sinnvoll, dieses System nicht mit für den Moment irrelevanten Verarbeitungen zu überfrachten. Wir müssen Prioritäten setzen, um handlungsfähig zu bleiben, und sollten andere Intuitionen nur am Rand mitberücksichtigen.

Dabei erhebt sich hier die Frage, wie sehr Menschen von der Orientierung an der Persönlichkeit anderer und den Möglichkeiten der Begegnung mit ihnen abstrahieren können. Wie können Fokussierungen der Intuition auf einen professionellen Begegnungszweck gesichert werden? Führt dieses Absehen von anderen menschlichen Begegnungsqualitäten nicht notwendigerweise zu einem entseelten Funktionieren von Intuition und zu einer Entleerung von seelischer Bedeutsamkeit in Organisations- und Professionskulturen? Diese Gefahr besteht sehr wohl, wenn Menschlichkeit nur in separaten Lebensbereichen und nicht als integrierter Bestandteil auch professioneller Rollen und institutioneller Funktionen angesiedelt wird und dort angemessen ihre Form findet (Schmid 1991b, 1993). Das Rollenmodell der Persönlichkeit (Schmid 1994a; s. auch hier, Abschnitt 5.1) verlangt die Integration menschlicher Perspektiven in die Ausgestaltung jeder Funktion oder Rolle. Die Essenz jeder Rolle muss aber eine ihr gemäße Form finden.

Betrachtet man das Intuitionskonzept nicht nur aus der berneschen Perspektive, so eröffnet sich eine fast unendliche Vielfalt an Wirklichkeitsdimensionen, auf die sich Intuition beziehen kann. Da die innere Wirklichkeit eines Menschen davon beeinflusst wird, wie äußere Welt wahrgenommen und gedeutet wird, und umgekehrt, kann man streng genommen nach systemischen Gesichtspunkten gar nicht davon ausgehen, dass äußere und innere Wirklichkeiten letztlich unterschieden werden können. Dennoch müssen wir pragmatisch diese Denk- und Sprachfiguren verwenden. Ganz abgesehen von der Qualität der Urteile, ist intuitive Urteilsbildung wegen ihrer orientierenden Funktion in komplexen Situationen wichtig. Wenn diese Funktion versagt, desintegriert die Selbstorganisation. Menschen reagieren verwirrt, depressiv und verzweifelt. Oder sie organisieren sich in Ärger und Kampf, wenn sie glauben, andere seien die Ursache dafür.

2.2.2.9 Intuition und Begegnung

Man spricht dann von der Begegnung zweier Individuen, wenn die Selbstorganisation des einen für die Selbstorganisation des anderen Bedeutung erlangt. Dieser Vorgang wird gesteuert durch kontinuierliche, meist intuitive Urteilsbildungen. Dass sich Menschen dabei gegenseitig diagnostizieren, ist also kein Privileg für solche mit besonderen intuitiven Fähigkeiten oder psychologischen Interessen, sondern ein unabdingbarer Bestandteil jeder menschlichen Begegnung. Die Kopplung ihrer Welten und die dabei vorgenommene kokreative Wirklichkeitsfindung werden so gesteuert. Die Ebenen und Arten der intuitiven Urteilsbildungen bestimmen die entstehenden Wirklichkeiten entscheidend mit.

Wir schließen aus dem, was wir in der Begegnung mit anderen intuitiv wahrnehmen, auf ihre Befindlichkeit, und unsere Gegenüber ziehen intuitive Schlüsse in Bezug auf uns.

Da alle aber letztlich aus ihrer inneren Welt und deren Organisation heraus andere beurteilen, handelt es sich um zirkuläre Prozesse, an deren grundsätzliches Verständnis wir uns immer wieder durch rekursive Betrachtungsübungen anzunähern versuchen. Über Beobachtung und Spiegelung des eigenen Verhaltens versuchen wir zu begreifen, wie wir unsere Wirklichkeit inszenieren und was wir diesbezüglich intuitiv bei anderen vermuten. Erkenntnistheoretisch ist beides unauflösbar miteinander verknüpft.

Im Englischen sagt man »It takes one to know one«. Man kann nur wahrnehmen, wofür man in sich Empfangsantennen bzw. wofür die eigene Seele Möglichkeiten und Interessen hat. Es gibt keine Kopplung an Wirklichkeit ohne eigene Organisations- und Strukturähnlichkeit mit dieser Wirklichkeit – sei sie bereits vorhanden oder werde sie erst hergestellt. Es gibt keine Wahrnehmung ohne Ausrichtung des eige-

nen Wahrnehmungsfeldes. Dieses ist mit der Bauweise der sich entfaltenden Lebensinszenierungen und der damit verbundenen eigenen
Interessenlage verknüpft. Dabei neigen wir zur Annahme, dass andere
wie wir funktionieren und die Welt verstehen, oder wir versuchen, sie
dahin zu bringen, dass sie unserem Wirklichkeitsbild entsprechen. Es
gehört zu den lebenslangen Herausforderungen, Unterschiede wirklich zu begreifen und zu würdigen. »Wirklichkeitsimperialismus« und
»Wirklichkeitskolonialismus« scheinen den Menschen unseres Kul-
turkreises genauso naheliegend wie »Warum-Fragen«. Dabei gibt es
wirklich viele andere sinnvolle Fragen. Wenn ein Hund das Schwanz-
wedeln einer Katze als eine freundliche Einladung zu einer freund-
lichen Begegnung deutet, lernt er vielleicht erst aus der schmerzlichen
Begegnung, dass es Unterschiede gibt, die einen Unterschied machen.
Vielleicht neigt er aber dazu, über Katzen zu sagen: »Sie sind perverse
Hunde, die sich nicht zu benehmen wissen.«

Jeder Mensch hat ein privatpersönliches Spektrum an Perspektiven, Themen und Interessen gegenüber anderen Menschen, das
mit seiner persönlichen Eigenart, mit seiner eigenen Geschichte, mit
aktuellen Lebensthemen und vielem anderen zu tun hat. Auf Grund
dieses Spektrums entwickeln wir Fantasien über andere und nähern
uns anderen so, dass sie in einer für uns gewünschten Weise wiederum Interesse an uns entwickeln. Gemeinsam schaffen und vollziehen
wir eine Wirklichkeit, die sich auf diese Weise selbst hervorbringt. Wir
müssen dann im errichteten Wirklichkeitsgebäude leben und vergessen leicht, dass alles auch ganz anders sein könnte.

3. Kommunikationsmodelle –
Die Seele ins Gespräch einladen[6]

Wenn wir die Vielschichtigkeit von Wirklichkeit und den hohen Anteil intuitiver Steuerung beim Herstellen von Wirklichkeit akzeptieren, dann stellt sich die Frage, wie Begegnung und Kommunikation beschrieben werden können, so dass die Beschreibungen dieser Komplexität gerecht werden.

Mit welchen Metaphern können wir Prozesse der Begegnung, des Zueinanderfindens beschreiben, und mit welchen Kommunikationsmodellen können wir diese Ereignisse abbilden, um Professionelle für die notwendigen Fähigkeiten zu sensibilisieren und zu schulen?

Und wie nützlich für diese Fragestellung sind die vorhandenen Kommunikationsmodelle? Es gibt bereits bewährte Modelle, die Dimensionen dieser Vielschichtigkeit pragmatisch berücksichtigen (vgl. Schulz von Thun 2005). Hier sollen Modelle dargestellt werden, die wir zusätzlich entwickelt haben und die systemische und pragmatische Perspektiven miteinander verbinden. Als Ausgangspunkt nehmen wir hierfür ein Kommunikationsmodell, das ein eher technisches Verständnis der Kommunikation repräsentiert und von systemischen Konzepten kontrastiert wird.

3.1 Das Sender-Kanal-Empfänger-Modell

Fangen wir also mit einem Klassiker an, dem Sender-Kanal-Empfänger-Modell. Dieses Modell verwenden wir meistens, ob bewusst oder unbewusst. Wir verwenden es, auch wenn wir längst wissen, dass die Kommunikation zwischen lebenden Systemen andere Modelle erfordert. Dagegen ist auch nichts einzuwenden, solange es gute Dienste tut. Wichtig ist lediglich, dass wir es zur Disposition stellen können, wenn es uns in die Enge führt.

---

6 Kapitel 3 wurde aus verschiedenen Artikeln zusammengestellt: Schmid und Wahlich (2002); Schmid (2005); Schmid (2001a).

Abb. 2: Das Sender-Kanal-Empfänger-Modell

Dieses einfache Modell versteht Kommunikation als einen Prozess, bei dem die Information so ankommen muss, wie der Sender sie eingibt – vorausgesetzt, die Instrumente des Empfängers, des Senders und auch der Sendekanal selbst sind intakt.

Dieses Modell erscheint auch heute noch für den technischen Bereich der Übertragung von Information geeignet und nützlich. So geht sicher jeder davon aus, dass seine Mails beim Empfänger buchstabengetreu ankommen. Kommunikation wird als kontrollierbar, steuerbar und beherrschbar angesehen. Störungen dieser Eins-zu-eins-Übertragungen können mit Recht den Kommunikationsapparaten bzw. -kanälen angelastet werden. Abweichungen sind Kommunikationsstörungen und als solche zu reparieren.

Das einfache Sender-Kanal-Empfänger-Modell ist jedoch nur sehr begrenzt auf komplexe menschliche Kommunikation übertragbar. Aus Sicht der Erkenntnisbiologie (Maturana u. Varela 1987) ist jeder Mensch ein lebendiger Organismus, der in seinem eigenen Universum lebt und darauf aus ist, sein eigenes Weltbild zu erhalten oder sich den eigenen Interessen gemäß zu entwickeln. Aus systemischer Sicht ist es also normal, dass sich die Wirklichkeiten von Menschen oder Systemen unterscheiden und dass sie im Kontakt miteinander vorrangig die Frage interessiert, ob und welche Entwicklungsreize andere ihnen für ihr eigenes Universum bieten.

Damit aber in einer Zweierbeziehung überhaupt erkannt werden kann, was der andere anzubieten hat, muss eine Begegnung dieser beiden »Welten« stattfinden. Die Universen müssen so aneinander angekoppelt werden, dass eine »Beeinflussung« sinnvoll stattfinden kann. A und B errichten dafür einen gemeinsam geteilten Wirklichkeitsraum, der nur einen kleinen Teil der jeweils eigenen Wirklichkeit abbildet.

3.2 Das Kulturbegegnungsmodell

Dieses Verständnis von Kommunikation drückt sich im Kulturbegegnungsmodell der Kommunikation aus. Nach dem Kulturbegegnungsansatz der Kommunikation findet Kommunikation statt durch ein

Sich-aneinander-Koppeln zweier vorrangig auf sich selbst bezogener Systeme, die sich gegenseitig Anreize geben, die jeweils eigene Welt weiterzuentwickeln. Man gibt sich also gegenseitig lediglich Anreize aus dem eigenen Kulturverständnis heraus, und diese werden vom Gegenüber nach seinem Kulturverständnis verarbeitet. Kommunikation ist demnach nicht zu verstehen ohne eine Auseinandersetzung mit den dabei beteiligten Kulturen. Anders als das Sender-Kanal-Empfänger-Modell der Kommunikation (»A gibt Informationen an B, eine vorhersagbare Wirkung wird ausgelöst«) wird die Aufmerksamkeit auf die Herstellung einer partiellen Kulturgemeinschaft durch Kommunikation gerichtet. Kommunikationspartner werden prinzipiell als Vertreter einer unbekannten Spezies mit der interessierten Haltung eines Ethnologen betrachtet. Im Zweifel geht man davon aus, dass sich die Welt für sie völlig anders darstellt als für den Betrachter. Dass Ursache-Wirkungs-Ketten in der Kommunikation nicht mehr als selbstverständlich erwartet werden, ergibt sich daraus von selbst. Vielmehr gibt es für jeden Menschen eigene spezifische Gesetzmäßigkeiten, nach denen er funktioniert und Informationen verarbeitet. Dies gilt gleichermaßen, wenn wir es mit der Begegnung von größeren Systemen wie Teams oder Organisationen zu tun haben.

Legt man dieses Kommunikationsmodell einer Beratungsbeziehung zu Grunde, so ergibt sich automatisch, dass nicht von instruktiver (also die Reaktion des anderen direkt bestimmender) Interaktion (von Foerster 1985, 1993) ausgegangen werden kann.

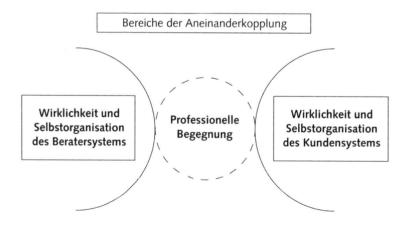

Abb. 3: Kulturbegegnungsmodell der Kommunikation

Vielmehr probiert man auf Grund eigener Verständnisse und auf Grund von Annahmen bezüglich dessen, wie das Gegenüber funktioniert, zu gewünschten Reaktionen einzuladen. Und der andere agiert eben manchmal wie erwartet, manchmal wie nicht erwartet, aber irgendwie noch einordenbar, und manchmal weder wie erwartet noch auch deutbar. Man muss jeweils studieren, was überhaupt als Reaktion auf einen selbst zu deuten ist und was dies über die gegenwärtige Wirklichkeit des anderen Systems, über die mögliche Beziehung zu ihm und über künftige Wirklichkeiten sagt. Vorrangig an der Kommunikation ist das Herstellen und Erhalten einer für beide Parteien plausiblen und bedeutungsvollen Gemeinschaftswirklichkeit. Streng genommen, ist diese Wirklichkeit vielleicht nicht gemeinsam, gibt aber jedem ein Gefühl, als ob sie es wäre, und eröffnet Perspektiven auf sinnvolles Handeln unter Bezugnahme auf den anderen.

Professionelle Begegnung braucht besondere Kommunikationskompetenz – vor allem dann, wenn es sich um komplexe Systeme und ebensolche Kommunikationszwecke handelt. Weiter braucht man, um in einer solchen Vielfalt von Sichtweisen- und Urteilsmöglichkeiten überhaupt handlungsfähig zu sein, eine intuitive Steuerung, die in einem gewachsenen professionellen Selbstverständnis, in Berufserfahrung und in einem reflektierten Repertoire an Konzepten und Vorgehensweisen begründet ist.

Der Erwerb von professioneller Kompetenz hat daher mit dem Zusammenspiel vieler Seinsweisen und Steuerungsdimensionen zu tun. Daher ist Selbsterfahrung, verstanden als Kennenlernen dieser spontanen Zusammenspiele und Persönlichkeitsentwicklung im Sinne von Differenzieren und Ausrichten möglicher Zusammenspiele, notwendig. Der Lernprozess selbst geschieht in Begegnungen und kann die erfahrenen Beispiele für Gelingen und Misslingen von Kommunikation aufnehmen.

Wie oben dargestellt, steuern uns unbewusste Prozesse dabei mehr, als wir es uns normalerweise vergegenwärtigen. Sie müssen in ein professionelles Kommunikationsmodell mit einbezogen werden. Dieses muss bewusste und unbewusste Dimensionen berücksichtigen und aufeinander beziehen. »Unbewusst« bedeutet in diesem Zusammenhang nicht wie in der psychoanalytischen Tradition »verdrängt« oder »abgespalten«, sondern lediglich »nicht mit Aufmerksamkeit besetzt« und gelegentlich »nicht letztlich aufklärbar«. Dennoch müssen diese Wirkkräfte berücksichtigt werden. Um das zu leisten, müssen wir zwischen diesen Dimensionen nach innen wie nach außen Dialog zu halten lernen. Wenn wir z. B. besser erkennen, zu welchen intuitiven Reaktionen wir spontan neigen und wodurch sie ausgelöst werden, können wir uns über unsere intuitiv-unbewussten Urteile klarer werden, ihre steuernde Kraft studieren und sie bei Bedarf korrigieren. Dadurch bleibt Intuition nicht »spontan« und auf beliebige Wirklichkeiten gerichtet, sondern differenziert und fokussiert sich. Intuition wird so zunehmend professionell geläutert. Dann können wir uns mehr und mehr auch zu professionellen Urteilen als »intuitiven« bekennen und die Verantwortung dafür übernehmen.

3.3 Das Dialogmodell der Kommunikation[7]

Das Dialogmodell der Kommunikation bezieht die unbewusst-intuitive Ebene ausdrücklich mit ein.

»Nehmen wir einmal zwei Personen an, die sich darüber verständigen wollen, welches Anliegen Person A an Person B hat. Auf der bewusst-methodischen Seite wird Person B vielleicht den Kommunikationsprozess durch Fragen der Art zu steuern versuchen: ›Was sind Anlass und Anliegen für dieses Gespräch?‹ Oder: ›Woran würden Sie erkennen, dass unser Gespräch erfolgreich ist?‹ Person A würde bewusst-methodisch antworten, indem sie beispielsweise sagte: ›Ich denke, wir sollten dazu unsere Aufmerksamkeit auf das problematische Verhältnis zu meinem Vorgesetzten richten‹ o. Ä. Unbewusst-intuitiv aber werden beide von vielfältigen Bezügen beeinflusst, die zum jeweiligen Zeitpunkt nicht bewusst erörtert werden (können). Beispielsweise wird Person B Vermutungen über die Herkunft und Geschichte von Person A haben, diese aber nicht zum Gegenstand des Gesprächs machen, weil sie ihr selbst noch nicht klar sind und weil gerade die Abklärung des Gesprächsanlasses im Vordergrund steht. Für Person B mag im Gespräch mitschwingen, dass Person A einen sehr barschen Ton an den Tag legt, doch thematisiert sie es nicht, weil es ihr nicht ins Bewusstsein tritt. Sie ist ebenfalls mit der Frage nach ihrem Anliegen beschäftigt« (Schmid u. Wahlich 2002).

---

7 Dialog meint »durch das Wort«, von David Bohm (1998) wiederentdeckt.

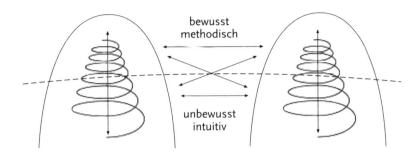

Abb. 4: Das Dialogmodell der Kommunikation (nach Schmid u. Caspari 1998c)

Das Dialogmodell veranschaulicht sowohl den inneren Dialog jedes Kommunikationspartners als auch die Kommunikation zwischen diesen Partnern bzw. Systemen auf der bewusst-methodischen und auf der unbewusst-intuitiven Ebene. Dabei beschreibt die bewusst-methodische Oberfläche der Kommunikation das, was wir kontrollieren können. Es ist das sichtbare, beobachtbare Verhalten wie z. B. unsere Worte.

Wie sich bei der Strömung des El Nigñgo ### das kalte Wasser der Tiefe mit der warmen Oberfläche vermischt, so könnte man sich den Fluss und den Austausch der unbewusst-intuitiven und der bewussten Ebene sowohl in uns als auch zwischen den Kommunikationspartnern vorstellen. Die Fähigkeit eines professionellen Kommunikators bestünde darin, achtsam auf das zu sein, was sich in ihm konstelliert, und sich durchlässig für die Wahrnehmung dieser inneren Ströme zu halten (das wäre der innere Dialog). Seine bewusst-methodische Seite hätte, im Bild des El Nigñgos### gesprochen, die Funktion eines »Stromforschers«, der den Strom nicht unbedingt steuert oder reguliert, aber das, was er sieht und begreift, so formuliert, dass er das nicht Sichtbare fassen oder bildhaft übersetzen kann. Das Bewusstsein hat hierbei eher die Kapazität eines Taschenrechners gegenüber dem Computer unbewusst-intuitiver Prozesse. Es ist daher gut beraten, sich eher darauf zu konzentrieren, Rahmen zu setzen, Richtungen zu formulieren und gelegentlich zu kontrollieren, empfänglich zu sein und zu übersetzen, von einem Metastandpunkt aus zu beobachten und eine gelegentliche Abstimmung sicherzustellen und die wesentliche Arbeit unbewusst-intuitiver Steuerung zu überlassen.

Da der Austausch von Informationen zwischen zwei Personen bzw. Systemen sich nicht auf das an der Kommunikationsoberfläche Beobachtbare und in Worte Gefasste beschränkt, fokussiert dieses Modell auch auf den Dialog mit unter- oder hintergründigen wirklichkeitsbildenden Kräften und darauf, wie die Beteiligten sie wahrnehmen und in der Steuerung berücksichtigen können. Die Aufmerksamkeit wird so auf die Vielschichtigkeit der Begegnung und der entstehenden Wirklichkeit gelenkt. Dadurch können oberflächliche Begegnungen vielschichtiger und hochwertiger gemacht werden. Dies kann notwendig sein, weil sonst Kommunikation nicht genügend von dem erfasst, was sie bräuchte, um wirksam zu sein, oder schlicht wünschenswert, weil sich die Menschen dann eher in der Begegnung finden können.

3.4 Schulung der Dialogfähigkeit

Eine hochwertige Begegnung kann vieles verändern. Es entstehen dabei Schwingungen, die ganze Felder neu ordnen, Bereiche mit neuen Qualitäten einfärben, Motivationen wiedererwecken, seelische Kräfte neu in diesem Begegnungsfeld versammeln, Maßstäbe neu beleben und Weichen in der inneren Selbstorganisationsdynamik der Personen und im Umgang miteinander stellen können. Die erfahrene Qualität der Kommunikation kann als so berührend erlebt werden, dass sie als Beziehungsvorgabe in weitere Begegnungen hineinstrahlt. Es lohnt also, Menschen mit diesen Dimensionen von Begegnung in Kontakt zu bringen. Denn nur, wenn die Oberfläche einer Kommunikation in Einklang mit dahinter wirkenden unbewusst-intuitiven Wirklichkeiten steht und diesen dient, kann unseres Erachtens bedeutungsvolle und kreative Kooperation geschehen.

Berater haben meist einen Schwerpunkt in ihren Vorgehensweisen auf der einen oder anderen Seite, dem methodischen oder intuitiven Arbeiten. Sie können davon profitieren, wenn sie die jeweils andere Qualität ergänzend beachten und ausbilden und ein komplementäres Zusammenwirken beider anstreben.

Das von Helwig (1967) entwickelte Wertequadrat mag verdeutlichen, in welchem Spannungsfeld die beiden Ebenen methodischen und intuitiven Vorgehens angesiedelt sind. Wertequadrate dienen dazu, die Dialektik positiver und negativer Werte zu veranschaulichen. Dabei geht man davon aus, dass es immer eine Balance zwischen einer

Tugend (z. B. Mut) und ihrer »Schwestertugend« (z. B. Vorsicht) gibt. Ebenso gibt es die negativen Übertreibungen oder »Entwertungen« (hier: Waghalsigkeit versus Feigheit). Die Verbindungen zwischen den vier Endpunkten können persönliche Entwicklungen beschreiben. In Abbildung 5 ist ein Wertequadrat für die Dimension bewusst-methodisch/unbewusst-intuitiv dargestellt.

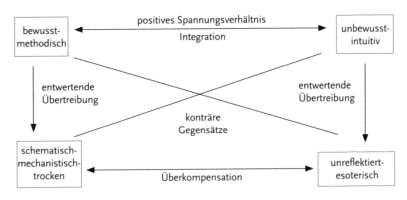

Abb. 5: Wertequadrat für die Dimension bewusst-methodisch/unbewusst-intuitiv (nach Helwig 1967)

Das Schaubild macht deutlich, wie entwertende Übertreibungen sich gegenseitig polarisieren und rechtfertigen können. »Mechanistisches und Bürokratisches« wird einerseits als notwendige Abwehr von »Irrationalem« und andererseits wird »Irrationales« als notwendige Gegenkraft zu »Unmenschlichem« gerechtfertigt. Beides bleibt in der Polarisierung unqualifiziert und stabilisiert sich aber gegenseitig. Nicht selten staunt man über das unverbundene Nebeneinander oder Gegeneinander beider Haltungen innerhalb einer Person oder einer Organisation. Die Lösung besteht darin, beide Wirklichkeitszugänge zu qualifizieren und zueinander in einen konstruktiven und wechselseitig positiv kritischen Bezug zu bringen. Dies bedeutet lebenslanges Bemühen. Der Cellist Pablo Casals übte noch als über 90-jähriger täglich. Als er gefragt wurde, warum er dies tue, soll er geantwortet haben: »Ich glaube, ich werde allmählich besser!«

3.4.1 Persönliche Mythologien und Begegnung

Über die Schulung von Professionellen zum besseren und tiefgründigeren Arbeiten hinaus interessieren auch Fragen, die auf gelebten

Sinn in jeder Begegnung, also auch der professionellen, ausgerichtet sind: Was steuert und motiviert uns neben dem Kommunikationszweck im Kontakt mit dem andern? Wie gelingt es einem Menschen, in der Begegnung mit dem anderen etwas zu finden, was für ihn und den anderen wichtig ist und Bedeutung hat? Wie kann man eine Atmosphäre schaffen, in der andere eingeladen werden, sich als Menschen mit Bezug zu vielschichtigen Hintergründen in die Begegnung einbringen zu können und zu wollen? Hier geht es nicht darum, professionelle Beziehungen für diese Dimensionen zweckzuentfremden, sondern darum, sonstige Sinnbezüge nicht auszuschließen, vielmehr mitschwingen zu lassen. Wenn dies gelingt, ist dies die beste Vorbeugung dagegen, dass es subversiv und destruktiv geschieht.

Auch wenn es »sachlich« nicht geboten scheint, kann man davon ausgehen, dass sich Menschen immer im Prozess ihrer Lebensgeschichte befinden und sie fortschreiben, dass sie ihre persönlichen Mythen entwickeln und leben. Im Hintergrund auch vieler beruflicher und unternehmerischer Entwicklungen kann man die Lebensentwürfe der beteiligten Menschen, insbesondere die der Schlüsselpersonen, als entscheidend wirkend ansehen.

Auch bei der Beratung von Organisationen ist es daher wichtig zu verstehen, wie Personen und Organisationen mit ihren jeweiligen Mythen zueinanderpassen. Mitarbeiter agieren diese im Positiven wie im Negativen oft aus, ohne dass es ihnen bewusst ist. Das kann hier nur metaphorisch angedeutet werden.[8] Schneewittchen kann mit Herkules wahrscheinlich nicht viel anfangen. Ihre Aufmerksamkeit ist vielleicht eher auf intrigante Aktionen von Frauen ausgerichtet, während Herkules Gefährten für seinen mannhaften Kampf gegen Schicksalsmächte um sich schart. Aus Sicht ihrer persönlichen Mythologie begegnen sie sich ohne Interesse oder Verständnis füreinander. Wenn beide aber im Team arbeiten, wäre es dennoch hilfreich, wenn sie sich überhaupt füreinander interessierten und Möglichkeiten sähen, sich, von den mythologischen Interessen absehend, positiv und kooperativ aufeinander einzulassen, vielleicht sogar die unterschiedlichen besonderen Stärken und Interessen der gemeinsamen Aufgabe gemäß einzubringen. Oft werden mythologische Geschichten auf eine dysfunktionale Art gelebt. Manches Scheitern oder auch Mobbing kann man so begründet vielleicht besser verstehen. Daher ist es sinnvoll und hilfreich, Mitarbeiter

---

8 Ausführliche Beispiele siehe Schmid (2001a, 2004c).

einzuladen herauszufinden, wie ihre persönlichen Mythen auch im professionellen Bereich hintergründig wirken und wie sie produktiver und gesünder gelebt werden könnten.

Dazu müssen wir in Dialog mit den Mythen und den bedeutungsvollen Perspektiven hinter ihnen treten und Geschichten finden, die Sinn ergeben und die das Interesse der Seele wecken, sich zu entfalten und zur Passung mit anderen zu finden.

Wenn dieser Passungsprozess gelingt, findet man unter den Mitarbeitern häufig ein hohes Maß an Kreativität, Loyalität und ein Gefühl für Bedeutsamkeit, ein Gefühl von Gemeinschaft bei aller Unterschiedlichkeit.

Um Menschen in Dialoge über solche Passungen einzuladen, braucht man Methoden, in denen auch das Unbewusste seine Sprache findet. Hier arbeiten wir mit sinnstiftenden Hintergrundbildern, geleiteten Fantasien und Träumen (Schmid 2001a; Schmid u. Boback 2001; Schmid 1998b). Sie sind an anderem Ort ausführlich dargestellt.[9]

Wir verstehen Beratung auch als gemeinsame Erzählung. Auch arbeiten wir häufig mit der Theatermetapher. Beides möchten wir hier stellvertretend erläutern.

3.4.2 Erzählungen

Der Begriff Erzählung ersetzt hier den etwas künstlichen Terminus Wirklichkeitsinszenierung im Sinne eines narrativen Ansatzes (Hipp 1998). Nach diesem gilt: Der Mensch begegnet naturgegeben seiner Welt interpretierend und erzählt durch die Interpretation seine eigene Geschichte.

Die Kommunizierenden erzeugen ein Feld, in dem sowohl bewusst-methodische als auch unbewusst-intuitive Inhalte zu einer gemeinsamen Erzählung, zu Geschichte und Kultur, verschmelzen. Anzustreben ist eine *qualitativ hochwertige Erzählung*. Dieser Begriff meint in der Beratung nicht nur eine beraterisch wirksame Intervention, sondern die Entstehung einer gemeinsamen Inszenierung durch Berater und zu Beratenden, die für beide Sinn ergibt. Jeder kann sie nutzen, um wesentliche Stränge seiner Lebenserzählung neu zu erzählen. Der unbewusst-intuitive Anteil ist dabei der für die Sinnstiftung entscheidende Anteil der Kommunikation. Aus dieser

---

9 Eine Übersicht der von B. Schmid verfügbaren Schriften und Audios zu diesem Themengebiet finden Sie unter: http://www.systemische-professionalitaet.de/isbweb/content/view/241/288/ [18.5.2008].

Perspektive gilt: Beraten heißt gemeinsam eine Erzählung finden, die für beide Sinn ergibt.

Oft handelt es sich bei Erzählungen eben auch um Lebenserzählungen. Diese beruhen auf Lebensentwürfen und den sie prägenden seelischen Bildern. Die Lebenserzählung ist das, was bei dem Versuch, den eigenen Lebensentwurf zu inszenieren, herauskommt.

Diese Definition von Beratung als gemeinsamer Erzählung impliziert eine Ablösung von der Vorstellung, Beratung müsse ausschließlich für den Beratenen Sinn ergeben. Beratung muss Tiefgang und Sinnstiftung für beide bieten, wenn sie über die Oberfläche der Verständigung hinaus ein Kraftfeld entwickeln soll, d. h., auch der Berater muss Substanz in seinem Tun spüren, sonst gelingt es nicht, einen gemeinsamen Sinn zu finden. Wenn ein Mensch kraftvoll und beseelt arbeiten soll, müssen in der Beratung immer auch eigene Lebensthemen weitererzählt werden können. Beim Konfigurieren von persönlichen Dienstleistungen reicht es generell nicht aus, sich darauf zu beschränken, was »objektiv« Gegenstand des Vertrages ist. Es gibt daneben so etwas wie einen seelischen Kontrakt. Sich rechtlich darauf zu beziehen ist natürlich schwierig, doch ist es für erfolgreiche Dienstleistung wie für jeden Markterfolg wichtig, mit etwas anzutreten, was »ein Stück von einem selbst« ist, und dieses aus den möglichen Fokussierungen so auszuwählen, dass es in Kontakt mit derselben Dimension des Gegenübers kommen kann (s. auch Abschnitt 4.1 und 4.2).

Dies klingt vielleicht schwieriger, als es ist, und man könnte denken, dass nur wenige Menschen solche Ansprüche an ihre Arbeit stellen können, dass es den meisten unmöglich ist, sich über diese Dimensionen auszutauschen. Das Gegenteil ist der Fall. Wir machen gerade mit Menschen ohne spezielle Schulung in diesen Bereichen die Erfahrung, dass sie auf Anhieb einen guten Zugang dazu finden und miteinander bald ein hohes Niveau sensiblen Austausches erreichen, wenn man nur die richtige Atmosphäre schafft und methodisch einen nutzbaren Rahmen bietet. Ein solcher ist die Arbeit mit der Theatermetapher.

3.4.3 Die Theatermetapher

Mit Hilfe der Theatermetapher (Schmid 2003a, S. 63 ff.) kann die Dimension *Sinn* unmittelbar in Dialoge einbezogen werden. Ihr metaphorischer Ansatz bindet analytische und intuitive Ebenen ein und unterstützt darum die Idee des Dialogmodells. Die meisten Menschen kommen ...

»... intuitiv mit Bildern des Theaters leicht zurecht, wenn sie über Veränderbarkeit von Lebensinszenierungen und damit ihrer Persönlichkeit nachdenken. Auch psychologisch wenig Vorgebildete bzw. Interessierte können durch Benutzung der Theatermetapher leicht typische Merkmale der eigenen Lebensinszenierungen identifizieren und sich sprachlich mit anderen darüber austauschen.

Schwierige Situationen bekommen etwas Spielerisches, Konkretes und Übersichtliches. Die Situationen werden wieder dynamisch und gestalterisch offen. Man kann überlegen, wo Bedarf ist und wie für Veränderungen angesetzt werden könnte. Die Arbeit mit Metaphern mobilisiert kreative Kräfte – sowohl bei uns selbst als auch bei unseren Gesprächspartnern. Mit Hilfe der Theatermetapher kann man Persönlichkeit verstehen als das Portfolio der Bühnen, auf denen das eigene Leben spielt, der Erzählungen (Storys), die dort entfaltet werden, der Rollen, die darin vorkommen und die man selbst spielt usw. Die Theatermetapher bietet viele Unterscheidungen, die für die Beschreibung der Lebensinszenierungen, in denen sich Persönlichkeit zum Ausdruck bringt, hilfreich sein können. Mit der Theatermetapher kann auch Organisationskultur befragt werden, also Einzelbeziehungen, Teams, Organisationen oder Branchen.

In der Praxis haben sich z. B. folgende Ebenen als nützlich erwiesen:

Inszenierungen insgesamt, die fast wie ein Markenzeichen für eine Person und ihren Lebensstil gelten können. Solche Inszenierungen kann man in Teilperspektiven aufgliedern, nämlich:

Themen: Jeder hat Themen, auf die er immer wieder zu sprechen kommt oder die durch das, was er sagt oder tut, ja sogar durch das, was ihm widerfährt, hindurchscheinen.

Storys: Hier sind typische Abläufe gemeint, in denen sich die Inszenierung der Themen vollzieht.

Bühnen: Hier sind die typischen Umgebungen gemeint, in denen sich die eigenen Lebensereignisse abspielen.

Rollen: Hier sind die typischen Rollen gemeint, die in typischen Inszenierungen vorkommen und die einem selbst zufallen oder auf die bezogen man spielt.

Inszenierungsstile: Hier ist die Art und Weise gemeint, wie inszeniert wird. Auch dies kann zum besonderen Merkmal einer Persönlichkeit werden« (ebd., S. 64).

Man kann Begegnung verstehen als das Zusammentreffen von Portfolio der Themen, Storys, Bühnen usw. Dann kann gefragt werden, ob die Themen, Bühnen, Rollen usw. stimmen oder wie die Portfolios geändert werden müssten, damit dadurch Wesentliches noch zum Ausdruck kommt und trotzdem gemeinsame Inszenierungen möglich werden.

Man kann also die Theatermetapher dazu nutzen, professionelle Persönlichkeit und Lebensgeschichten zu explorieren. Man kann sie für Begegnungen nutzen, in denen ein innerer Dialog durch andere gespiegelt und inspiriert wird. Oder man kann die Metapher nutzen für einen Dialog über eine gemeinsame Realität (z. B. für Kooperation oder Zusammenkommen zweier Unternehmen) (Schmid 2004d). Dies kommt in Abbildung 6 zum Ausdruck.

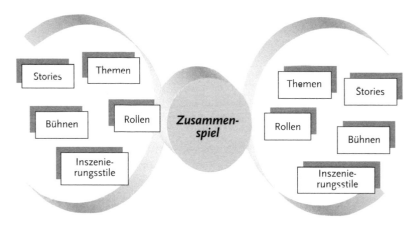

Abb. 6: Die Theatermetapher (nach Schmid u. Wengel 2001)

3.4.4 Sinnorientierte Organisationskultur

Kulturabbau und Sinnverlust sind in vielen Bereichen Zeichen der Zeit, an denen man verzweifeln kann; und diese Verzweiflung ist ein gutes Diagnoseinstrument. Viele versuchte Gegenmaßnahmen erscheinen letztlich eher als Verwaltung der Sinnlosigkeit. Nach einer Studie von J. Halper (1989) haben 80 % der amerikanischen Manager nicht das Gefühl, dass sie für das arbeiten, was ihnen eigentlich wichtig ist. 87 % geben an, keinen echten Freund zu haben. Um dem entgegenzuwirken, könnte ein Metaziel in wichtigen Begegnungen die Verbesserung der Kommunikation entsprechend den hier be-schriebenen Kommunikationsmodellen sein. Es geht also um den Aufbau und die Pflege einer sinnorientierten Kommunikationskultur.

Offensichtlich braucht man dafür einen langen Atem und eine Art Sendungsbewusstsein oder innere Überzeugung.

Unternehmen wenden gelegentlich ein, dass sie angesichts der dringlichen Sachprobleme nicht genügend Zeit und Ressourcen haben, um diese Art der Kommunikation aufzubauen. Abbildung 7 veranschaulicht jedoch, was geschieht, wenn man direkt Ziele, Inhalte und Ergebnisse angeht, ohne auf den sinnorientierten Aufbau einer Kommunikationskultur zu achten.

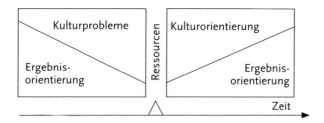

Abb. 7: Kulturorientierung (nach Schmid u. Hipp 2002)

Orientiert man sich ohne Kulturpassung nur an Sachinhalten und Ergebnissen, so gerät man nach einer gewissen Zeit in Probleme kultureller Art. Haben diese sich manifestiert, sind sie viel schwieriger zu lösen, als wenn man sich von Anfang an darum gekümmert hätte. Wenn man dagegen damit beginnt, Kommunikationskultur aufzubauen, dann nimmt man den persönlichen Hintergrund der Menschen auf, schafft eine neue Kultur der Begegnung und Zusammenarbeit und erreicht am Ende in der gleichen Zeit sogar noch bessere Resultate für das Unternehmen.

Kultur ist ein vergängliches Gut. Sie muss ständig erhalten und erneuert werden. Das heißt, dass Organisationen nur dann längerfristig effizient sein können, wenn sie kulturbildend und -erhaltend arbeiten. Insbesondere Organisationen, die auf die schöpferische Kraft ihrer Mitarbeiter angewiesen sind, müssen eine Kultur schaffen, die ein kreatives Miteinander oder wenigstens Nebeneinander von Sinnstiftung und Effizienz ermöglicht. Wenn keine gemeinsame Kultur hinsichtlich Verantwortlichkeiten, Einsatz von Ressourcen und Zielen der Organisation gepflegt wird, sondern ein in Abteilungen aufgesplittertes Aufrechterhalten des Status quo versucht wird, geht die Vitalität verloren. Auch Organisationen driften in einen Burn-out, eine lange verdeckte, innere Aushöhlung in Bezug auf Kultur und Sinn für die beteiligten Menschen. Dann helfen auch keine Leitbilder – schon gar nicht solche, die man sich teuer einkauft. Identität und Kultur entstehen anders, nämlich durch gemeinsam gelebte Erzählungen. Ob eine solche Kultur vorhanden ist, lässt sich intuitiv begreifen. Wenn die Internen einer Organisation sich etwas vormachen, kann man es an Umfeldreaktionen ablesen. Partner und Märkte gehen verloren. Die Kundschaft kann das in der Entscheidung für oder gegen ein Produkt zum Ausdruck bringen, Mitarbeiter dadurch, dass sie eine Stelle annehmen oder nicht. Auch Wirtschaftsförderung sollte sich daran orientieren, ob eine Branche oder ein Unternehmen kulturfähig ist.

3.4.5 Zusammenfassung und Schlussfolgerung

Jenseits der bewusst-methodischen Ebene von Professionalität und Kommunikation sollen Menschen eingeladen werden, sich auch auf unbewusst-intuitiven Ebenen wahrzunehmen, dort aneinander anzukoppeln, sich auszutauschen und eine Kultur kreativer und zuverlässiger Kommunikation aufzubauen. Damit dies erreicht wird, kann mit Metaphern und erlebten Beispielen gearbeitet werden. Die hier dargestellten Kommunikationsmodelle können dafür einen konzeptuellen und methodischen Beitrag leisten.

Nur Kultur schafft Kultur. Kultur kann nur über modellhaftes Erfahren von Kultur aufgebaut werden. Durch exemplarische Erfahrung können Professionelle lernen, auf ihre inneren intuitiven Bilder und Metaphern zu achten, mit sich selbst in inneren Dialog zu gehen und innere Bilder bewusster in der Begegnungen zu berücksichtigen. Gelingt dies, so werden Kommunikationspartner eingeladen, sich ihrerseits in eine solch durchlässige Haltung zu begeben und zu einem konstruktiven Zusammenspiel auf der unbewusst-intuitiven Ebene zu finden.

Begegnung ist auch Gelegenheit, die eigene Lebenserzählung fortzuschreiben und Anreize für die eigene Entwicklung zu erleben. Damit wird Begegnungsraum zum Raum für Lebenssinn und Inspiration.

Kultur strebt danach, dass bei jedem seine besten Seiten angesprochen werden und jeder dabei lernt, andere ebenso anzusprechen. Wenn professionelle Beziehungen von privater Sympathie getragen werden, kann dies vieles erleichtern. Doch sollte professionelle Begegnungskultur davon nicht abhängig sein. Gleichzeitig können und sollten persönliche sinnstiftende Hintergründe nicht ausgesperrt werden, da sie sonst subversiv mitwirken oder Begegnungen kraft- und bedeutungslos werden. Sie müssen aber mit dem Zweck der Organisation und der professionellen Begegnungen in Einklang gebracht werden. Professionelle Kultur und Organisationskultur aufzubauen und zu pflegen ist daher eine anspruchsvolle Aufgabe, für die angemessenes Verständnis und Engagement erst im Wachsen ist.

4. Weitere Konzepte der systemischen Transaktionsanalyse im Überblick

In diesem Kapitel sollen nun weitere am *Institut für systemische Beratung* entwickelte oder weiterentwickelte Konzepte im Überblick dargestellt werden. Sie werden hier Konzepte der systemischen Transaktionsanalyse genannt, was insbesondere dort Sinn hat, wo sie wesentliche Konzepte der TA weiterführen. Sie sind aber ohne Kenntnisse der klassischen TA ohne Weiteres verständlich und könnten genauso gut unter Überschriften wie *Systemische Beratung* oder *Coaching* dargestellt werden. Tatsächlich sind sie auch in solchen Zusammenhängen ausführlich dargestellt (Schmid 2003a, 2004a, 2005).

Hier wird eine Kurzform geboten, damit sich die Leser und Leserinnen das Repertoire an zusammengehörigen Konzepten vergegenwärtigen können.

Bei der Einordnung als TA-Konzepte wird einer Neubestimmung der TA aus systemischer Sicht Rechnung getragen. Wie unten (ab Abschnitt 9.2) dargelegt, wird systemische TA ohne die übliche Verengung auf klassische Konzepte oder psychotherapeutische Perspektiven definiert. Häufig werden die Grundaussagen der TA-Konzepte erläutert, ohne dass dabei die Sprachfiguren oder Grafiken der klassischen TA benutzt würden. An dieser Stelle sei aber ausdrücklich gesagt, dass dadurch in keiner Weise der Wert der klassischen Konzepte und der psychotherapeutischen Anwendung in Frage gestellt werden soll. Auch hier werden im Folgenden Bezüge dazu hergestellt und entsprechende Beispiele erläutert. Wir definieren lediglich einen größeren Rahmen für die TA, in dem diese Perspektiven möglich, aber nicht identitätsbestimmend sind.

Eine wesentliche Perspektive des systemischen Ansatzes ist die der Wirklichkeitskonstruktion und der Eigenschaften und Muster, die sich dabei zeigen. Für die Konstruktionsprinzipien, die Konstruktionsprozesse, die damit verbundenen Ideen zu Wirklichkeit und die daraus entstandenen Wirklichkeiten brauchen wir Konzepte, die sich unabhängig von bestimmten inhaltlichen Themen menschlicher Entwicklung beschreiben lassen.

4.1 Die Konstruktion von Wirklichkeiten

Berne glaubte daran, dass die Ideen, die man zur Wirklichkeit erworben hat, das ganze Leben bestimmen können. Für ihn war es darum nur logisch, solche Ideen, die das Verhalten und Erleben einschränken, als emotional verankerte Glaubenssätze zu beschreiben, die wiederum das innere Erleben und das äußere Verhalten bestimmen. Diese gilt es zu identifizieren und durch gezielte Botschaften aufzulösen. Neuen, wachstumsfördernden Ideen soll in einer heilsamen Beziehungswirklichkeit Raum gegeben werden. Durch Beiträge der Cathexis-Schule (vgl. Schiff et al. 1975) der TA erlangte der Bezugsrahmen mehr Aufmerksamkeit.[10] Die Konzepte der Cathexis-Schule erwuchsen aus der Therapie von Psychotikern. Sie fokussieren damit außer auf Fragen emotionaler Grundlagen auf Fragen gültiger und hilfreicher Wirklichkeiten. Wirklichkeitsentwürfe werden dort als Bezugsrahmen dargestellt. Der Bezugsrahmen wird als die Ich-Zustände umfassendes und ihr Zusammenspiel organisierendes Metaprogramm verstanden. Geht man über die Betrachtung privater Bezugsrahmen hinaus, so können Überlegungen dieser Art auch für das Zusammenspiel in professionellen Beziehungen und Organisationen Bedeutung gewinnen.

Der Gegenstand unserer Betrachtungen ist ganz allgemein die Frage, wie und auf welche Art Menschen in bestimmten Kontexten Aspekte der Wirklichkeit zusammenfügen und wie sie sich und ihre Beziehungen dadurch organisieren.

Auf der Basis der weiterentwickelten Konzepte zur Wirklichkeitskonstruktion haben wir Denkfiguren und Vorgehensweisen vorgeschlagen, mit deren Hilfe wir bewusste Verantwortung dafür übernehmen, welche Wirklichkeit wir mit unserem Denken, Erleben und Handeln bei uns selbst und bei anderen schaffen.

Zu den Konzepten der Wirklichkeitskonstruktion gehören:

4.1.1 Der Bezugsrahmen

Die Auseinandersetzung mit den eigenen Ideen, die Bewusstmachung des eigenen Wirklichkeitsverständnisses und die Fähigkeit, diesem Wirklichkeitsverständnis von einem Metastandpunkt aus betrachtend und experimentierend gegenüberzutreten, sind wichtige Lernaufgaben für jeden professionellen Kommunikator. Er sollte sich jederzeit

---

10 Schiff et al. (197)5 konzipierten den Bezugsrahmen als ein die Ich-Zustände übergreifendes und diese organisierendes System.

Rechenschaft darüber ablegen können, aus welchem Bezugrahmen er an der Kommunikation teilnimmt und zu welchen Bezugsrahmen er beiträgt. Er sollte eine Sprache dafür finden, dies bei Bedarf mitzuteilen, damit verantwortungsvolle Metaloge über ebendiese Bezugrahmen stattfinden können.

4.1.2 Definierende, kodefinierende und redefinierende Transaktionen

Die Transaktionsanalyse nennt Kommunikationsbeiträge, mit denen bestimmte Ideen, Erlebens- und Verhaltensweisen aus dem Bezugsrahmen anderer zurückgewiesen werden, Redefinitionen. Geht man von prinzipiell gleichberechtigten Partnern aus, folgt aus der Logik dieses Konzepts, dass es dann auch »Definitionstransaktionen« geben muss. Definitionstransaktionen bieten eine bestimmte Idee als wirklich und maßgeblich an. Teilt der Empfänger diese Idee und den damit postulierten Bezugsrahmen, so »kodefiniert« er.

> »Eine Kodefinition ist also ein Kommunikationsbeitrag, mit dem eine bestätigende oder komplementäre Wirklichkeitsauffassung definiert wird, während eine Redefinition eine die angebotene Wirklichkeit verwerfende, nicht komplementäre Wirklichkeitsauffassung definiert« (Schmid 2003a, S. 114).

In gleichrangigen Beziehungen muss eine gültige gemeinsame Wirklichkeit erst hergestellt werden. Nicht gleichrangige Beziehungen wie etwa zwischen Arzt und einem zwangsweise eingelieferten Patienten oder innerhalb hierarchischer Verhältnisse können mit einem solchen Instrumentarium auf ihre Berechtigung hin hinterfragt werden.

4.1.3 Abwertung und Wertung

Als Abwertung wird in der TA ein interner Mechanismus bezeichnet, mit dem jemand Ideen anderer oder eine Erfahrung, die den eigenen Bezugsrahmen gefährdet, ignoriert oder verfälschend »zurechtrückt«. Von Grandiosität wird gesprochen, wenn zwar Qualitäten nicht in Frage gestellt werden, sie aber durch quantitative Übertreibungen andere Bedeutungen bekommen sollen. Da ein innerer Vorgang nicht direkt beobachtet werden kann, wird Abwertung aus gezeigtem Verhalten erschlossen, z. B. einer Redefinitionstransaktion. Man schließt aus der Vermeidung des anderen, sich den eigenen Wirklichkeitsvorstellungen anzuschließen, auf den inneren Vorgang der Abwertung bei ihm und versucht z. B., ihn darauf aufmerksam zu machen oder die eigenen Überzeugungsstrategien danach auszurichten. Wenn es aber eine Abwertung (oder englisch: *discount*) gibt, dann ergibt auch der Begriff »Wertung« *(account)* Sinn. Dieser meint, dass sich jemand innerlich auf eine Wirklichkeitsauffassung einlässt.

4.1.4 Fokusbildung und Fokussierung

Die Notwendigkeit, bei der Betrachtung und Analyse von Wirklichkeit den eigenen Standpunkt, aus dem heraus der eigene Fokus gewählt wird, mit einzubeziehen, wurde schon an vielen Stellen in diesem Buch herausgestellt. Zu den Gegenständen dieser Betrachtungen gehören auch die Vorgänge des Fokussierens, des Defokussierens sowie Störungen der Fokusbildung und vieles andere mehr. Als ein Beispiel sei inadäquate Polarisierung genannt. Unerkannte inadäquate Polarisierungen machen differenziertes Denken und Auflösen von falschen Gegensätzen schwierig. Fokusbildung und Fokussierung markieren die Steuerung von Aufmerksamkeit und damit die Allokation von Ressourcen. Wenn in einer Organisation vorrangig auf Probleme und Können Einzelner fokussiert wird, kommen strukturelle Fragen und lösungsorientierte Prozesssteuerung vielleicht zu kurz.

4.1.5 Pragmatische Unterscheidung von Wirklichkeitsbildern

Mit der pragmatischen Unterscheidung von Wirklichkeitsbildern werden Beschreibungen von Wirklichkeitsbildern eingeführt, mit denen man unabhängig von ihrem Inhalt ihre Konstruktionsprinzipien benennen kann. Dadurch werden Dimensionen von Implikationen und Konsequenzen solcher Wirklichkeitsbilder erkennbar, und der Umgang mit diesen Bildern wird zu einer eigenen Disziplin. Hier werden etwa Begriffe wie Konsistenz, Stabilität oder Gehalt von Wirklichkeiten unterschieden. Es macht z. B. einen Unterschied, ob eine Wirklichkeitsvorstellung mangels Verankerung einfach wieder verlorengeht (mangelnde Konstanz) oder in sich zusammenfällt, sobald sie auf eine konkurrierende Wirklichkeitsidee trifft (mangelnde Stabilität). Diese Unterscheidung ist also von differentialdiagnostischer Bedeutung, weil jeweils ganz andere Konsequenzen erwogen werden sollten.

4.1.5 ... auf dem Weg zu einer Wirklichkeitsstil-Analyse und -Beratung

Denk- und Argumentationsstile können wie emotionale oder körperliche Stile oder wie Beziehungsstile als Teile eines Wirklichkeitsstilrepertoires beschrieben werden. Unabhängig vom jeweiligen Inhalt kann ein beschriebener Wirklichkeitsstil Lernen und Begegnung schwermachen oder beste Voraussetzungen für Weiterentwicklung und Beziehungsgestaltung bieten. Betrachtungen zur Konstruktion von Wirklichkeiten können Bestandteile einer sich entwickelnden Wirklichkeitsstil-Analyse und einer daraus abgeleiteten -Beratung sein. Am Beispiel spezifischer Inhalte werden Einseitigkeiten und Sackgassen der wirklichkeitserzeugenden Steuerungen identifiziert und produktivere Sichtweisen und Wege daraus abgeleitet. Lernprozesse dieser Art fördern jenseits der spezifischen Inhalte die Selbstwerdung und professionelle Kompetenz in einer Weise, die vielen Lebenswelten, Bühnen und Rollen Gewinn bringen kann.

Ebenen der Wirklichkeitsbegegnung[11]

Die Cathexis-Schule hat für die Konfrontation von Menschen, die sich dem Wirklichkeitsverständnis ihrer Umwelt nicht anschließen können oder wollen, vier Ebenen der Konfrontation definiert. Es hat demnach wenig Sinn, persönliche Lösungen einzufordern, wenn der andere die Lösbarkeit, die Bedeutung oder gar die Existenz eines Problems zurückweist.[12]

Analog dazu, aber in Anerkennung gleichberechtigter Beziehungen und ausgedehnt auf den Organisationsbereich, haben wir vier Ebenen der Wirklichkeitsbegegnung beschrieben. Erst wenn Gemeinschaftswirklichkeit bezüglich der Fakten, ihrer Bedeutung und der Wirkungszusammenhänge hergestellt ist, kann man über persönliche Verantwortung Dialog halten. Interessierte Leser werden auch hier auf die ausführlichen Darstellungen in Schmid (2003a, S. 109 ff.) hingewiesen.

Wirklichkeitsbegegnung heißt eben auch Wirklichkeitsverantwortung und Zusammenwirken in einem Verantwortungssystem, z. B. in Organisationen. Dies leitet zu Verantwortungskultur bzw. zu Fragen von Vermeidung und Gestaltung von verantwortlichen Beziehungen über.

4.2 Symbiose und Verantwortungskultur

Die Cathexis Schule (Schiff et al. 1975) stand ebenfalls Pate für die Erweiterung und Anwendung der Konzepte von Symbiose und Ver-

---

11 Schmid und Caspari (1998b).
12 Vgl. Discount-Tabelle, Mellor und Schiff (1977, S. 137).

antwortung vor allem auch im nichttherapeutischen Kontext. Wenn Verantwortung nicht übernommen wird, obwohl die beteiligten Personen dazu in der Lage wären oder gebracht werden könnten, entstehen dysfunktionale Symbiosen.

Nicht nur in individuellen Beziehungen, sondern auch in Organisationen spielen Prozesse und Dimensionen von Verantwortung eine zentrale Rolle. Erfolg und psychische Belastung der Menschen werden ganz entscheidend von der vorherrschenden Kultur im Umgang mit Verantwortung beeinflusst. Verantwortungskultur, die es ermöglicht, individuelle Verantwortung zu gestalten, ist entscheidend für das Erleben von Kompetenz und Würde (Schmid 1991b). Unter diesem Gesichtspunkt haben wir uns mit folgenden Aspekten auseinandergesetzt.

4.2.1 Das Verantwortungssystem

Bei der Frage, ob jemand seine Verantwortung adäquat wahrnimmt, werden vier Dimensionen unterschieden, die aufeinander abgestimmt gestaltet werden müssen: Es geht beim Verantworten ums *Können*, *Wollen*, *Dürfen* und *Müssen*. Verantwortung kommt von Ver-antworten. Personen müssen dazu Fähigkeiten erwerben, sie müssen sich an gültigen Werten orientieren wollen, sie müssen zu ihrem verantwortlichen Tun autorisiert und verpflichtet sein. Außer mit einer Berechtigung müssen sie in Organisationen auch mit den notwendigen Zuständigkeiten und Mitteln ausgestattet sein und bei Verfehlungen konfrontiert und für ihre Handlungen zur Rechenschaft gezogen werden. Verantwortung geht über das Individuum hinaus.

Die Dimensionen, die personengebunden sind und die im Rahmen der Organisation gestaltet werden, müssen zueinander passen.

4.2.2 Symbiosen als Störungen im Verantwortungssystem

Beziehungen, die durch Störungen im Umgang mit Verantwortung gekennzeichnet sind, wurden in der Cathexis-Schule als symbiotische Beziehungen bezeichnet.

Dysfunktionale, symbiotische Beziehungen sind demnach entweder Beziehungen,

- »in denen *Verantwortung nicht wahrgenommen* oder *verschoben* wird oder in denen *das daraus entstehende Unbehagen* verschoben wird« oder

- »in denen *Potenziale nicht aktiviert* oder *nicht entwickelt* werden« (Schmid u. Messner 2005, S. 52; Hervorh. im Orig.)

In den Ausführungen zur Verantwortungskultur werden solche symbiotischen Beziehungen, ihre Entstehung und Aufrechterhaltung wie auch ihre Folgen näher beschrieben. Formen symbiotischer Beziehungen und Hintergründe für symbiotische Prozesse, wie z. B. unzureichende Verantwortungsklärung, Konfliktscheu, Komplexitätsstress und Dilemmata (s. u.) werden auch auf Organisationen übertragen.

4.2.3 Umgang mit Verantwortungsstörungen und Verantwortungsdialog

Hier beschreiben wir den möglichen Umgang mit Verantwortungsstörungen und die Handlungen, durch welche eine Verantwortungskultur eher gefördert werden könnte.

Die Cathexis-Schule hat unter dem Begriff »passive Verhaltensweisen« Verhaltensmanöver beschrieben, mit denen sich Menschen aus der Verantwortung nehmen und andere in die symbiotische Verantwortungsübernahme zu drängen versuchen. Auch dieses Schema haben wir zusammen mit den therapeutischen Konfrontationsmanövern auf den Organisationsbereich übertragen und an Beispielen erläutert (Schmid 2003b).

Das beste Gegenmittel gegen Verantwortungsstörungen ist ein lebendiger Verantwortungsdialog in Organisationen und in der Gesellschaft, der mit den wirtschaftlichen und gesellschaftlichen Veränderungen Schritt hält. Damit solche Verantwortungsgeflechte sorgfältig und wirksam gepflegt werden, müssen Verantwortungsdialoge geführt werden. Auch hierfür brauchen wir Konzepte, aus denen methodische Figuren abgeleitet werden können, die für verschiedene Gesellschaftsfelder und Professionen unterschiedlich ausfallen.

4.3 Zwickmühlen und der Dilemmazirkel

Es mehren sich Anzeichen, dass immer mehr Individuen, aber auch Organisationen und Gesellschaftsbereiche in Situationen geraten, die als ausweglos empfunden werden, obwohl Lösungen bzw. Entwicklungen von den objektiven Gegebenheiten her durchaus möglich wären. Solche Dilemmata haben ihren Ursprung häufig in Wirklichkeitsverständnissen und Lösungsvorstellungen, die Unlösbarkeiten in sich tragen und daher selbst Gegenstand der Veränderung sein müssten (einen Überblick bietet Schmid 2008). Um sich mit solchen Fragen besser auseinandersetzen zu können, haben wir vor gut 20 Jahren das Konzept des Dilemmazirkels für die eher klinische Anwendung entwickelt (Schmid 1989b)[13], später für andere Anwendungsbereiche erweitert und mit unseren anderen Konzepten der Professions- und Organisationsentwicklung in Beziehung gesetzt (Schmid u. Hipp 1998c; Schmid u. Messmer 2004f; Schmid 2008).

4.3.1 Definition und Beispiel

Eine Zwickmühle ist ein Muster im Bezugsrahmen einer Person, innerhalb dessen Lösungen für ein Problem oder die Gestaltung einer Beziehung auf Grund falscher Definitionen, Implikationen und Verknüpfungen so konzipiert sind, dass die Befriedigung des Anliegens unmöglich oder unannehmbar wird (Schmid u. Jäger 1986, S. 5 f.).

Ein Individuum, das in seinem Bezugsrahmen eine Zwickmühle konstruiert hat, erlebt sich selbst in einem Dilemma. Ein Dilemma ist eine Situation, in welcher das Individuum die Realität so wahrnimmt, dass es gefangen ist (Schmid 1989a, S. 142).

Ein einfaches Beispiel für diese Art der dilemmatischen Schlussfolgerung ist folgendes: Ein Kandidat erklärt kurz vor seinem Examen:

> »Nur wenn man etwas leistet, wird man akzeptiert. Ich möchte aber auch dann akzeptiert werden, wenn es mir nicht gelingt, etwas zu leisten. Wenn ich meine Kompetenz in diesem Examen zeige, weiß ich immer noch nicht, ob Sie an mir als Person interessiert sind. Wenn ich meine Kompetenz nicht zeige, um zu sehen, ob Sie mich immer noch mögen, dann werde ich die Prüfung nicht schaffen und mir bestätigen, dass Sie nur an denjenigen interessiert sind, die etwas leisten.«

4.3.2 Der Dilemmazirkel

Die natürliche Reaktion, wenn man sich ohne Chance gefangen fühlt, ist Verzweiflung. Oder umgekehrt: Wenn man sich verzweifelt fühlt, kann dies ein Signal dafür sein, dass man in einem Zwickmühlenbezugsrahmen lebt, wo etwas Wesentliches unlösbar ist. Weil es so unerträglich ist, sich gefangen zu fühlen, meiden die Menschen das Gefühl der Verzweiflung, vergeben sich aber damit auch die Chance,

---

13 Für dieses Konzept erhielt B. Schmid zusammen mit Klaus Jäger 1989 in Blackpool den EATA-Wissenschaftspreis für Autoren.

herauszufinden, was mit dem Bezugsrahmen nicht stimmt, welcher sie erlebens- und verhaltensmäßig in der Zwickmühle gefangen sein lässt. Stattdessen kämpfen sie, um innerhalb des Zwickmühlenbezugsrahmens zurechtzukommen. Wenn sie des Kämpfens müde sind, resignieren sie, und nach einer Weile kämpfen sie wieder. Die Sequenz dieser vier Stadien des Erlebens und Verhaltens haben wir Dilemmazirkel genannt. Er besteht aus:

- Verleugnung der Verzweiflung (und der Lebensfragen mit Zwickmühlenlösungen)
- Kämpfen (oder Strampeln)
- Resignation und
- Verzweiflung.

4.3.3 Umgang mit Zwickmühlen

Innerhalb einer beraterischen Strategie ist es notwendig, den Zwickmühlenbezugsrahmen, d. h. die Kombination falscher Glaubenssätze, zu untersuchen, die zusammen das Netz bilden, in dem der Klient gefangen ist.

Aber dies ist leichter gesagt als getan, denn die Beratungssituation selbst wird meist – zunächst vom Berater unbemerkt – von Seiten des Klienten als Zwickmühlensituation konstruiert. Dies ist kein böser Wille des Klienten, sondern die Folge davon, dass er intuitiv das Thema mit seinen Unlösbarkeiten inszeniert. Sehr oft tritt der Berater, ohne es zu bemerken, ebenfalls intuitiv in diesen Bezugsrahmen ein und ist dann genauso darin gefangen. Wenn er dies bemerkt, wird er versuchen, sich und den Klienten mit Hilfe der Konzepte, die er gelernt hat, zu befreien. Fraglich ist, ob sie helfen, die Unlösbarkeiten zu identifizieren und konstruktiv mit ihnen umzugehen. Zwar wurde das Dilemma intuitiv inszeniert, doch reichen die gelernten professionellen Intuitionen meist nicht aus, das Dilemma aufzulösen. Will man dem Klienten dabei helfen, seinem Dilemma zu begegnen und zu verstehen, wie er es aufrechterhält, ist es oft notwendig, ihn mit der Verzweiflung in Kontakt zu bringen – mit dem Ziel, dass er das Kämpfen innerhalb des Zwickmühlenbezugsrahmens aufgeben kann. Gerade dies versucht der Klient aber zu vermeiden und verlangt eine andere Vorgehensweise. Lässt sich der Berater innerhalb eines Dilemmabezugsrahmens vom Klienten steuern, bleibt er mitgefangen. Arbeitet er gegen den Bezugsrahmen und ohne die Bereitschaft des

Klienten, Ratlosigkeit zuzulassen und eventuell unhaltbare Wirklichkeitsvorstellungen aufzugeben, kann dies als wenig klientenzentriert oder kundenfreundlich angesehen werden. »Eine Zwickmühle kommt also selten allein.« Üblicherweise verlangt das ein heikles Vorgehen. Dieses wird von Schmid und Jäger (1986) näher beschrieben, ebenso wie der Umgang mit dem Problem, dass oft alle Beteiligten keinen bewusst-methodischen Zugang zur Konstruktion des Dilemmas haben und dennoch mit den Prozessen im Dilemmazirkel umgehen müssen.

Dilemmazirkel und Tetralemma-Arbeit

Im systemischen Feld haben Matthias Varga von Kibéd und Insa Sparrer (2005) sich ihrerseits ausführlich mit Dilemmata bzw. höheren Formen wie Tetralemmata und ihrer Auflösung befasst. Ein Vergleich beider Ansätze zeigt, dass sie eher auf logische Positionen fokussieren, wovon es dann eine anspruchsvolle Vielfalt gibt. Während wir die logische Natur der Dilemmata in den Hintergrund stellen und eher die emotionalen Dynamiken des Dilemmazirkels zu identifizieren und befreiende Haltungen zu finden versuchen. Interessierte Leser finden einen ausführlichen Dialog zwischen Bernd Schmid und Matthias Varga von Kibéd (Schmid u. Varga von Kibéd 2005c, 2005b).

4.3.4 Dilemmazirkel und Sinnzirkel

Manchmal erscheint es uns als eine notwendige Intervention, Menschen in Dilemmasituationen mit Unlösbarkeit und Ratlosigkeit zu konfrontieren, ja möglichst schonend in Verzweiflung zu führen. Dennoch sollte man sich auch hier nicht von einer Dilemmawelt gefangen nehmen lassen, in der man als Dilemmaspezialist gebraucht wird. Seltsamerweise verschwinden die meisten Dilemmata eines Tages wieder, ohne dass sie wegberaten wurden. Wir erklären uns dies damit, dass, durch welchen Prozess auch immer, Kultur entwickelt und neuer Sinn in einer Weise gefunden werden, die die Wirklichkeit so umgestaltet, dass die alten Unlösbarkeiten sich auflösen oder unwichtig werden. So scheinen uns gesellschaftlich gesehen Sinnorientierung und Kulturpflege die besten Maßnahmen gegen Dilemmata zu sein. Dennoch können Konzepte und Vorgehensweisen nützlich sein, wenn man sich bereits im Dilemmazirkel wiederfindet.

Auch muss die Befreiung aus dem Dilemmazirkel nicht immer mit Verzweiflung einhergehen. Zu jeder Position im Dilemmazirkel kann man auch eine nicht unbedingt entspannte, aber letztlich lösende Position definieren. Diese sind im Sinnzirkel dargestellt (s. Abb. 8). Der Sinnzirkel erzählt von Stationen der Auseinandersetzung mit Lebenssinn, der manchmal die Auflösung von Gegensätzen verlangt, aber keine Unlösbarkeit suggeriert. Das vorherrschende Gefühl ist dabei Zuversicht, auch in unübersichtlichem Terrain. Nach dieser Darstellung kann in jeder Position untersucht werden, wie man in den Dilemmazirkel abkippen oder in der Sinnzirkel aufsteigen kann.

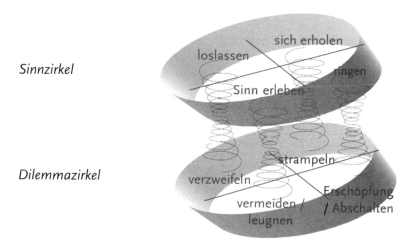

Abb. 8: Dilemma- und Sinnzirkel

4.4 Arbeit mit Identitätsirrtümern – Passamtsarbeit

Zu den bedeutsamen Wirklichkeitskonstruktionen gehören Identitätsdefinitionen. Identität konzipiert man dadurch, dass man wieder und wieder Erfahrungen mit sich macht, aus denen man schließt, dass man wohl so und so sei. Man sollte bei diesem Ansatz meinen, dass man dann genauso selbstverständlich Identitätsvorstellungen ändert, wenn sich Erfahrungen und Lebenspraxis nachhaltig ändern oder man wenige, aber bewegende Erfahrungen macht, die davon überzeugen, dass man auch ganz anders sein kann.

4.4.1 Identitätsüberzeugungen und Erfahrung
Seltsamerweise löst sich der Vorgang der Identitätsdefinition manchmal von gemachter Erfahrung ab und verselbständigt sich. Manche

Menschen, die sich nicht mit sich stimmig fühlen, müssen aber eher ihr Selbstverständnis ändern, da alternative Erfahrungen nicht Eingang in ihre Selbstdefinition finden. Umgekehrt eilt gelegentlich eine ehrgeizige Selbstdefinition dem voraus, was man mit Erfahrung und Entwicklung ausfüllen kann. Soweit man sich dann um Nachbesserung und Korrektur fehlgeleiteter oder überhöhter Selbstdefinitionen bemüht, kann dies ein erheblicher Ansporn für Entwicklung sein. Wenn dieser Zusammenhang sich aber auflöst, kann sich das Selbstverständnis unabhängig von der Erfahrung entwickeln und bekommt einen fiktiven Charakter (Schmid 2003c).

Bei der Konstruktion von Identitätswirklichkeiten helfen von klein an andere Menschen, ja sie geben oft sogar vor, wie Erfahrungen zu verarbeiten sind. Oder Menschen bleiben ohne hinreichende Identitätsorientierung und sind daher empfänglich für irrtümliche eigene Interpretationen ihrer Identität. Im positiven Fall führt das zu passenden und positiven Identitätszuschreibungen, die vieles beherbergen und abgewandelt werden können. Im negativen Fall führt es zu negativen Zuschreibungen, die sich durch Erfahrung auch schwer korrigieren lassen. Es bleiben gegen Erfahrung relativ immune Identitätsirrtümer, die als solche oft nicht identifiziert werden. Die Lösung wird auf der Erfahrungs- oder Verhaltensebene gesucht, was in diesem Fall aber wenig nützt. Diese Menschen brauchen eher kraftvolle Korrekturen ihrer irrtümlichen Fremd- oder Selbstzuschreibungen z. B. durch spiegelnde positive Definitionen von außen. Hierfür wurde eine Metapher und methodische Figur – genannt Passamtsarbeit – entwickelt (Schmid 1998b).

Die Passamtsarbeit haben wir im Umgang mit einschränkenden Identitätsüberzeugungen entwickelt. Hier stand die Engpasstheorie von Mary und Bob Goulding (1999)[14] Pate.

4.4.2 Engpass dritten Grades

Nach unserer Auffassung kann ein Engpass dritten Grades entstehen, wenn jemand sich selbst oder seine Wirklichkeit einschränkend definiert hat und andere Erfahrungen oder Definitionswünsche dem entgegenstehen. Diese Einschränkungen betreffen die eigene Iden-

---

14 Die Neuentscheidungstherapie (engl. Redecision Therapy) ist eine Psychotherapieform, die von Mary McClure Goulding und Bob Goulding (* 1918, † 1992) in den frühen 60er-Jahren des 20. Jahrhunderts entwickelt wurde; sie basiert auf der Transaktionsanalyse unter Einbeziehung gestalttherapeutischer Techniken. Sie gilt heute als einer der Hauptzweige der Transaktionsanalyse.

tität, z. B. »Ich bin ein willenloser Mensch«, und können nicht über Verhaltensänderungen oder gemachte Erfahrungen aufgelöst werden, da diese bestenfalls zu einer konkurrierenden Selbstdefinition und dadurch in den Engpass führen.

Im Folgenden wird dies für das Individuum vor seinem lebensgeschichtlichen Hintergrund beschrieben. Analoge Überlegungen und Vorgehensweisen könnten aber auch auf Gruppenidentitäten oder Selbstverständnisse, die unter dem Stichwort Corporate Identity diskutiert werden, angewendet werden.

4.4.3 Entstehung einschränkender Identitätsüberzeugungen

Eingeschränkte Identitätsüberzeugungen entstehen bevorzugt in einer dafür sensiblen Lebensphase, in der man auf Autoritäten angewiesen ist, die Verhaltens- und Identitätsebene gleichsetzen.

> »Anschließend wird die Identitätsdefinition durch Verhaltensbeschreibungen angereichert. Diese Definition organisiert dann das Selbstverständnis und bestimmt das Verhalten, das auf dem Selbstverständnis beruht. Eine solche Definition entspricht einem Vorurteil über sich, welches wie eine sich selbst erfüllende Prophezeiung wirkt« (Schmid 2004a, S. 134).

Ein Beispiel dafür ist der »Jähzornszirkel«. Wenn ein Bub bei altersgemäß üblichen Wutanfällen wiederholt von seinen Autoritäten zu hören bekommt: »Du bist jähzornig!«, dann kann er diese Selbstdefinition übernehmen und sich künftig durch besonders friedliches und unverbindliches Verhalten in Schach halten. Gelegentliche Ausbrüche bestätigen dann die problematische Identität und die Notwendigkeit, sich unter Kontrolle zu halten.

4.4.4 Die Passamtsarbeit

Bei der Passamtsarbeit wird zunächst definiert, dass Identität nicht durch Verhalten plausibel wird, sondern durch Zuschreibung bestimmt wird. Jemand verhält sich vorrangig gemäß seiner Identitätsüberzeugung, auch wenn diese falsch ist. Es muss die Identitätsüberzeugung als vom konkreten Verhalten unabhängig definiert werden. Eine Autorität darf Identität bestimmen, auch ohne gegenwärtigen Verhaltensbeweis, und darf recht behalten, auch wenn sich das Gegenüber noch lange entsprechend seiner alten Identitätsirrtümer verhält. Hier kann die Autorisierung einer Person oder auch einer relevanten

Bezugsgruppe durch Kontrakt, tatsächliche Lebensbedeutung und Übertragung erfolgen (Schmid u. Messmer 2000).

Passamt ist eine Metapher. Sie steht für die Institution, die durch ihr Hoheitsrecht die Identität eines Menschen für amtlich erklärt und dokumentiert. In einem ersten Schritt wird der Irrglauben mit Hilfe der Metapher eines Passes, der auch die Rubrik unveränderlicher Kennzeichen enthält, identifiziert. Im zweiten Schritt wird die Fehleintragung mit Erlaubnis der Person gelöscht und durch eine andere Eintragung, die semantisch griffig formuliert werden muss, ersetzt.

Schließlich wird die neue Identitätszuschreibung mit einer Neuinterpretation verbunden: »Du hast das Recht darauf, so ... zu sein, aber nicht die Pflicht, dies so zu leben.« Dieses Recht auf Neuinterpretation verschafft dem Klienten emotional neue Würde und neue Verantwortung. Die Neudefinition ist der Redefinition durch gegenläufige Erfahrung entzogen.

4.4.5 Identität als Mosaikspiegel

Eng verbunden mit diesem Konzept sind die Auffassung der Identität als Mosaikspiegel und das Konzept der Intuition des Möglichen. Teile stehen für das Ganze, weisen auf es hin. Es ist eine Aufgabe eines Beraters oder der Lernpartner, intuitiv zu erfassen, ob jemand sein Wesen »verfehlt«, und welche Möglichkeiten der Entwicklung für eine Person Sinn ergeben bzw. wesentlich sind.

Damit neue Identitäten nicht erst bei voller Entfaltung der damit verbundenen Qualitäten gelten, ist die Besinnung auf den fragmentarischen Ansatz wichtig. Oder: »Es reicht schon, gelegentlich ein Beispiel dafür zu geben, wer man sein könnte.« Damit ist dem Perfektionismus, einem Hauptwidersacher positiver Selbstzuschreibungen, etwas entgegengesetzt.

Mit Perfektionismus wären wir dann bei einem anderen wertvollen Konzept der TA.

4.5 Antreiberdynamiken

4.5.1 Die 5 Antreiber

Das Antreiberkonzept wurde in seiner ursprünglichen Ausrichtung und Form von Taibi Kahler (1979) für den klinischen Bereich entwickelt, hat aber in seiner von uns neu bearbeiteten Fassung auch schon Hunderte von Professionellen im Organisationsbereich überzeugt.

Das Antreiberkonzept beschreibt Dynamiken, die Menschen entwickeln, um Einschränkungen im Selbstwertgefühl zu verwalten. Durch den Versuch, über Antreiber zu einem Okay-Gefühl zu kommen, gerät man allerdings häufig vom Regen in die Traufe (Schmid 2001b).

Taibi Kahler definierte Antreiber als Verhaltensweisen, die Verhaltens- und Erlebensketten einleiten, deren Schlusspunkte einschränkende Glaubenssätze und problematische Lebenssituationen bestätigt.

Taibi Kahler unterscheidet fünf Antreiber-Dynamiken:

1. Ich bin o. k., wenn ich *perfekt* bin.
2. Ich bin o. k., wenn ich *stark* bin.
3. Ich bin o. k., wenn ich *gefällig* bin.
4. Ich bin o. k., wenn ich mich *anstrenge*.
5. Ich bin o. k., wenn ich mich *beeile*.

4.5.2 Konterdynamiken

Bislang sind keine weiteren Antreiber dazu gefunden worden. Dynamiken, die wir zunächst für weitere Antreiber hielten, waren als Konterdynamiken zu den vorhandenen viel plausibler zu beschreiben. Als Beispiel sei die Konterdynamik »Alles egal!« zu Perfektionismus genannt. Konterdynamik meint die Flucht aus dem Druck des Antreibers ins Gegenteil. Menschen mit Null-Bock-Attitüden sind schwer als resignierte Perfektionisten zu erkennen und ziehen leicht Mahnungen auf sich, die ihre Antreiber anheizen, was wiederum die Konterdynamik stärkt.

4.5.3 Antreibersysteme

Klassisch wird in TA-Weiterbildungen das Identifizieren von Antreibern z. B. über Gestiken und Wortwahl, aber auch über soziale Diagnose in Bezug darauf, welche Antreiber beim Gegenüber anspringen, gelehrt.

Wir benutzen Antreiber zur Beschreibung von Stilen, in denen sich jemand innerlich oder äußerlich organisiert. Dabei konzentrieren wir uns mehr auf die Wahrnehmung des Beziehungs- und Kooperationsklimas, das dadurch entsteht, als auf einzelne Verhaltenshinweise. Zwar bringen Menschen Neigungen zu bestimmten Antreibern mit, doch bestimmen auch Kontexte und Beziehungen, ob und welche

Antreiberdynamiken ausgelöst werden. Antreiber und solche Zusammenhänge zu kennen liefert Hinweise darauf, wie sich Menschen oder Teams in bestimmten Situationen inszenieren könnten. Als Antithesen zu Antreiberdynamiken gelten alle Maßnahmen und Umstände, die Antreiberdynamiken nachhaltig auflösen, aber darin zum Ausdruck kommende Kompetenzen würdigen. Im Falle des Perfektionismus sprechen wir vom Sinn für Vollkommenheit, fügen aber hinzu, dass man mit der Differenz zum Realisierbaren weder sich selbst noch andere peinigen soll.

Aus systemischer Sicht werden also auch das Verhalten und die Kommunikation der anderen »Mitspieler« beziehungsweise des Umfeldes relevant. Viele Kommunikationsbeiträge, die Antreibern vermeintlich entgegenwirken, erweisen sich bei näherem Hinsehen als diese bestätigend und zu ihnen komplementär. So ist es nicht ganz leicht, zirkulären Verstärkungen von Antreiberdynamiken zu entrinnen.

Letztlich werden Antreiberdynamiken aus Einschränkungen im (Selbst-)Wertgefühl genährt. Auch hier gilt, dass ein positives und würdigendes Klima die beste vorbeugende und lindernde Gegenmaßnahme gegen Antreiberdynamiken darstellt.

5. Rollenkonzept der TA

2007 fand die Konferenz der *Internationalen Gesellschaft für Transaktionsanalyse* wieder in San Francisco statt. Vertreter aus über 40 Nationen versammelten sich in der ursprünglichen Heimat der Transaktionsanalyse. Dort wurde der Eric Berne Memorial Award, die begehrteste Trophäe der TA-Welt, zum ersten Mal an einen Repräsentanten des Organisationsbereichs verliehen. Die Vorsitzende des Wissenschaftskomitees – die Holländerin Moniek Thunnissen – verdichtete ihre Würdigung in dem Satz: »He made TA really organizational!«

Damit scheint die Erkenntnis dokumentiert, dass durch das Konzept des Preisträgers ein Schritt über die bisherige Übertragung von klassischen TA-Konzepten auf Menschen in Organisationszusammenhängen hinausgegangen worden war. Das Rollenkonzept kann in einer Reihe mit einigen anderen TA-Konzepten (siehe z. B. Übersicht in Kap. 4) als Baustein einer sich entwickelnden systemischen TA angesehen werden. Es setzt beim zentralen Persönlichkeitskonzept der TA, den Ich-Zuständen, und den daraus abgeleiteten Beschreibungen von Transaktionen an. Daher soll hier das Rollenkonzept im Überblick dargestellt werden (eine ausführliche Darstellung findet sich in Schmid 2003a, S. 85 ff.).

5.1 Das Rollenmodell der Persönlichkeit

Im Rollenmodell der Persönlichkeit wird die Person als Träger von Rollen verstanden, welche sie in den Inszenierungen ihrer Welt spielt. Diesem Modell folgend, wird die Einzigartigkeit und die Menschlichkeit (das Menschsein) einer Person in der Art und Weise beschrieben, wie sie ihre Rollen strukturiert, erfährt und lebt.

Das Modell impliziert ferner in einem pragmatischen Sinn, dass Menschen einzig durch ihre Rollen existieren und erlebbar sind.

Über Ich-Zustände hinausreichend, sorgen Rollen für die Verbindung zwischen Menschen und Inszenierungen in ihren Welten. Persönlichkeit verbindet daher Kontext und Inhalt. Dieser Aspekt unterstützt professionelle Positionierung und eine intelligente und bedeutsame Komplexitätssteuerung in Organisationen.

Dem Rollenmodell ging die Entwicklung des »Drei-Welten-Modells der Persönlichkeit« voraus (vgl. z. B. Schmid 1990b/2002), das es ermöglichte, Persönlichkeit im Lichte des Umgangs mit drei Welten zu betrachten. Neuere Ansätze unterscheiden sich in der Anzahl der definierten Welten, so etwa das »Vier-Welten-Modell« von Mohr (2006); hier wird die Community (Gemeinschaft) als eine eigene Welt dargestellt.

In unserem Ansatz unterscheiden wir die Privatwelt, die Organisationswelt und die Professionswelt. Die Unterscheidung zwischen der Organisationswelt und der Professionswelt hilft insbesondere dabei, sich selbst in Organisationen besser begreifen und autonomer definieren zu können. Für denselben Menschen stellen sich viele Fragen in unterschiedlicher Weise, je nachdem, ob sie aus einer Organisationsrolle (z. B. Beauftragte für Frauenfragen), aus einer Professionsrolle (z. B. Sozialarbeiterin) oder aus einer Privatrolle (z. B. werdende Mutter) heraus gestellt werden.

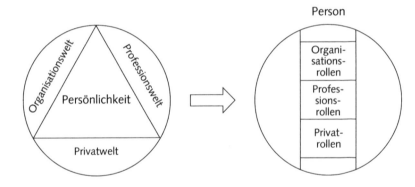

Abb. 9: Drei-Welten-Modell der Persönlichkeit und Rollenleitermodell (nach Schmid 1986a)

5.2 Definition von Rolle

In Anlehnung an die geläufige Definition von Ich-Zuständen[15] definieren wir Rolle als ein »kohärentes System von Einstellungen, Gefühlen, Verhaltensweisen, Wirklichkeitsvorstellungen und zugehörigen Beziehungen«.

Hier wird der Tatsache Rechnung getragen, dass jede Rolle mit einer bestimmten Sphäre von Wirklichkeit verknüpft ist und sich auf

---

15 Ein Ich-Zustand wird in der TA meist definiert als kohärentes System von Denken, Fühlen und Verhalten.

sie bezieht. In der Beschreibung von Rollen ist auch immer die Beschreibung rollengemäßer Beziehungen und des Stücks, in dem die Rolle gespielt wird, enthalten.

Aus der Sicht der Person formuliert, gehören zu jeder Rolle Vorstellungen von Arten von Beziehungen, die aus dieser Rolle heraus vorgeschlagen und geformt werden können.

Beispiel:
Die Unterschiedlichkeit und die Bedeutung von Rollen werden unmittelbar plausibel, wenn man sich einen Verkehrsunfall vorstellt, bei dem man auf unterschiedliche Rollen trifft. Involviert sind hier die Nachbarn, der Vorsitzende des Stadtteilvereins, der Einsatzleiter des technischen Hilfswerks ebenso wie der Notarzt, die Polizisten, die für die Sicherung des Unfallortes und der Beweismittel zuständig sind, wie auch eventuell der zufällig vorbeikommende Arbeitskollege. Wir können uns viele andere Rollen vorstellen, die – bezogen auf das Ereignis – ihre eigenen Einstellungen, Gefühle und Verhaltensweisen und ihre Perspektiven auf die Wirklichkeit aktivieren. Jede Person befasst sich vorrangig mit bestimmten Aspekten der Wirklichkeit und hat klare Vorstellungen davon, wie sie auf Grund ihrer Rolle die Beziehungen zu den anderen am Unfallort Anwesenden gestalten sollte. Wenn der Einsatzleiter der Feuerwehr zufällig auch ein persönlicher Freund eines der Schwerverletzten ist und außerdem Pate des auch anwesenden, aber unverletzten Sohnes, ist leicht vorstellbar, dass mehrere Rollen gleichzeitig aktiviert werden und dass ihr Zusammenspiel innerhalb der Person in dieser Situation gesteuert werden muss.

5.3 Diskussion zu Persönlichkeit

Durch das Rollenmodell der Persönlichkeit bekommen viele klassische und neuere Diskussionen über Persönlichkeit neue Perspektiven.

Unter der Überschrift »Rollenintegration und Ressourcenpolitik« werden hier z. B. Fragen rund um die Themen Autonomie und menschliche Reife diskutiert.

Menschen sind heute in immer vielfältigeren Rollen gefordert und müssen auch – etwa in Organisationen – vielfältige Zugehörigkeiten in unterschiedlichen Bezugssystemen in sich vereinen. Dadurch ist es kaum mehr möglich, sich mit einer Rolle oder einem kleinen, überschaubaren Bündel von Rollen zu identifizieren. Vielmehr muss man eine autonom-unternehmerische Einstellung in der Auswahl und der Gestaltung von Rollen sowie bei der Entscheidung über und der Steuerung von Zugehörigkeiten erwerben. Sich in eigener Weise in dem Netz der Rollen und Bezüge zurechtzufinden stellt an sich schon eine große Aufgabe dar. Dazu kommen Konflikte zwischen verschiedenen Zugehörigkeiten und Rollen. Dabei muss man mit den Ressourcen (auch den der eigenen Energie und Lebenszeit) verantwortlich haushalten. Im modernen Unternehmen werden Manager häufig von den an sie gestellten Rollenanforderungen aufgefressen, wenn sie sie nicht autonom steuern und stimmige Rollenkonfigurationen zu lebbaren Gestalten bündeln.

Unter einer integrierten – im Sinne einer reifen – Persönlichkeit kann aus dieser Perspektive ein Mensch verstanden werden, der in funktionaler und wesentlicher Weise die vielfältigen Rollen, die in den verschiedenen Welten oft gleichzeitig nebeneinander existieren, integrieren kann. In der Art der Integration wie auch im Stil der gelebten Rollen bringt er sein Wesen zum Ausdruck, seine unverwechselbare Eigenart.

Die Kreise in Abbildung 9 dienen als Symbol für die Notwendigkeit, die Welten und Rollen zu integrieren.

Eine Vielzahl weiterer Fragen, die in der klassischen TA rund um das Thema Persönlichkeit behandelt werden, werden durch das Rollenkonzept mit zusätzlichen Perspektiven und Dimensionen angereichert und erweitert.

Beispielsweise werden unter der Überschrift »Stimmigkeit von Rollen« Fragen rund um die Begriffe *synton* und *dyston* und unter der Überschrift »Rollenaktivierung und Rollensteuerung« Energiekonzepte und Aspekte einer ausführenden Macht diskutiert. Professionalität hängt vielfach mit der Fähigkeit zusammen, auf Wunsch bestimmte Rollen zu aktivieren und zu deaktivieren. Daneben kann es wichtig sein, Situationen und Kontexte so zu gestalten, dass sie geeignete Auslöser für eine Rollenaktivierung bereitstellen.

Mit *Rollenkompetenz* wird ein zusätzlicher Begriff eingeführt unter der Vorannahme, dass Kompetenz mehr ist als die Fähigkeit zur Beseitigung von neurotischen Einschränkungen. Rollenkompetenz beinhaltet auch die Fähigkeit zur Steuerung eines kohärenten Systems von Einstellungen, Gefühlen, Verhalten, Realitätsperspektiven und Vorstellungen von den Beziehungen, die mit der Rolle verbunden sind. Hinzu kommen das gemeinsame Verständnis und das Übereinstimmen mit dem geplanten und initiierten Gesamtstück.

Die meisten persönlichen Probleme hängen damit zusammen, dass die Notwendigkeit, Rollenkompetenz zu entwickeln, nicht wahrgenommen oder nicht ernst genommen wird oder unangemessene Anstrengungen unternommen werden, sie zu entwickeln. Sie können sich dementsprechend auch durch Erwerb von Rollenkompetenz auflösen.

Beeinträchtigungen (Pathologien) in der Persönlichkeit werden als Rolleneinschränkungen, Rollenausschluss, Rollentrübung, Rollenverwirrung und Rollengewohnheiten *(rackets)* diskutiert. Viele der Annahmen der klassischen TA bezüglich der Ich-Zustände können hier herangezogen oder erweitert werden.

Um dies zu veranschaulichen, möchten wir den Begriff der Trübung, wie Berne ihn ursprünglich definiert hat, auf Rollen übertragen. Danach ist unter Rollentrübung das chronische Einbeziehen von Elementen einer Rolle in eine andere Rolle zu verstehen, ohne dass sich die Person, die das tut, dessen bewusst ist. Für die Person scheinen die fremden Elemente geeignet für die andere Rolle. Zum Beispiel können sich in der Ausgestaltung institutioneller Rollen – etwa der eines Verhandlungsführers in einer Tarifauseinandersetzung – Gefühle der Empörung einschleichen, die aus der Betroffenheit der Privatperson angesichts der zu erwartenden Einschränkungen des Einkommens herrühren. Sie werden leicht mit angemessenen Gefühlen verwechselt, die die Rolle des Verhandlungsführers mit sich bringt, welcher vielfältige Fragestellungen und Interessen zum Ausgleich und – wenn notwendig – in konflikthaften Gegensatz zu den Interessen der anderen Verhandlungsseite zu bringen hat. In einem anderen Beispiel mag jemand in einer privaten Auseinandersetzung Verhaltensweisen aktivieren, die eher einer Therapeut-Patienten-Beziehung gemäß wären, ohne sie als der privaten Rollenbeziehung fremd zu identifizieren.

5.4 Kommunikation – Das Rollenmodell und Beziehungswirklichkeiten

Aus einer systemischen Perspektive heraus ist Kommunikation ein kokreativer Wirklichkeitserfindungsprozess. Durch Kommunikation werden nicht nur Botschaften ausgetauscht, sondern es werden die Rollen, aus denen heraus kommuniziert wird, die Kontexte, auf die man sich bezieht, und ebenso die dazugehörigen Beziehungen und das gemeinsame Stück definiert.

Vieles davon geschieht so gewohnheitsmäßig und mit gegenseitig abgesichertem Vorverständnis, dass dieser Vorgang sich oft unserer Aufmerksamkeit entzieht. Das sorgfältige Beachten des Kommunikationsbeginns als Keimsituation und als Weichenstellung für Kommunikationsergebnisse hat eine gute Tradition in der Transaktionsanalyse. Eine solche Fokussierung müsste in diesem Fall auf die Bestätigung oder Nichtbestätigung von Vorverständnissen bzw. auf Neudefinitionen beim Kommunikationsbeginn ausgedehnt werden.

Analog dazu können die Inszenierung einer Kommunikationssituation und die Kommunikationsbeiträge als Beiträge zur Wirklichkeitserfindung verstanden werden. In einem kaum vorbestimmten Rahmen ist es einfach, nachzuvollziehen, wie Kommunikation zwischen den Beteiligten einen gemeinsamen Wirklichkeitsraum definiert. Wenn dabei auf Konventionen zurückgegriffen wird, ist die Kreation weniger als solche zu identifizieren. Manchmal macht es einen entscheidenden Unterschied, ob die Beteiligten in dem kommunikativen Prozess Realität gewohnheitsmäßig inszenieren oder neu erfinden. Durch Anwenden des Rollenmodells beugen wir der Hypothese vor, dass Beziehung eine Sache individueller Verantwortung allein ist. Wenn wir Menschen in ihren Rollen betrachten, rücken soziale und systemische Kräfte ins Blickfeld. Diese Kräfte haben einen oft größeren und bestimmenderen Einfluss, als es den Inhabern der jeweiligen Rolle bewusst ist.

Schwierigkeiten können dann entstehen, wenn hintergründige Rollenbeziehungen die Entwicklung der offiziellen, vordergründigen Rollenbeziehungen bestimmen.

Durch das Heranziehen von Transaktionen im Sinne des Rollenmodells können außerdem Spiele und dysfunktionale symbiotische Beziehungen beschrieben werden. Die Grafik des funktionalen Leitermodells illustriert diese Interaktion (Abb. 10).

Beispiel:
Stellen Sie sich eine strategische Diskussion zwischen einem Personalleiter und seinem Team vor, in der Prioritäten entschieden werden müssen.

Zuerst bewegt sich die Diskussion auf der Ebene der organisationalen Rollen, bei denen die Teammitglieder (abhängig von der jeweiligen Unternehmenskultur) Vorschläge einbringen können, die letzte Entscheidung aber bei der Führungskraft liegt (siehe 1., 2., 3.Transaktion in Abb. 10). Ohne dass die Diskussionsteilnehmer es bemerken, wird die Diskussion nach einiger Zeit auf die Ebene eines professionellen Diskurses gelenkt (4. Transaktion in Abb. 10). Bleibt der Personalleiter bei seinem Entscheidungsrecht, können sich Teammitglieder dominiert und nicht gleichberechtigt fühlen. Im Hintergrund kann eine männliche Rivalität bezüglich einer Frau, die ebenfalls anwesend ist, zu spüren sein (Transaktionen 1a und 2a).

Aus einer psychologischen Perspektive heraus würde es sich nun anbieten, die Aufmerksamkeit auf diese hintergründigen Prozesse zu richten. Die Organisationsberatung würde hier direkt auf den Wechsel von Rollen und Rollenbeziehungen fokussieren. Die Lösung liegt danach in der Wiederherstellung einer stabilen Kommunikation zwischen den organisationalen Rollen, die den in diesem Kontext dysfunktionalen Ebenen Energie entzieht.

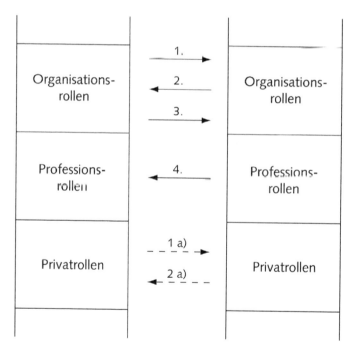

Abb. 10: *Darstellung von Transaktionen mit Hilfe des Rollenmodells der Persönlichkeit (nach Schmid 1986a)*

Hintergründe, die mit dem privaten Leben, seiner Geschichte und aktuellen Dynamiken verknüpft sind, stellen nur eine Art möglicher hintergründig wirkender Prozesse dar. Wir möchten ein *Beispiel* für eine organisationale Hintergrundsebene geben:

> Zwei Mitarbeiter einer Abteilung vermuten ihr Problem in der Zusammenarbeit als Professionelle – angenommen, wir sprechen von einem Kommunikationstrainer und einem Verwalter im Trainingsbereich. Diese beiden Personen befassen sich dann mit den unterschiedlichen Ansichten und Gewohnheiten ihrer jeweiligen Profession und den Beziehungen zwischen diesen Professionen. Allerdings vernachlässigen sie dabei u. U. die Tatsache, dass ihre Probleme in der Beziehung weit mehr durch die Organisationsstruktur und durch unvereinbare, doppelt definierte Verantwortlichkeiten bestimmt werden als durch die unterschiedlichen Ansichten ihrer verschiedenen Professionen. Diese Perspektive würde bekräftigt, wenn es Anzeichen dafür gäbe, dass auch die Softwaretrainer in den benachbarten Abteilungen ähnliche Beziehungsprobleme mit der Trainingsverwaltung hätten.

In Organisationsrollen können Beziehungsprobleme im Hintergrund auftreten, die professionelle Auseinandersetzungen im Vordergrund bestimmen. Die Aufmerksamkeit der Beteiligten kann aber in den professionellen Rollen im Vordergrund liegen. Damit solche Situationen geklärt werden, muss die hintergründige Beziehung der Organisationsrolle in den Vordergrund gebracht und fokussiert werden. Eine solche Diskussion kann private Beziehungen der Beteiligten beeinträchtigen, in den Vordergrund treten lassen und weitere private Reaktionen nach sich ziehen. Darauf einzugehen kann die Situation entschärfen, ohne aber das Problem zu lösen, oder die Spannung intensivieren, weil das Problem auf einer Ebene bearbeitet wird, auf der keine Lösung gefunden werden kann. Eskalationen führen dann zu verschiedenen neurotischen Reaktionen. Damit diese behandelt werden können, bedarf es vielfacher psychotherapeutischer Arbeit. Wenn das Problem allerdings auf der organisationalen Ebene gelöst werden kann, ist es sehr wahrscheinlich, dass die Beteiligten selbständig zu kompetentem Verhalten und guten Beziehungen zurückfinden, weil die Organisation funktionsfähiger und damit gesünder geworden ist.

Diese Erklärungen und Beispiele sollen an dieser Stelle ausreichen zur Darstellung dessen, inwieweit TA-Konzepte durch das Rollenmodell angereichert werden können. Es ist nicht der Inhalt, der neu ist. Es gibt viele kompetente Transaktionsanalytiker, die auch in nichtklinischen Feldern gut arbeiten. Das Neue steckt vielmehr in der Art und Weise, wie diese Ansätze konzeptualisiert werden. Es werden Persönlichkeits- und Kommunikationsmodelle genutzt, die Identitäten und die Bedürfnisse verschiedener professioneller Felder bedienen und die viele wertvolle TA-Ansätze integrieren, ohne auf klinische TA-Erklärungen angewiesen zu sein.

6. Beziehungen

Im Folgenden finden sich drei Beiträge: zunächst eine Tour d'Horizon zur schöpferischen Beziehung als Beitrag zur aktuellen Diskussion in der TA-Szene. Dann eine Begegnung mit dem Beziehungsverständnis des Logotherapeuten Viktor Frankl und Diskussionen darüber im Lichte von Organisationsbeziehungen. Schließlich sollen Fragen der Wesensentwicklung auf professionelle Individuation erweitert werden.

6.1 Macht der schöpferischen Beziehung[16]

In der Psychotherapie beschäftigt man sich viel damit, was in Beziehungen fehlgelaufen ist und wann sie unter welchen Bedingungen was an pathologischen Inszenierungen hervorbringen können.

In diesem Abschnitt steht die Frage im Vordergrund, welches konstruktive Potential Beziehungen in sich tragen und wie wir mit und durch Beziehungen schöpferisch und sinnstiftend wirksam sein können. Dabei geht es nicht darum, wie sich jemand durch Kreativität selbst verwirklichen kann, indem er z. B. töpfert, malt, bildhauert usw. ..., sondern darum, wie jemand auf schöpferische und verantwortungsvolle Weise Gesellschaft gestalten kann.

Unsere Frage ist dabei: Wie entsteht schöpferische Wirklichkeit in Beziehungen? Und wie wird Schöpfertum durch Beziehungswirklichkeit mitbestimmt?

Wie in einem pointillistischen Gemälde ergibt die Zusammenschau der Punkte das gemeinte Bild.

Wir wollen uns also der schöpferischen Beziehung zuwenden. Dabei ist, wie jeder weiß, Beziehung dem schöpferischen Gestalten nicht automatisch zuträglich. Es braucht mehrere »Zutaten« dafür. Hier einige Thesen:

– Da Schöpfergeist nur – wie viele Künstler berichten – zu 20 % aus Inspiration und zu 80 % aus Transpiration besteht, muss man auch entsprechende Kompetenzen erwerben. – Schließlich braucht man ein Gestaltungsanliegen, eine Sinnfrage, die den

---

16 Überarbeiteter Auszug aus Schmid (2006).

schöpferischen Akt anstößt und begleitet. So beschäftigt viele die Frage, wie sie zu dem werden, der bzw. die sie vermutlich sind. Konzepte, die diese Fragen beschreiben, finden sich z. B. im Konzept des »Daimons« bei Hillmann (1996, dt. 1998) oder im Konzept des »Genius« bei Richards (1999). Selbst Unternehmen beschäftigen sich heute mit den Fragen, was sie an Qualitäten bei Mitarbeitern benötigen, um zukünftige Aufgaben leisten zu können, und ob Aufgabe und Qualitäten zueinanderpassen.

- Menschen haben oft eine Ahnung, was im anderen an möglichen sinnstiftenden Geschichten steckt, die ihnen zur Gestaltung ihrer Wirklichkeit oder einer gemeinsamen Wirklichkeit nützen. Es braucht jedoch auch Kompetenzen, mit diesen Intuitionen und Mythologien verantwortungsvoll umzugehen.

- Schließlich ist meist ein interdisziplinärer Ansatz vonnöten. Denn es geht hierbei nicht nur um persönliche Fähigkeiten, sondern auch um berufliche Kompetenzen und Rollen vor allem dann, wenn man sich aus dem psychotherapeutischen Kontext löst und den Prozess auch in anderen Feldern wirklichkeitsrelevant abbilden will.

- Jeder schöpferische Mensch braucht andere, zu denen er sich und sein Werk in Beziehung setzt, die sich »angesprochen« fühlen und über ihre Antwort mit an der Gestaltung des Werkes beteiligt sind.

- Von unserer geistesgeschichtlichen Entwicklung her sind wir darauf programmiert, in Dualitäten und Polaritäten zu denken. Identität wird, so gesehen, durch Abgrenzung hergestellt: »Ich bin das, was andere nicht sind« (Schmid 2004f).

- Ein gemeinschaftsverträglicher schöpferischer Ansatz orientiert sich eher an Gemeinsamkeiten und Komplementarität bei Unterschiedlichkeit: Das, was mich ausmacht, darf es auch bei anderen geben und kann um die Dinge ergänzt werden, die es bei mir nicht oder noch nicht gibt. So »dynamisiert die Begegnung mit dem Andersartigen die Eigenart« (Rupert Lay 1993 in einem Vortrag auf der Ronneburg).

6.1.1 Beziehung als Schöpfungsraum

Beziehung ist auch Schöpfungsraum. Kein Mensch kann auf Dauer für sich alleine sinnvoll schöpferisch sein.

Nach Martin Buber (1923) ist alles Leben Beziehung. Entscheidend für Leben ist die Beziehung zum DU im Unterschied zur Ich-Es-Beziehung. Hierbei meint Ich-Es-Beziehung eine »instrumentalisierte« Beziehung, d. h., der andere oder das andere ist nur Objekt, das ich nutzen will, und nichts Eigenes. Eine solche Ich-Es-Beziehung ist nicht beseelt.

Im Unterschied dazu meint eine Ich-Du-Beziehung eine essentielle Beziehung. Das DU kann dabei sowohl ein anderer Mensch als auch ein gemeinsames Thema oder ein Werk sein. Das DU bei Buber meint also, beseelt mit der Welt und den Menschen umzugehen, es meint nicht den Versuch zweier Menschen, sich selbst und einander genügen zu wollen. Das wäre nur Narzissmus zu zweit.

Schöpferische Beziehungen sind in dieser Sichtweise Ich-Du-Beziehungen. In ihnen geht es darum, im weitesten Sinne Verantwortung für die Schöpfung zu übernehmen.

6.1.2 Schöpferische Orientierung

Psychotherapie beschäftigt sich eher mit den Vorgängen, die uns an der Entfaltung unserer schöpferischen Kräfte hindern. Natürlich existieren diese Beeinträchtigungen und blockieren auch intuitive Prozesse. Wir interessieren uns jedoch nur in zweiter Linie und ausnahmsweise, wenn nichts anderes mehr nützt, für diese Störungen.

Wichtiger ist für uns eine Kultur, die nicht das Negative bekämpft, sondern das Positive nährt. Beide Ausrichtungen haben gestalterische Wirkung und heben das, worauf sie sich richten, in den Vordergrund. Wenn wir uns ganz auf positive Kulturgestaltung konzentrieren, haben wir sehr viel weniger mit Störungen, sondern viel mehr mit Kompetenz, Verantwortung und Bezogenheit bei unseren Begegnungen zu tun. Wenn wir uns auf das zu Erschaffende orientieren, aktivieren wir die Intuitionen für Mögliches.

Betrachtungen über die *Intuition des Möglichen* wurden bereits ausführlich in Abschnitt 2.2.2.7 dargestellt. *Intuition überhaupt und Intuition des Möglichen* sind wesentlich an der Gestaltung dieser kokreativen Prozesse bei einer Begegnung von Menschen beteiligt. Zu Lösungs- und Ressourcenorientierung wurde oben ebenfalls einiges ausgeführt (Abschnitt 2.2.2.6).

Wenn Überlegungen wie diese zu schöpferischer Orientierung prinzipiell mit leichter Zunge gutgeheißen werden, wird oft verkannt, wie sehr wir normalerweise in entgegenwirkenden Wirklichkeitsgewohnheiten befangen sind. Daher soll an dieser Stelle noch einmal ausdrücklich darauf eingegangen werden.

6.1.3 Die Welt- und Wirklichkeitserzeugung durch Schemata

Wie alle pragmatischen Weltbilder erzeugen auch Heilmittel die Wirklichkeiten, von denen sie ausgehen. Man denke an die vielen neuen Krankheiten, die »auf den Markt gekommen sind«, wie z. B. die Wechseljahre für Männer.

Auch TA, mit dem gutgemeinten Ziel, den Menschen von seinen hemmenden Mustern zu befreien, versorgt diese Muster gelegentlich übermäßig mit Aufmerksamkeit. Zum Zwecke der Bearbeitung in den Vordergrund gebracht, prägen Störungen und ihre Beseitigung manche Professionskultur. Beobachtungsraster und auch die Intuitionsschulung richtet sich auf hemmende Prozesse – also auf die »Gefängnisvarianten« – statt auf das Befreiende.

Darauf, dass Fokussierung eben auch Wirklichkeitsgestaltung bedeutet, wurde oben schon eingegangen. Wir machen mit Weiterbildungsbausteinen z. B. regelmäßig die Erfahrung, dass die Gruppenkultur »spielträchtiger« wird, wenn Psychospiele gelehrt werden, oder dass sich Dilemmadynamiken ausbreiten, wenn Zwickmühlen zum Thema werden.

Neben Professionsgewohnheiten spielen hier generelle Wahrnehmungsprobleme und wissenschaftstheoretische Erkenntnisprobleme hinein.

So lässt sich Repetetives wie Störungsmuster eben besser konzeptionell und methodisch abbilden als lebendige kreative Prozesse. Beim NLP z. B. kann man Muster innerer Organisation mit Bewegungsmustern der Pupillen in Zusammenhang bringen. Ist jemand »festgefahren«, dann lassen sich solche Muster relativ gut beobachten und Aussagen darüber machen. Die angehenden Analytiker sind dann in ihrer wachsenden Expertise bestärkt und an Erfolgen dieser Art interessiert. Wenn sie allerdings Menschen in lebendigen Prozessen beobachten, sind sie verloren, denn diese lassen sich kaum fassen und geben nicht so leicht etwas für das eigene Selbstverständnis her.

Die Darstellung sich anbahnender, aufbauender Vorgänge (Negentropie) ist prinzipiell schwerer als die von Zerfallserscheinungen (Entropie). Man kann dies gut in der Berichterstattung der Medien wiedererkennen. Berichte über Waldbrände sind leichter zu veröffentlichen als solche über Aufforstungsprogramme. Klischees lassen sich leichter in Worte fassen als differenzierte Beurteilungen.

6.1.4 Kreativität und »Gestörtheit«

Kreative Professionalität ist gefordert, sich ständig über die Magie der Schemata und Gewohnheiten hinauszuheben und statt einen »gestörten« eher einen aus seiner schöpferischen Spur entgleisten Menschen zu sehen.

Doch Repetetives findet sich auch im gesellschaftlichen Verständnis von Berufen wieder. Identitäten und Institutionen lassen sich durch das, was sich wiederholt, leichter definieren.

Daher liegt es auch aus Sicht der TA nahe, den Menschen eher als einen in seinen pathologischen Beziehungsgefügen oder in seinem Skript gefangenen Menschen zu sehen. Doch erkannte auch schon Berne, dass das Ausleben und Therapieren von Pathologie Ersatz für Sinnerfüllung und Kreativität sein kann. Berne beschreibt mit dem Konzept des »silent despair« und »waiting for rigor mortis« den mit Sinnlosigkeit ringenden Menschen, der ersatzweise seine Zeit ungut strukturiert (Steiner a. Kerr 1976).

Nach Berne füllen dann die dysfunktionalen Begegnungen (Spiele) als Ersatz oder – wie es F. English bezeichnet (vgl. Englisch u. Schmid 1997)– als »Trostpreis« den Raum, der leersteht, wenn er nicht für sinnerfüllende schöpferische Begegnungen genutzt wird. Und dass die Menschen diesen Trostpreis nehmen, darf einen nicht dazu verleiten zu glauben, sie wären nicht an dem Hauptgewinn interessiert.

Wichtig ist für uns darum, die Hoffnung auf den Hauptgewinn bzw. auf Sinnerfüllung zu wecken und Hilfestellung auf dem Weg, Sinn zu finden, zu geben.

Aus dieser Sicht scheint es wichtiger zu sein, für betroffene Menschen neue Wirklichkeiten zu kreieren, anstatt die Störung zu beseitigen. So plausibel eine Notwendigkeit zur Störungsbeseitigung sein kann, so endlos kann der Weg werden, auf diese Weise zu Sinnerfüllung und Kreativität zu finden.

Stattdessen kann die ganze Aufmerksamkeit darauf gerichtet werden, wozu jemand trotzdem werden kann, ja wie vielleicht manches dabei in akzeptable Bahnen gelenkt und nach und nach veredelt werden kann. Über den Weg der Individuation kann er meist eher auf »sein« Gleis zurückfinden. Wenn dabei die Störung in den Hintergrund tritt, ist schon viel erreicht. Für Gestörtheit gilt eben auch der Satz: »Sie sind nicht gesund, Sie sind nur noch nicht gründlich genug untersucht!« Man braucht sich nur im Kreise von Menschen mit sehr viel Psychotherapieerfahrung umzusehen, um zu erkennen, dass diese nicht unbedingt heiler und kreativer sind als andere. Wir gestehen daher allen Menschen zu, auch »gestört« zu sein, und konzentrieren uns darauf, was sie sonst noch sind oder sein könnten.

6.1.5 Heilt Psychotherapie die Gesellschaft?

Man könnte nun einwenden, dass dies hehre Gedanken seien, die sich aber nur ein gesunder Mensch leisten könne, und dass nur ein solcher von unserer Hilfestellung zur Sinnfindung profitieren würde. Zum Lernen gehört eine gewisse Bindungs- und Beziehungsfähigkeit. Sind solche Befähigungen nicht sogar Voraussetzung für Humanität und humanes Engagement in der Gesellschaft?

Natürlich müssen wir Fragen der frühkindlich begründeten Bindungs- und Beziehungsfähigkeit berücksichtigen, da sie auch für die Beschreibung der Lernfähigkeit und für die Entwicklung von Kreativität wichtig sind. Denn wir können davon ausgehen:

- dass Angst wichtige Prozesse auch im Schöpfungsraum Beziehung stört;
- dass Menschen vertrauensvolle Erfahrungen brauchen, um sich auf Unsicherheiten und Risiken einzulassen, die mit jeder Entwicklung verbunden sind;
- dass Menschen durch Traumata und fehlleitende Sozialisation in ihrer Sinnfähigkeit, im Finden einer geeigneten Rolle in der Gesellschaft und erst recht in ihrem Interesse und ihrer Fähigkeit, humane Entwicklungen mit anderen voranzutreiben, behindert werden.

Doch haben wir es in den meisten gesellschaftlichen Zusammenhängen mit Menschen zu tun, die offenbar mit einem Minimum an Vertrauen und Selbstsicherheit ausgestattet sind, sonst wären sie nicht, wo sie sind. Aber sind sie genügend human, um sich für unsere Werte und ein entsprechendes kreatives Engagement zu interessieren? Vielleicht nur eingeschränkt ja! Vielleicht auch nein! Doch bleibt fraglich, ob deshalb Psychotherapie mit dem Hauptaugenmerk auf der frühkindlichen Entwicklung die Antwort sein soll. Ist eine gut verlaufene oder durch Therapie »geheilte« Bindungserfahrung im Rahmen frühkindlicher Beziehungen für Humanität hinreichend, ja sogar unbedingt förderlich?

Ist denn der »gesunde« Mensch, bei dem die kindliche Entwicklung gutgegangen ist, nun der humane, kreative Mensch? Müssen wir uns, wenn alle erfolgreich therapiert sind, um Humanität und kulturelle Evolution und Übernahme von Verantwortung in einer globalen Welt keine Sorgen mehr machen? Oder bedarf es für Humanität und Verantwortungsübernahme doch einiger Zutaten, die über die Befreiung von privaten Entwicklungsstörungen hinausgehen? Gibt es da nicht Entwicklungsmöglichkeiten, die neben und unabhängig von der individuellen Störungsbeseitigung verfolgt werden sollten?

Vielleicht brauchte es gar nicht so viel Gesundheit, wenn es eine Kulturidee gäbe, die »beseelt« und Sinn hätte. Vielleicht heilt sogar die schöpferische Erfahrung, und vielleicht heilt sie mehr als der Ansatz der Störungsbeseitigung.

6.1.6 Verantwortung für gesellschaftliche Ressourcen

Wenn, was jetzt immer mehr zu Tage tritt, die Ressourcen, die die Gesellschaft zur Verfügung stellt, knapp werden und nicht alles leistbar ist, d. h. zum Beispiel nicht jeder, der dies wünscht, Therapie bekommen kann, dann muss der Einsatz von Ressourcen noch einmal ganz anders verantwortet werden. Wir müssen dann auch das, was wir unterlassen, wenn wir die knappen Ressourcen für unsere Dienste beanspruchen, verantworten. Wir teilen Verantwortung in die Frage nach der *Verantwortung wofür* und einer *Verantwortung in Bezug worauf* (Schmid u. Messmer 2004a). Um diese Unterscheidung an einem Beispiel zu illustrieren: Ein Kellner auf der Titanic, der im Anblick des Eisbergs weiter die Getränke serviert, nimmt zwar seine Verantwortung für seinen Job wahr, nicht aber die Verantwortung in Bezug auf die relevanten Bedrohungen. Das heißt, wir müssen ein anderes Selbstverständnis unserer Tätigkeit als Berater oder Therapeut entwickeln, um das gesellschaftlich zu verantworten, was wir tun und was wir unterlassen. Wir sollten uns also Gedanken darüber machen, wie wir angesichts enormer lokaler und globaler Herausforderungen unsere Dienste in gesellschaftliche Gestaltungsprozesse integrieren und sie dort einbinden.

6.1.7 Bindung und Weltoffenheit

Auch ein anderer Aspekt von Bindung muss hinterfragt werden. Bindung ist ja nicht immer per se etwas Gutes. So kann sich Familien- und Heimatverbundenheit mit eingeengtem Blickwinkel und Intoleranz nach außen zusammentun. Bindungsfähigkeit kann im negativen Falle Kulturkolonialismus und Ausbeutung derer, die nicht zu den Meinen gehören, zur Folge haben.

Das heißt, es muss gefragt werden, wie Bindungsfähigkeit mit Weltoffenheit und Innovationsfreude gepaart werden kann, wie Emotionalität mit Intellektualität und wie Verbundenheit mit dem Vertrauten mit einer Solidarität mit dem oder zumindest Respekt vor dem Fremden zusammengehen können.

Es gibt auch eine Bindung an vertraute Denk- und Verhaltensmuster. Hier brauchen wir Entbindung und Verfremdung. Psychotherapie darf nicht von einer Reparatureinstellung gegenüber den als frühkindlich eingestuften Defekten geprägt sein.

Wir brauchen diese Störungen. In der Evolution werden Kopierfehler und Abweichungen der Natur als Motor der Entwicklung betrachtet. Wir sollten uns hüten, alles Abweichende wieder zur »Normalität« zurückzutherapieren, sondern eher prüfen, wie wir die »Störungen« schöpferisch nutzen können.

6.1.8 Eine Evolutionsperspektive

Wir sind also der Meinung, dass ideale frühkindliche Beziehungen alleine nicht zur Pflege von Humanismus taugen, zumindest nicht auf eine so verklärende und globale Weise, wie es uns manche Therapierichtungen glauben machen. Wir glauben, dass die Fähigkeit zu persönlich nahen Beziehungen nicht vor Ausbeutung und Wirklichkeitskolonialismus schützt, sondern nur die Gruppe derer vergrößern, die davon ausgenommen werden. Und wir glauben, dass die Fähigkeit zur Empathie nicht per se Toleranz gegenüber Andersartigen oder Verantwortung gegenüber der Schöpfung schafft.

Möglicherweise haben wir es da mit einigen romantischen Verklärungen zu tun, die uns vor dem Komplexitätsschock heutiger Anforderungen schützen sollen. Wenn wir die Betrachtung unserer hohen Werte auf den Kopf stellen, dann ist der entscheidende Evolutionsvorteil des Menschen vielleicht die Fähigkeit zur Kooperation und zum koordinierten Handeln. Andere Wettbewerbsvorteile (wie z. B. schneller laufen, fliegen, bessere Tarnung usw.) wurden ja weniger ausgebaut.[17] Aus der Evolutionsperspektive hat Empathie vielleicht eine andere, nämlich ganz zweckdienliche Bedeutung. Wir brauchen Bindung, weil wir »wissen«, dass unser Gehirn nur mit Empathie, d. h. mit der Fähigkeit zur intuitiven, d. h., schnellen, sprachlosen Abstimmung funktioniert, wenn uns der andere wichtig ist. Dann sind vielleicht

---

17 Gedanken von G. Hüther im Gespräch (2007).

nahe menschliche Bindung und die Fähigkeit zum wertorientierten Handeln »nur ein Trick« der Evolution, um Bereitschaft und Fähigkeit zur Kooperation und zum Miteinander- und Voneinanderlernen zu sichern. Wenn dies so ist, dann werden vielleicht zunächst alle diese »humanen Kompetenzen« zum Überleben der eigenen Sippe genutzt. Nicht zur Sippe Gehörende und die Umwelt werden dabei gleichzeitig unterdrückt, ausgebeutet und bei Missfallen sogar vernichtet.

Was geschieht aber in der heutigen Zeit, in der Lebenszusammenhänge komplexer werden? Wer gehört dann zur »Sippe«, wer oder was ist der oder das andere? Müssen jetzt nicht viel mehr Bedingungen in unsere Kooperationsbeziehung einbezogen werden?

Diese Kooperationsbeziehung ist jedoch größtenteils nicht persönlich, weil sie nicht physisch greifbar ist. Sie ist zunehmend nicht mehr nur privat, weil die weltgestaltende Bedeutung von Zivilisation und ihre institutionellen Prozesse deutlicher werden. Wie reagieren wir darauf? Sind wir von der Evolution her für diese Bedingungen ausgestattet?

Hinzu kommt: Die Bewältigung dieser Lebenszusammenhänge ist zunehmend nicht allein eine Frage der erlebbaren Gegenwart, weil die Wirkungszusammenhänge unsere Wahrnehmungs- und Lebensspannen überschreiten. Sich auf die Wahrnehmung von Teilverantwortlichkeiten, nicht nur zeitlicher Art, zu beschränken, kann zu Fehl- und fehlender Verantwortung führen, die andere, wenn nicht die menschliche Evolution überhaupt gefährden. Wir müssen begreifen, dass wir Zusammenhänge mitgestalten, die schicksalhaft werden können, ohne dass wir sie durchschauen oder unter Kontrolle haben können. Hier brauchen wir globale Vernunft, Fähigkeit, komplexe Zusammenhänge über Zeit und Raum hinweg nicht nur zu verstehen, sondern als bedeutsam zu integrieren, und wir brauchen eine Kultur, die diese gesellschaftsverantwortliche Haltung pflegt und fördert.

Schon Charles Darwin hoffte auf eine ethische Evolution, bei der die sozialen Instinkte und Tugenden wie Intelligenz, Tapferkeit und Hilfsbereitschaft nicht »sippengebunden« bleiben, sondern auf größere Gemeinschaften ausgedehnt werden können.

Der Physiker Alfred Whitehead kam zu dem Schluss, dass die Ertüchtigung im Kampf ums Dasein um die Solidarität der Lebewesen ergänzt werden muss.

William James erkannte, dass die Humanitätsidee mit zunehmendem Komplexitätsbewusstsein zunehmend komplexer gestaltet werden muss: Verantwortungsbewusstsein, Mut und persönliche Integrität bekommen so neue Dimensionen.

Und schließlich sei ein bedeutender Philosoph der Gegenwart Sloterdijk sinngemäß zitiert: Man muss Systemiker werden, um Humanist bleiben zu können (Sloterdijk 2007).

6.1.9 Eine spirituelle Perspektive

Von diesen Gedanken ist es nicht weit zu der Frage nach einer höheren Macht (Schmid u. Hipp 1998), die vielleicht steuernd in dieses komplexe Weltgeschehen eingreift und uns Orientierung gibt. Viele glauben an einen allmächtigen personalen Gott oder zumindest an ein *intelligent design*, das die Schöpfung leitet.

Doch gibt es andere, die Gott nicht als Instanz oder Programm, sondern als schöpferisches Prinzip sehen. Für sie ist Gott nicht allmächtig, Schöpfung ist nicht programmiert, der Ausgang unserer Evolution offen. Dadurch, dass der Mensch sich an der Schöpfung verantwortlich beteiligt, hat er Anteil am Göttlichen. Gelingende schöpferische Beziehungen sind göttliche Beziehungen. Gott gibt es »nur« als Potenzialität, und diese ist auf den schöpferischen Menschen angewiesen und damit auf schöpferische Beziehungen. Vielleicht ist dies sogar die Idee der Erbsünde, dass wir in eine kokreative Verantwortung hineingeboren werden?

Die fernöstlichen Religionen können uns helfen, eine solche neue Verantwortung für das Ganze als Haltung zu adoptieren. Wir können mit dieser Haltung lernen, uns nicht mit den aktuellen gewohnheitsmäßigen Einstellungen zur Welt zu identifizieren, sondern eine Metaperspektive einzunehmen. In einem solchen seelischen Metazustand können wir durch permanente Umwälzung gewohnter Sichtweisen und Einstellungen zu neuen möglichen Ideen und Bildern von Zukunft gelangen, so wie es der heißen Lava gelingt, durch ständige Umwälzungen ihren Fluss zu erhalten.

6.1.10 Teilperspektiven und das Ganze

Wie gehen wir mit unserem schöpferischen Potential um? Wie gehen wir damit um, dass wir eigentlich für lokale Dimensionen geschaffen zu sein scheinen, aber technologische Kompetenzen entwickelt haben, mit denen wir uns global ruinieren können?

Weltzerstörung durch Atomwaffen ist nur eine der Bedrohungen, Desintegration durch Polarisierungen und Kulturkriege eine andere.

Aber auch die Dominanz von Teilperspektiven oder kolonialistische oberflächliche Schematisierungen der Welt sind eine Gefahr. Statt Vielfalt droht globale Einfalt. Bindung und Verflachung können eine unheilige Allianz eingehen.

Dabei ist nur die Erhaltung bzw. Erneuerung von Vielfalt Garant für Evolution. Erneuerung von Vielfalt ist nicht ohne Fehlerfreundlichkeit zu haben, denn Störungen sind, wie schon gesagt, der Motor der Evolution.

Wie kann das funktionieren, dass wir lokal beheimatet bleiben und doch global koordiniert handeln?

6.1.11 Neurowissenschaften und Modelle der Zukunft

Unsere gegenwärtigen Modelle, mit denen wir die Wahrnehmung unserer Welt und Möglichkeiten darstellen, sind wahrscheinlich immer noch die einfachsten Metaphern, gemessen an denen, die noch kommen und die Wirklichkeit angemessener darstellen werden. Wir lösen uns langsam aus der Dominanz von Inhaltsmodellen und wenden uns systemischen Modellen, die mehr auf Prozesse und Steuerungen ausgerichtet sind, zu. Inhalte bleiben wichtig, definieren aber nicht Professionalität. Wir müssen uns auch künftig auf neue Steuerungsdimensionen gefasst machen. So wurden z. B. die Glutamatrezeptoren in der Mundschleimhaut erst vor wenigen Jahren entdeckt. Bis dahin meinte man, mit Geschmackswahrnehmungen wie süß, sauer, salzig und bitter auskommen zu müssen.

So wie die Entdeckung der Hormone das Menschenbild revolutioniert hat, stehen sicher noch weitere Umwälzungen an, sollten sich z. B. Vermutungen über Organismussteuerung durch Biophotonen (Popp 2006) oder über die direkte Vernetzung von Gehirnen und anderen lebenden Systemen durch ultralange Wellen (Sheldrake 2003) bestätigen. Viele unserer heute bewährten Betrachtungen werden dann ihrerseits abgelöst werden.

Zur Zeit haben Neurowissenschaften Hochkonjunktur (Hüther 2006a). Sie werden von vielen als neue Leitwissenschaft angesehen. So hat z. B. Grawe (2004) im Bereich der Psychotherapie mit einem gewichtigen Werk klassische Schulenbetrachtungen hinter sich gelassen. Doch wird der Erkenntnisgewinn oft auch überschätzt. Häufig werden uns lediglich neue Metaphern für bekannte Erfahrungen und Diskussionen geliefert.

Dennoch beeindrucken neue bildhafte Darstellungen und Aussagen, wie etwa:

- Wir besitzen etwa 100 Milliarden Nervenzellen im Gehirn.
- Jede Gehirnzelle ist mit 10 000 anderen Zellen verknüpft.
- Informationen werden im Gehirn mit 150facher ISDN-Geschwindigkeit verarbeitet.
- Informationen laufen über ein Netzwerk von mehr als 100 Kilometern.
- Das Gehirn wird von den ersten Wochen an durch Erfahrung konfiguriert und bleibt bis ins höchste Alter plastisch.

Man kann sich so leichter vorstellen, dass die Herausforderungen, Komplexität zu erfassen und verantwortungsvoll zu steuern, mit einem solchen Organ zu machen sind. Doch brauchen wir dafür auch andere Beschreibungen und Steuerungsmodelle, als wir sie aus dem mechanischen Zeitalter übernehmen können. Jedes Zeitalter benutzt die Metaphern, die in ihrer Zeit Fortschritt markieren. So wird das Gehirn häufig mit einem Computer verglichen. Das wäre vielleicht an sich nicht fehlleitend. Man kann jedoch über die Funktion des Gehirns wenig lernen, wenn man es vorwiegend strukturell analysiert, so wie man kaum etwas über die Funktionsweise eines Computers lernt, wenn man ihn aufsägt.

Wir brauchen daher als Erkenntnismodelle nicht die mechanischen oder topografischen Betrachtungen von gestern, sondern Modelle, die die Prozesse beschreiben, wie Wirklichkeiten sich aufeinander beziehen, sich synchronisieren, miteinander schwingen und zusammenwirken.

Hier ist noch unendlich viel zu tun. Wir brauchen auch intelligente und mit anderen Wissenschaften vernetzte Transferüberlegungen. Dies ist nicht durch Wissenschaftsmoden, sondern durch sorgfältigen Dialog zu leisten. Dann werden viele Denkstereotypen durch neuwissenschaftliche Beschreibungen wirksam in Frage gestellt, insbesondere in anwendungsbezogenen Debatten. Dann entsteht ein Nutzen, wie er vielleicht durch die Impulse aus der Quantenphysik oder der Erkenntnisbiologie entstanden ist.

6.2 Privatbeziehungen und Organisationsbeziehungen – Auseinandersetzung mit dem Ansatz von Viktor Frankl[18]

Frankl geht in seinem Ansatz von Beziehungen und Begegnungen aus und stellt viele auch für uns wertvolle Überlegungen an. Dabei unterscheidet er nicht zwischen verschiedenen Kontexten. Bei ihm steht der Mensch allgemein zur Diskussion. Für die hier herauszuarbeitenden Unterscheidungen könnte man die franklsche Perspektive als vorwiegend privat bezeichnen. In Organisationen werden Beziehungen auch über die Funktionen oder Rollen definiert. Dadurch ergeben sich zusätzliche Perspektiven.

So wichtig es ist, dass das Wesen, das in jedem Menschen als Potenzialität angelegt ist, möglichst gut zur Blüte gebracht werden kann, so hat doch Persönlichkeitsentwicklung auch ihre Grenzen. Diese Behauptung widerspricht auch der Idee, dass durch Verbesserung der sozialen Kompetenz einer Person jede Beziehung hergestellt werden könnte. Ein Glaube, an dem sowohl Ehen als auch Organisationen leiden. Die Behauptung richtet darüber hinaus das Augenmerk darauf, welche Bedeutung Organisations- und Kulturentwicklung für Begegnungen, Beziehungen, für individuelle und gesellschaftliche Entwicklungen hat.

Es werden in dem genannten Aufsatz mögliche Probleme dargestellt, die entstehen, wenn sich private Beziehungsformen in Organisationen einschleichen, und es wird dargestellt wie mit der Unterscheidung von Beziehung und Begegnung geklärt werden kann, ob der Raum, in dem Begegnung versucht wird, unangemessen ist oder die Begegnungskompetenz fehlt, den möglichen Beziehungsraum auszugestalten. Professionelle Kompetenz heißt hierbei, einerseits beurteilen zu können, welche Beziehungen möglich sind, und andererseits die entsprechende Begegnungskompetenz aktivieren zu können.

6.2.1 Beziehung und Begegnung

Wir unterscheiden nach Frankl »Beziehung« und »Begegnung«.

Der Begriff »Beziehung« bezeichnet das Spektrum dessen, was auf Grund der Eigenarten der Beteiligten und ihrem Kontext zwischen ihnen möglich ist. Beziehung fokussiert den Möglichkeitsraum einer

---

18 Vgl. Schmid und Caspari (2002).

Interaktion. »Begegnung« bezeichnet demgegenüber das aktuelle Beziehungsgeschehen, das gegenwärtig Gestaltbare. Begegnungskompetenz meint die Fähigkeit, das gegenwärtige Aufeinandertreffen konstruktiv zu gestalten und den Möglichkeitsraum kompetent einzurichten.

So wie jede Person, so hat auch jede Beziehung ein Spektrum von Möglichkeiten an relativ stabil angelegten und unverwechselbaren Eigenarten. Man kann deshalb zwar wählen, ob man in eine Beziehung eintreten will oder nicht, nicht aber jede Beziehungsidee verwirklichen. Wenn man in eine Beziehung eintritt, hat man nur die Wahl, die Varianten aus dem verfügbaren Spektrum in einer erlösten oder unerlösten, in einer positiven oder negativen Form zu leben.

Von der Beziehung unterscheiden wir die Begegnung. Begegnung ist das Gegenwärtige, das, was konkret geschieht und gestaltet werden kann. Begegnungskompetenz meint die Kompetenz, im gegenwärtigen Aufeinandertreffen Varianten der Beziehung konstruktiv zu gestalten und in eine erlöste Form zu heben (Längle 1986).[19]

Diese Überlegungen haben auch Geltung für Organisationsbeziehungen – mit etwas unterschiedlichen Schwerpunkten. Wir werden hier auch ausführlich erörtern, welche Bedeutung sie für Professionelle im Organisationsbereich haben.

6.2.2 Privatbeziehungen

Zunächst soll Frankls Ansatz näher erläutert und diskutiert werden. Später werden seine Überlegungen auf Organisationsbeziehungen übertragen.

Wesensausdruck und Wesensentwicklung

Für die Betrachtung von Beziehungen sind uns vor allem drei Konzepte wesentlich:

- Jeder Mensch hat ein Wesen[20] oder, etwas praktischer übersetzt: eine unverwechselbare Eigenart. Diese Eigenart ist in ihm angelegt, und deshalb ist es nicht beliebig, wer jemand wird. Im Laufe des Lebens wird diese Eigenart mehr oder weniger

---

19 Zu diesen Gedanken hat uns ein Aufsatz von Alfred Längle angeregt, aus dessen Ausführungen auch die hier erwähnten Konzepte Viktor Frankls ersehen werden können.
20 Wir sind uns der Diskussion um multiple Identitäten durchaus bewusst, erlauben uns aber die Vereinfachung hier, um eine griffige Darstellung zu ermöglichen.

entfaltet und in der einen oder anderen Weise entwickelt. Dabei sind wir der Überzeugung, dass es sowohl äußere Anreize dafür gibt, noch schlummernde Wesenszüge hereinzuholen, als auch innere, so dass plötzlich etwas in uns erwacht, was jetzt gelebt werden will. Wenn wir nicht erlösen, was zu unserer Eigenart gehört, verkümmern diese Wesenszüge, oder sie treiben ihr Unwesen und kommen in einer unerlösten, problematischen Form dennoch zum Ausdruck (Schmid u. Caspari 1998c).

- Menschen entwickeln bewusst oder intuitiv Vorstellungen vom Wesen des Gegenübers, sie betreiben Wesensschau. Dieses Konzept besagt, dass es in jedem Menschen eine Instanz gibt, mit der er sich ein Urteil darüber bilden kann, ob ein Gegenüber das lebt, was zu seiner unverwechselbaren Eigenart passt. Diese Beurteilung wird in der Regel intuitiv vorgenommen und wirkt unabhängig davon, ob wir uns dessen bewusst sind oder nicht. Bei entsprechender Intuitionsschulung können wir uns, wenn wir in der Begegnung mit einem anderen unsere Aufmerksamkeit entsprechend ausrichten, ein geläutertes Urteil darüber davon, ob er bei sich ist. In uns entstehen Bilder darüber, ob er etwas Konventionelles, Interessantes oder sonst etwas tut, was zwar nicht schlecht ist, aber trotzdem nicht ganz wesentlich, d. h. seinem Wesen entsprechend ist (Schmid u. Caspari 1998c).

- Unsere Wahrnehmung und die Wirkung von Persönlichkeit hat entscheidend damit zu tun, wie ihr Wesen zum Ausdruck kommt. Das Wort Persönlichkeit hat mit personare zu tun, was »hindurchtönen« bedeutet. Unser Persönlichkeitsverständnis ist, dass das Wesen, die unverwechselbare Eigenart eines Menschen, durch die Rollen oder durch die Position, die jemand im Moment einnimmt, hindurchtönt. Das Wesen wird nicht irgendwo separat im Privaten als Menschsein zum Ausdruck gebracht, sondern wird integriert durch die Art, wie er seine Rollen lebt.

- Professionalität hat deshalb viel damit zu tun, wie jemand seine Rollen, auch ganz formale, in Bezug auf sein Wesen lebt. Die Spaltung, die gerade im Management oft gemacht wird, in: »Jetzt bin ich Funktionsträger, und dann gibt es einen Ort, an dem bin ich Mensch«, halten wir nicht für hilfreich.

- Deshalb stellen wir uns in einer Persönlichkeitsarbeit immer die Frage, wie wir jemandem helfen können, das, was er in einer problematischen Weise unerlöst lebt, anzunehmen und dafür erlöste Formen zu finden. Salopp ausgedrückt, ist unser Ziel, aus Neurosen Charakter zu machen, nicht Neurosen wegzutherapieren.

Ontische Beziehungen

In Frankls Konzept kommt nun die Idee dazu, dass auch Beziehungen eine von vornherein festgelegte und unverwechselbare Eigenart haben. Frankl spricht von der »ontischen Beziehung«. Auch Beziehungen sind in ihrer Potenzialität angelegt und existieren sozusagen als Blaupause mit bestimmten Fragestellungen und Entfaltungsmöglichkeiten, unabhängig davon, ob man sie durch Begegnung realisiert. Beziehung ist also der Möglichkeitsraum für Begegnungen angesichts der Wesensart der Beteiligten (Frankl 1987).

Für uns beinhaltet dieses Konzept etwas sehr Erleichterndes. Es bedeutet nämlich, dass wir akzeptieren können und müssen, dass uns nicht alle Beziehungen möglich sind. Wir müssen uns selbst und andere nicht damit plagen, bestimmte Beziehungsinteressen in allen Beziehung realisieren zu wollen.

Auch für eine Partnerschaft kann es sehr erleichternd sein, nicht davon auszugehen, dass die Beziehung so oder so sein könnte oder gar müsste. Die Grundanlage der Beziehung hat eine bestimmte Eigenart, und man muss letztendlich einen anderen Partner wählen, wenn man grundsätzlich den anderen mit anderen Wesensarten ausgestattet haben möchte. Das Konzept erlaubt uns somit, die Eigenart einer Beziehung und den Bereich, in dem sie erfüllt sein kann, zu beschreiben und ihre Begrenztheit zu akzeptieren. Begrenzungen in einer Beziehung wahrzunehmen bedeutet etwas anderes als die Fantasie, dass man sich gegenseitig Mögliches vorenthält.

Frankl nimmt Abschied von der Idee, dass eine Beziehung in ihrem Grundcharakter wesentlich formbar wäre. Man kann die Art, wie eine Beziehung angelegt ist, zur Blüte und zu Früchten bringen, oder man kann sie unerlöst lassen und daran leiden. Und so wie man Wesensschau betreiben kann im Sinne von »Wie könnte denn der andere sein und werden«, so kann man sich auch bei Beziehungen fragen, was sie sein und werden können und was nicht.

Begegnung

Von der *Beziehung*, die eine hohe Wirklichkeitskonstanz hat, unterscheidet Frankl die *Begegnung*. Die Begegnung ist der gegenwärtige Vollzug und ist die konkrete Gestaltung des Miteinanders vor dem Hintergrund der Beziehung. Da Begegnung ganz gegenwärtig ist, kann sie sich über das beziehungsmäßig Naheliegende zumindest augenblicksweise hinausheben.

Sie ermöglicht es, uns relativ von der vorgefundenen Beziehungswahrscheinlichkeit zu lösen und uns teilweise von den Blaupausen einer Beziehung zu emanzipieren.

Begegnungskompetenz

Um eine Beziehung zu erlösen, brauchen wir deshalb Begegnungskompetenz. Mit Begegnungskompetenz können wir auch als schwierig angelegte Beziehungen im gegenwärtigen Aufeinandertreffen konstruktiv gestalten. Gute Begegnungen »sedimentieren« dann in die Beziehung, d. h., sie durchdringen und prägen sie, aber erst über die Zeit.

Natürlich brauchen wir, um Begegnungskompetenz zu entwickeln, auch ein ausreichendes Maß an Motivation. In privatpersönlichen Beziehungen ist sie in der Regel durch Interesse am anderen oder durch Wertvorstellungen gegeben. Nachhaltiges Interesse aneinander verbindet uns unabhängig vom gegenwärtigen, oftmals misslichen Vollzug und verleiht uns die Kraft, Ausdauer und Auseinandersetzungsbereitschaft, die wir benötigen, um für die schwierigen Aspekte der Beziehung nach erlösten Formen in der Begegnung zu suchen.

Beziehungsklärung

Gerade in psychologisch gebildeten Kreisen existiert noch gelegentlich die Vorstellung, dass durch »Beziehungsklärung« Beziehungen besser werden. Man nimmt an, dass unbefriedigende Begegnungen durch aufzuklärende Missverständnisse verursacht werden. Viele Beziehungen werden jedoch durch Beziehungsklärungen nicht besser. Wir können sie lediglich durch Begegnung besser machen und uns von ihren schwierigen Dimensionen emanzipieren. Beziehungsklärung ist eigentlich nur sinnvoll zu dem Zweck, Irrtümer und Illusionen aufzulösen, das Erleben des anderen zu verstehen und Visionen der Beziehung mitzuteilen, aber nicht zu dem Zweck, auf diese Weise die Beziehung besser zu machen. Beziehungen kann man durch Begegnung besser machen.

Das ist sozusagen ein Metaausweg aus vielen Beziehungsdauerkrisen. Es werden nicht die Beziehungsfragen gelöst, sondern wir lösen uns von ihnen und gestalten durch Begegnungskompetenz die Gegenwart des Zusammenseins so befriedigend, dass uns die Frage nach der Art der Beziehung nicht über das Maß hinaus interessiert. Wir haben sozusagen ein nüchternes Bild von dem, was wir füreinander sein können, und gestalten das konstruktiv.

Gelingen und Misslingen von Beziehungen

Privatbeziehungen können also aus unterschiedlichen Gründen erfolgreich gestaltet werden oder misslingen. Entsprechend kann man in der Beratung verschiedene Fragen stellen, aus denen sich unterschiedliche Fokusse ergeben. So kann z. B. eine Beziehung misslingen:

- wenn der zur Verfügung stehende Beziehungsraum kleiner ist, als beide Partner erwarten;
- wenn der zur Verfügung stehende Beziehungsraum zu groß ist, als dass sie ihn »zu fassen« bekämen bzw. sich wesentlich darauf konzentrieren könnten;
- wenn der vorhandene Beziehungsraum nicht genügend mit der Eigenart einer oder beider Personen erfüllt wird, obwohl dies möglich wäre (Persönlichkeitsentwicklung);
- wenn der Beziehungsraum vorhanden ist, beide Personen ihr Wesen in die Beziehung einbringen könnten, es ihnen aber auf Grund eingeschränkter Begegnungskompetenz nicht gelingt, den Beziehungsraum lebendig zu gestalten.

Beziehungen als Anregung für Entwicklung

Bestimmte Beziehungen eignen sich für bestimmte Entwicklungsaufgaben besser als andere. Im Laufe des Lebens bekommen wir meist die Probleme, die zu unseren Wachstumsaufgaben passen und uns entsprechend herausfordern. Und manchmal scheint es, dass wir es mit den Menschen zu tun bekommen, die sich für die entsprechende Auseinandersetzung eignen. Wenn wir das dann erledigt haben, treffen wir eher andere Menschen, mit denen andere Beziehungskonstellationen möglich sind und andere Lebensfragen auf dem Entfaltungsweg gelebt und geklärt werden können.

Um es in einer Metapher auszudrücken: Eine junge Pflanze braucht ganz bestimmte Beziehungen (bzw. Umweltbedingungen), um sich zu entwickeln. Im Heranwachsen dürfen die Pflanzen um sie herum nicht zu groß und konkurrenzfähig sein. Aber wenn sie selbst genügend erstarkt ist, braucht sie keine schonende, sondern eine herausfordernde Mitwelt, um entsprechend zu wachsen. Sie braucht also in unterschiedlichen Phasen Verschiedenes. Und trotzdem entwickelt sie sich ihrer Eigenart gemäß. Aus einem Radieschen wird keine Eiche, aber es kann das beste Radieschen weit und breit werden.

Diese Denkweise findet ihre Analogie in der jungschen Psychologie. Dort stellt man sich vor, dass jeder Mensch bestimmte Wesensteile bewusst lebt, während andere Wesensteile sozusagen ungelebt ein »Schattendasein« führen. Im Laufe des Lebens gilt es, viele dieser Wesensteile lebendig werden zu lassen, indem man sie in den bewussten Lebensvollzug integriert. Wenn man dauerhaft diese Wesensteile von sich abspaltet, werden sie freiwillig oder unfreiwillig zu vordergründigen Lebensthemen, und sei es nur als Ärgernis. In diesem Sinn weiten wir den Schattenbegriff auch auf Beziehungen aus.

6.2.3 Organisationsbeziehungen

Im Folgenden ist nun zu überlegen, ob und wie diese Betrachtungen auf den professionellen Bereich und auf Organisationen übertragen werden können.

Beziehung und Begegnung in Organisationen

Die Ausdrucksform einer Beziehung wird natürlich nicht nur durch die jeweilige Konstellation der Beteiligten, sondern auch durch gesellschaftliche Bedingungen entschieden. Diese haben wir bei der Betrachtung privatpersönlicher Beziehungen vernachlässigt, weil sie dort im Hintergrund zu stehen scheinen.

In professionellen Beziehungen treten die gesellschaftlichen Bedingungen in Form von Organisationsstrukturen jedoch in den Vordergrund. Nimmt man eine bestimmte Organisationsposition ein, tritt man auch in durch sie definierte Beziehungen. Diese Organisationsposition ist nun aber nicht vorrangig durch die private Persönlichkeit definiert, sondern durch verschiedene weitere Dimensionen, wie Organisationsstruktur, Zuständigkeit, Weisungsbefugnis, Kenntnisvorsprung durch die Organisationskultur und Ähnliches.

Anders als bei privaten Beziehungskonstellationen kann man diese Beziehungsdeterminanten jedoch direkt zum Gegenstand gestalterischer Bemühungen machen, bzw. sie können von außen gestaltet werden. Sie sind z. B. durch Veränderung von Befugnissen oder durch Maßnahmen, welche die Organisationskultur beeinflussen, änderbar.

Anders als in der Therapie können hier Überlegungen angestellt werden, die ganz unterschiedliche Handlungsfelder öffnen:

- So hat es keinen Sinn, auf Personalentwicklung oder Förderung der Begegnungskompetenz zu setzen, wenn der Gestaltungsraum für die Mitarbeiter von vorneherein zu klein gehalten wurde.
- Würde man dagegen genügend Gestaltungsraum vorfinden, wäre immer noch zu klären, warum jemand seine Rolle in einer Organisation nicht erfolgreich erfüllt. Hier könnte Persönlichkeitsentwicklung und/oder Förderung der Begegnungskompetenz wesentlich mehr Sinn ergeben. Doch würde man vielleicht ähnliche Effekte erzielen, wenn man Aufgaben oder Teams anders konfigurierte.

Für Schlüsselfiguren in Organisationen gehören Maßnahmen zur Änderung von Organisationsbeziehungen sogar zur professionellen Gestaltungsaufgabe. Aber auch für sie gilt, dass sie sich an den Organisationsgegebenheiten orientieren müssen, die solche Organisationen charakterisieren. Manche gewachsenen oder absichtlich gestalteten Beziehungskonstellationen tragen nun durch ihre Logik in hohem Maße die Wahrscheinlichkeit in sich, dass die Akteure in ihren Begegnungen unerlöste Versionen hervorbringen.

Interventionsebenen

Als Berater unterscheiden wir deshalb sorgfältig zwischen einer Beziehungsanalyse und der Begegnungskompetenz des Positionsinhabers. Wir denken immer auch über die Logik von Beziehungen nach und überlegen uns auf dieser Ebene organisationsberaterische Konzepte und Interventionen.

Das heißt, wir betrachten Organisationsbeziehungen aus zwei Perspektiven:

- vom Individuum aus, das die Position und damit die vorgesehenen Beziehungen durch Begegnung auszufüllen hat, und

- von der Organisation und ihrer Kultur her, z. B. von den Macht-
verhältnissen, den notwendigen Befugnissen und den Zuständigkeiten her.

Wenn Beziehungen in ihrer Logik problematisch angelegt sind, bleiben Interventionen, die persönliche Eigenarten der Positionsinhaber
betreffen, mit dem Ziel, die Begegnungen *kompetenter* zu gestalten,
langfristig unfruchtbar. In solchen Beziehungen bekommt jeder Positionsinhaber Probleme. Lediglich der Umgang damit entspricht
wiederum seiner unverwechselbaren Eigenart. Dass er Probleme
bekommt, hat in erster Linie mit der unverwechselbaren Eigenart der
Beziehung zu tun. Dies sei an zwei *Beispielen* verdeutlicht.

Beispiel 1:
In einem Pharmaunternehmen trug ein Apotheker, der für das Quali-
tätswesen zuständig ist, die Verantwortung für die Produktqualität, im
Zweifel auch mit persönlicher Haftung vor Gericht. Die Organisation
hat sich aber entwickelt, so dass Kaufleute, die für die Expansion und
Wirschaftlichkeit zuständig sind, bei Entscheidungen das Sagen hatten.
Entsprechend schwierig waren die Begegnungen zwischen dem für die
Qualität zuständigen Apotheker und anderen im Unternehmen, da die-
ser nicht die Befugnis hatte, seiner Verantwortung gerecht zu werden.
Seiner individuellen Eigenart gemäß reagierte er hilflos zwanghaft und
mit Herzproblemen, was dann auch das Klima in den Begegnungen
belastete.

Beispiel 2:
Klassischerweise braucht man für die Position eines Vorstandsassistenten jemanden, der loyal und verfügbar ist und der zumindest für eine
gewisse Zeit die eigene gestalterische Kraft und das eigene Interesse
zurückstellen kann, um demjenigen, dem er assistiert, zur Erweiterung
seines Gestaltungsraumes zu dienen. Gleichzeitig gibt diese Position
ganz bestimmte durch das Unternehmen angelegte Beziehungen zu
den Kollegen im Vorstand vor.
    Ein Vorstandsassistent bekam Probleme, weil sein Vorstand nicht mit
seinen Kollegen ausgehandelt hat, was auszuhandeln war und was nur
er auf Grund seiner Position aushandeln konnte. Anstatt sein Amt auszufüllen und sich tatsächlich assistieren zu lassen, hat dieser Vorstand
wesentliche Funktionen seiner Amtes an seinen Assistenten delegiert.
    Dieser kann jedoch auf Grund seiner Position mit einer solchen De-
legation nicht adäquat umgehen. Wenn er versucht, den höhergestellten
Vorstandskollegen gegenüber Autorität ersatzweise auszuüben, bezieht

er Prügel. Es kann vielleicht durch geschicktes Begegnungsverhalten manches aufgefangen werden, doch bleiben die Beziehungsprobleme ungelöst. Sie können nicht einmal durch privates Sedimentieren geheilt werden, höchstens durch Neukonfiguration der Positionen und damit der Beziehungen.

Natürlich können solche Positionen von unterschiedlichen Persönlichkeiten ganz unterschiedlich ausgefüllt werden. Man kann sich vorstellen, dass ein Assistent sich diesem Konfliktbereich in der Weise stellt, dass er nicht versucht, ersatzweise Autorität auszuüben, sondern dass er seinem Vorgesetzten immer wieder zurückgibt, was er nicht schultern kann, um ihn dadurch in seiner Würde zu fordern, sein Amt angemessen auszufüllen. Dem, was er trotzdem abbekommt, begegnet er mit besonderem Charme und mit Diplomatie.

Unter der Bedingung, dass sich der Vorgesetzte entsprechend fordern lässt, kann der schwierige Beziehungsaspekt mit der Zeit erlöst werden. Indem sich der Vorgesetzte und der Assistent auf das besinnen, was sie füreinander und für die Organisation sein können, können sie in ein arbeitsfähiges Miteinander treten.

Eine andere Person in derselben Position hat möglicherweise mehr Intuition für die schwachen Seiten seines Chefs. Er versucht, sie zu ersetzen, indem er Hofhund spielt und die anderen Vorstände beißt. Die Beziehungskonstellation bleibt dadurch dauerhaft schwierig.

Würdigung von Organisationsbeziehungen

Häufig erleben wir in Organisationen Versuche, Dimensionen der durch die Organisationsstruktur definierten Beziehungen zu ignorieren. Viele meinen, sie könnten durch Begegnung, durch Hemdsärmeligkeit Dinge gestalten, ohne die vorgefundenen Kraftfelder der Organisationsbeziehungen angemessen zu würdigen. Nach unserer Beobachtung funktioniert das in der Regel auch eine Zeit lang. Durch manche Organisationskultur begünstigt, wird Begegnung informell so kompetent gestaltet, dass es fast so erscheint, als wären die organisationalen Beziehungsdimensionen nicht sehr relevant. Das entpuppt sich allerdings oft als Illusion. Wenn Beziehungsstrukturen auf diese Weise an den Rand gedrängt werden, kommen sie irgendwann aus ihrem Schattenbereich und verlangen als hierarchische Reglementierung wieder ihr Recht. Das Imperium schlägt zurück.

Also auch da gilt, was man aus der Psychologie kennt: Wenn man eine Gestaltungsvariante überzieht, verlangt das Verdrängte sein Recht manchmal in einer unerlösten und destruktiven Form. Deswegen ist es so wichtig, zumindest aufmerksam gegenüber der Frage zu sein, was denn die Anrechte oder die Beziehungsgesetzmäßigkeiten sind, die im Überschwang aus den Augen verloren werden. Sie müssen gewürdigt und mit Begegnungskompetenz in erlöste Formen gebracht werden. Dadurch dürfen sie dann im Hintergrund wirken und müssen sich nicht durch bürokratische Reglementierung in den Vordergrund drängen.

Würdigung von kreativen Begegnungen

Andererseits kann es natürlich auch mal sinnvoll sein, über Begegnung eine Beziehungslogik zu etablieren, die der herkömmlichen Beziehungslogik widerspricht. Aufbruch in neue Entwicklungen geschieht oft so, dass über Begegnung neue Strukturen, Ablauf- und Beziehungsregeln geschaffen werden, die besser sind als die alten. Man darf dann aber nicht versäumen, einerseits sich dessen bewusst zu sein, was man da tut und welche neuen Blaupausen für Begegnungen dadurch geschaffen werden, und andererseits zu überlegen, wie die Beziehungslogik auf angemessener Ebene verändert werden müsste. Denn sonst greift bei einem Traditionsabriss die nächste Generation möglicherweise einfach auf die juristische Ebene zurück und setzt die alten Blaupausen gegen die neuen, durch Begegnungsgewohnheiten entstandenen durch.

Deshalb kann man sich auch schuldig machen, wenn man sinnvolle Begegnungen etabliert, aber versäumt, sie in der Beziehungsarchitektur der Organisation zu verankern.

Sympathie in der professionellen Begegnung

Es gibt nun Unternehmenskulturkonzepte, die das privatpersönliche Miteinander und Sich-verstehen-Können als wichtiges Vehikel oder gar als Hauptvehikel verwenden, um professionelles Funktionieren zu gewährleisten.

Das halten wir für problematisch. Ein Unternehmen ist keine Familie, das anzunehmen wäre Illusion. Und je mehr Unternehmen Konzerne werden, umso weniger kann ein Konzept des privatpersönlichen Miteinanders funktionieren. Menschen haben nicht die seelische Kapazität, sich mit allen Menschen, mit denen sie sinnvolle, kompetente Begegnung gestalten müssen, privatpersönlich abzustimmen.

Manchmal kann es hilfreich und ein guter Türöffner sein, wenn man über privatpersönliche positive Beziehungsgestaltung einen Zugang finden will, um organisations- oder professionsbezogen zusammenzuarbeiten. Wenn das nicht funktioniert und man nicht auf »professionelle« Verständigungskultur zurückgreifen kann, ist man jedoch gefangen. Dann besteht die Gefahr, dass man mit Menschen, mit denen man sich im privatpersönlichen Bereich verstrickt, organisations- und professionsbezogen nicht angemessen zusammenarbeitet.

Es gibt auch Organisationsworkshops, in denen die Ebene des persönlichen Sympathisierens oder Nichtsympathisierens thematisiert wird. Dadurch rücken die Dimensionen von Privatbeziehungen ebenfalls in den Vordergrund, was für den Rahmen, um den es geht, als hauptsächliche Begegnungsebene unpassend ist. Anstatt den Teilnehmern im privatpersönlichen Bereich zu einer höheren Begegnungskompetenz zu verhelfen, damit sie sich besser verstehen, sollte man ihnen helfen, ihre gegenseitigen Beziehungsansprüche auf das zu reduzieren, was der Anlass der Beziehung ist, nämlich die Form der Zusammenarbeit. Diese allerdings gilt es durch Begegnung auszufüllen. Häufig wird die Zusammenarbeit dadurch viel einfacher.

Privatkultur und Organisationskulturentwicklung

Vorwiegend über das Herstellen von privatpersönlicher Verbundenheit die Bereitschaft der Mitarbeiter zu erhöhen, mit den professionellen Begegnungsproblemen und organisationalen Konflikten umzugehen, scheint uns wenig tauglich, weil mit erheblichen Nebeneffekten zu rechnen ist, die in der Logik professioneller Beziehungen nicht gehandhabt werden können.

Gelegentlich versuchen Unternehmen geradezu, Unternehmenskulturentwicklung zu etablieren, indem sie über private Lebenskulturangebote die Bindung an das Unternehmen zu erhöhen versuchen. Selbst wenn vieles daran sympathisch ist, halten wir auch diese Strategie für problematisch. Eine solche Ausrichtung ruft, gesellschaftlich gesehen, ökologische Schäden hervor, weil dadurch die private Lebenskultur der Menschen ausgehöhlt wird: Wenn es dann am Arbeitsplatz so heimelig ist, kann es sein, dass man immer mehr versucht, im Unternehmen zu leben, anstatt sich zu Hause mit den zu bewältigenden Schwierigkeiten auseinanderzusetzen, und es kann zu Konflikten mit der Familie kommen.

Dennoch braucht es auch in professionellen Beziehungen ein vom gegenwärtigen Begegnungsvollzug unabhängiges Band. Dieses Band wird in Organisationen aber nicht vorrangig durch persönliche Affinität, sondern durch die Einbindung in eine Organisationsstruktur einschließlich der arbeitsrechtlichen Bestimmungen und durch Entwicklung des Organisationsbeziehungsgefüges hergestellt und definiert (Schmid u. Messmer 2003). Achten und würdigen sich Mitarbeiter zusätzlich in ihrer Professionalität, wird die Verbundenheit gestärkt, was die Bereitschaft erhöht, sich bei auftretenden Schwierigkeiten professionell auseinanderzusetzen und nach Lösungen zu suchen. Kommt nun noch persönliche Sympathie hinzu, ist das ein Geschenk. Ein privatpersönliches Sympathisieren sollte für eine konstruktive Zusammenarbeit nicht notwendig sein.

Elemente konstruktiver Organisationskultur

Durch gut geregelte Organisationsbeziehungen werden auch weniger kompetente und weniger Mächtige in ihrer Würde und ihrer positiven Kritikfähigkeit gestärkt. In der Regel ist es einem Mächtigeren – und das ist menschlich – unangenehm, von einem Untergeordneten gefordert zu werden, weil dieser damit implizit Kritik an seinem Verhalten übt. Um in ein konstruktives Miteinander zu treten, muss nun der Mächtigere die Bereitschaft aufbringen, sein Unbehagen zu überwinden und sich der Kritik und Auseinandersetzung zu stellen. Hält ein Mitarbeiter aus Unsicherheit oder Angst wichtige Kritik zurück, so fehlt sein Beitrag zur Verantwortungskultur (siehe Abschnitt 4.2). Wird ein kritischer Mitarbeiter entlassen und durch einen ersetzt, der bereit ist, sich problematischen Organisationsstrukturen anzupassen, schadet solches Vorgehen letztendlich sowohl den Menschen als auch der Organisation.

Werden problematische Strukturen und entsprechende Organisationsbeziehungen aufrechterhalten, rächt sich das in der Minderleistung der Mitarbeiter und der Organisation oder in der Überbeanspruchung von Begegnungskompetenz bei dem Versuch, den Mangel zu kompensieren. Die Lebendigkeit eines Unternehmens hängt von der Lebendigkeit des Miteinanders seiner Mitarbeiter ab. Sie sollte durch Pflege einer Konfrontationskultur gefördert werden (Schmid u. Caspari 1997).

Gute Organisationsarchitekturen geben auch weniger mächtigen Mitwirkenden eine gesicherte Position und lassen auch Mitarbeiter mit durchschnittlicher Begegnungskompetenz erfolgreich sein. Und sie ersparen den Einzelnen übermäßige Anforderungen bzw. erhalten die Virtuosität der Begegnungskönner für die Bewältigung komplexer Aufgaben durch kreative Begegnungen.

Bei der Frage, ob Mitarbeiter in besserer Begegnungskompetenz und Motivation geschult werden und/oder die Organisationsbeziehungen neu definiert, vereinfacht und stimmig gemacht werden sollen, begegnen sich Personal- und Organisationsentwicklung.

Rollenbewusstsein und Menschlichkeit in Beziehungen

Für professionelle Beziehungen, die nur für ein bestimmtes organisationsbezogenes Zusammenwirken gelten, ist privatpersönliche Verträglichkeit weniger wichtig. Wichtiger ist, sich als Rollenträger definieren und rollengemäß zusammenarbeiten zu können. Wenn wir uns darauf besinnen, in welchen Rollen wir uns gerade begegnen, erwerben wir Freiheitsgrade. Wir können uns in vorgegebene Ordnungen und Beziehungsmöglichkeiten einfügen. Potenzielle Konflikte auf nicht relevanten Beziehungsebenen können in den Hintergrund treten. Indem wir uns auf das beziehen, was wir miteinander sollen, können wir uns zum Beispiel von der Dynamik unserer privatpersönlichen Verstrickungen, zu der wir neigen, lösen. Indem wir uns im Spektrum der Profession, die wir gerade ausüben, oder im Spektrum der Organisationsposition, die wir gerade ausfüllen, begegnen und uns das gegenseitig signalisieren, geraten wir nicht in die privaten Verstrickungen, in die wir vielleicht gerieten, wenn wir miteinander in Urlaub fahren müssten. Natürlich sollten wir diese schmalen und zeitlich begrenzten Rollen und Begegnungen mit Menschsein ausfüllen, aber eben ohne privat zu werden. Wenn wir das gut machen und dafür Kompetenz erwerben, können wir Organisationsbeziehungen sowohl leichter gestalten als auch bei Verstrickungen in eine erlöste Form heben. Wir können auch unser Wesen durch die Rollen hindurchtönen lassen und unser unverwechselbares Menschsein als Ober- und Untertöne in professionellen Begegnungen mitschwingen lassen. Die private Beziehung liefert jedoch nicht die Melodie. Professionelle Kompetenz beinhaltet deshalb auch Urteils- und Erkenntnisfähigkeit bezüglich der Dimensionen der Beziehungen, in die man eintritt. Man muss entscheiden können, auf welcher Beziehungsebene man sich steuert und orientiert. Dazu muss man unterscheiden, welche Rolle man dem anderen gegenüber einnimmt. Die von uns eingeführten drei klassische Rollenbereiche – Organisationsrollen, Professionsrollen und Privatrollen – sind als Unterscheidungskriterien in diesem Zusammenhang nützlich: Ist man im Moment z. B. in einer Vorgesetztenrolle, in einer Professionskollegenrolle (Beispiel: Ingenieure unter sich) oder in einer privaten, mitmenschlichen Rolle (siehe Abschnitt 5.4; Schmid 1994a, S. 55 ff.)?

Rollenbewusstsein und Begegnungssteuerung

Je nach Situation kann das Einnehmen unterschiedlicher Rollen völlig verschiedene Steuerungsdynamiken in Begegnungen notwendig machen. Dies zu unterscheiden ist notwendig, damit man nicht mit Begegnungskompetenz, die für die eine Ebene richtig wäre, versucht, eine Beziehung auf einer anderen Ebene auszugestalten, die eine andere Art von Begegnungskompetenz erforderte.

Gehen wir noch einmal zu dem *Beispiel* des Vorstandsassistenten zurück: Der beschriebene Konfliktbereich hat nur eine Chance, erlöst zu werden, wenn sich sowohl der Assistent als auch sein Vorgesetzter auf ihre jeweiligen Organisationsrollen mit den dazugehörigen Kompetenzen, Autorisierungen etc. besinnen und sich darin auch immer wieder fordern. –

Auf den Versuch des Vorgesetzten, hoheitliche Funktionen zu delegieren, könnte der Assistent z. B. reagieren, indem er sagt: »Auch wenn ich gut verstehen kann, dass Sie diese Aufgabe an mich delegieren möchten, muss ich Ihnen sagen, dass ich sie auf Grund meiner Position im Unternehmen nicht ausfüllen kann. Ihre Vorstandskollegen würden mich als Autorität nicht ernst nehmen. Außerdem würde ich Sie in ihrer Vorstandskollegenrolle schwächen, wenn ich versuchen würde, an Ihrer statt Dinge auszufechten, die nur Sie als Kollege unter Kollegen ausfechten können.« –

Würde der Vorgesetzte diese Haltung des Assistenten als Versuch begreifen, ihm Solidarität zu verweigern, würde er den Konflikt als zum privatpersönlichen Bereich gehörend definieren. Man kann sich vorstellen, dass eine derartige Verschiebung des Konflikts auf diese Ebene eher zu mehr Verstrickung als zu einer Lösung führt. In Unternehmen gibt es viele unnötige Probleme, weil diese Dinge nicht unterschieden werden.

Organisationsbeziehungen als Lernfeld

Nach unserer Beobachtung wird in unseren Organisationen noch viel zu wenig getan, um die Amtsinhaber über die Logik ihrer Beziehungen und die daraus entstehenden Konsequenzen zu unterrichten. In der Regel hegt man die Hoffnung, dass sie das von selbst wissen. Hier besteht noch ein erheblicher Bedarf an Schulung, die – für Betroffenen persönlich nachvollziehbar – die Wirklichkeitslogiken von Positionen und Organisationsbeziehungen vermittelt. Wenn Organisationsbeziehungen besser den wesensmäßigen Entwicklungsmöglichkeiten der Mitarbeiter angepasst würden, dann entstünde möglicherweise ein fruchtbarer Prozess. Wenn ein Unternehmen die organisatorischen Voraussetzungen dafür schaffte, dass Mitarbeiter gemäß ihrem Wesen ihre Aufgaben erfüllen können, entstünde ein anderer, »authentischerer« Charakter der Organisation. Sie könnte dann möglicherweise ihren Beziehungsraum so verändern, dass weiteres Wachstum der Mitarbeiter hin zu einer stimmigeren Lebens- und Arbeitsform möglich würde. Organisations- und Personalentwicklung liefen Hand in Hand und würden, wenn die Veränderung gelänge, zur Entstehung einer anderen Kultur beitragen, welche die Menschen durch Sinn erfüllte.

6.2.4 Zusammenfassung

Privatbeziehungen sind in erster Linie durch die privatpersönlichen Wesensarten der Beteiligten geprägt. Sie sind dadurch in ihrem Spektrum der Möglichkeiten definiert und nur wenig veränderbar. Während Beziehung die Möglichkeiten definiert, meint Begegnung das tatsächliche Geschehen, wenn die Beteiligten zusammentreffen. Welche Aspekte der möglichen Beziehungen in welcher Qualität gelebt werden, hängt von der Kompetenz der Beteiligten ab. Dank Begegnungskompetenz können gleichermaßen chancenreiche wie schwierige Beziehungsaspekte durch gelungene Begegnungen in den Vordergrund gehoben und von Verstrickungen erlöste Varianten verwirklicht werden.

Organisationsbeziehungen sind dagegen in erster Linie durch die Beziehungsarchitektur der Organisation geprägt und somit durch ihre Gestaltung veränderbar. Professionelle Kompetenz hilft, in Begegnungen die Möglichkeiten der Organisationsbeziehung konstruktiv zu realisieren. Das Vermögen, zwischen Privat- und Organisationsbeziehungen zu unterscheiden, erleichtert es, Begegnungsebenen zu definieren und die in einem Konflikt wirkenden Kräfte entsprechend zuzuordnen. Denn je nach Zuordnung bedarf es unterschiedlicher Steuerungsdynamiken. Liegt der Ursprung eines Konflikts in der Logik der Organisationsstrukturen, müssen sie verändert werden. Der Versuch, den Konflikt durch Optimierung allein der Begegnungskompetenz der Beteiligten oder über den Umweg privater Sympathie zu lösen, bleibt auf Dauer unbefriedigend.

6.3 Beziehungen und professionelle Individuation

In der jungschen Psychologie wird mit Individuation der lebenslange Prozess der Selbstwerdung eines Menschen bezeichnet. Es geht dabei um das Bemühen, der eigenen, unverwechselbaren, stimmigen Persönlichkeit auf der Spur zu bleiben.

Von professioneller Individuation kann man sprechen, wenn man Selbstfindung im professionellen Bereich meint.

6.3.1 Was meint »Wesentlich«?

Jeder Mensch steht vor der Aufgabe, sein Wesen im Laufe seines Lebens zu entfalten. Die Persönlichkeit, die dabei im Kontext der materiellen, emotionalen, geistigen und kulturellen Umgebung entsteht, kann, wenn alles gutgeht, dann etwas zum Ausdruck bringen, was wir als unsere ganz persönliche Eigenart empfinden (Schmid 2002).

Auch im Organisationsbereich wird zunehmend erkannt, dass die Pflege der Persönlichkeit entscheidend für Leistung und persönliche Zufriedenheit ist. In Zeiten und in Arbeits- und Dienstleistungsmärkten, die durch Überangebot und Anbieterkonkurrenz gekennzeichnet sind, sind professionelle Selbstfindung und Selbstausdruck zudem ein oft ausschlaggebendes Entscheidungskriterium. Mit Vorsicht kann man auch vom Wesen einer Organisation sprechen. Metaphorisch gesprochen, tönt es durch das sie Identifizierende hindurch: die Produkte, Auftritte, Strukturen und Prozesse und das Verhalten seiner Mitglieder und ihre Stile allgemein. Diese Dimensionen werden oft unter dem Stichwort Corporate Identity diskutiert.

Doch wie »erkennen« wir, wie jemand »ist« oder gar noch werden wird? Wie erkennen wir unser eigenes Wesen oder wann wir wesentlich sind? Wie erkennen wir das »Wesen« einer Organisation? Wie können wir zu einer Wesensentwicklung beitragen? Sind unsere Verfahren geeignet, Wesensentwicklung zu fördern? Wie relevant ist das, was wir in der Zusammenarbeit, in Lernprozessen oder in der Beratungsarbeit für die Persönlichkeitsentwicklung tun können? Worauf kommt es an, und wen soll das erreichen?

Beschreibungen in diesem Bereich sind meist seltsam vage und auf Distanz wenig verständlich. Doch ist es erstaunlich, wie offensichtlich Meinungen darüber und wesentliche Merkmale sind, wenn erst mal offen darüber gesprochen wird. Spiegelungsübungen, in denen Teilnehmer von professionellen Lerngruppen sich zu verschiedenen Bereichen offen ihre inneren Reaktionen, ihre Meinungen, die aufsteigenden Bilder und intuitiven Reaktionen mitteilen, gehören zu den am meisten geschätzten Kernelementen unserer Didaktik. Nah aneinander, in vertrauensvoller Atmosphäre und mit sorgfältiger Aufmerksamkeit füreinander zweifelt niemand daran, dass man Wesentliches erkennen und von Aufgesetztem, Verfehltem und Unwesentlichem unterscheiden kann.

6.3.2 Transaktionsanalyse und Wesensschau

Als Eric Berne im Zweiten Weltkrieg als Musterungsarzt zum Militär eingezogen worden war, nutzte der Psychiater diese Zeit mit Studien über Intuition. Mit erstaunlicher Trefferquote konnte er in Sekundenschnelle die Berufe der zur Musterung angetretenen Männer erraten.

Auch wir tun in unserer Alltagssprache so, als ob wir nach einiger Zeit selbstverständlich unser Gegenüber »kennen« würden. Damit meinen wir, dass wir aus dem kleinen Verhaltensanteil, den wir im Kontakt mit dem anderen wahrnehmen, auf das Ganze, auf den Kern, auf sein Wesen schließen können. Diese innere Vorstellung vom anderen dient uns möglicherweise zur Orientierung im Kontakt mit ihm, und wir merken oft erst dann, wenn der andere sich entgegen unseren Vorstellungen verhält, dass wir uns ein »falsches« Bild gemacht haben. Wir sind dann desillusioniert, wir haben uns in dem Wirklichkeitsentwurf, den wir von ihm angefertigt haben, möglicherweise getäuscht. Unsere Sprache illustriert, wie »normal« es für uns ist, »Wesensschau«, wie wir es hier nennen, zu betreiben. So sprechen wir von der »Liebe auf den ersten Blick«, von dem – oft – entscheidenden »ersten Eindruck«, den jemand auf uns macht. Wir sagen, jemand sei »authentisch«. Griech. *authós* bedeutet »selbst«. Ein Mensch, der als authentisch wahrgenommen wird, wird als stimmig mit sich selbst erlebt. Doch wie treffen wir da auf Grund welcher Informationen ein solches Urteil?

Wichtig ist, dass wir uns nicht von den Wirklichkeitsperspektiven oder Konzepten bestimmter Schulen gefangen nehmen lassen, sondern die ganze Vielfalt unserer kulturellen und sprachlichen Zugänge zur »Wirklichkeit« professionell nutzen. Um offen für alle möglichen Dimensionen zu bleiben, brauchen wir eine Kultur des freien Wettbewerbs von Wirklichkeitsentwürfen, frei von vorgegebenen Normen und Tabus, aber auch frei von Gewohnheiten, die alternative Wirklichkeitsvorstellungen blockieren. Wir wünschen uns eine Kultur, in der wir der Welt und uns gegenseitig mit schöpferischem Bewusstsein begegnen.

Wir bleiben damit sicherlich auch in der Tradition Eric Bernes, der für seine Zeit enorm viele Selbstverständlichkeiten schöpferisch in Frage gestellt hat.

Berne nutzte sein Talent zur »Wesensschau«, um zu prüfen, wie und wodurch jemand in seiner möglichen Entwicklung beeinträchtigt ist (Skript; s. Glossar). Er glaubte, dass jeder Mensch im Prinzip über seine eigene Entwicklung frei entscheiden könne, wenn er »gesund« sei. Ziel der Behandlung war daher für ihn die Befreiung von einschränkenden Prägungen. Selbstbestimmung verstanden Berne und andere in den 50er und 60er Jahren als *Freiheit von Prägung.*

Unsere Zeit und der nichttherapeutische Kontext stellen andere Herausforderungen an die Betrachtung von Wesensentwicklung. Unsere Vorstellungen von Persönlichkeitsentwicklung haben sich verändert. Wir glauben nicht mehr daran, dass Autonomie vorrangig in der Freiheit von einschränkenden Botschaften besteht. Autonomie könnte heute auch diejenige Kreativität meinen, mit seinen Eigenarten einschließlich der Einschränkungen gut zu leben. Aus dem, wie man nun mal geworden ist, sinnvolle Versionen machen, geeignete Rollen, Inszenierungen und Bühnen finden, kann der Weg sein, auf dem wir, so gestört oder gesund, wie wir eben sind, segensreich zu wirken. »Finde heraus, aus welchem Holz du bist, und mache etwas Eigenes daraus« (Schmid 1998c, S. 34).

So ist für uns eine wesentliche Frage in der professionellen Begegnung nicht die Wahrnehmung von Einschränkungen, sondern die Wahrnehmung von möglichen Entwicklungen, die das in mir Angelegte, Mögliche, Wesenhafte, Mir-Gemäße in konkrete Wirklichkeitsinszenierungen bringt. Ziel ist schon auch Skriptfreiheit im Sinne vom Verlassenkönnen falscher Lebenswege und Aufgabe falscher Fortbewegungsarten. Dies soll jedoch eher ein »Nebenprodukt« eines lebendigen Umgangs mit essentiellen Themen in unseren Lebenswelten sein. Und in diesem Zusammenhang sollte wirklich gewürdigt werden, dass es sehr unterschiedliche Arten gibt, wie Menschen sich als stimmig und wertvoll erleben und vor diesem Hintergrund Beziehungen gestalten (Schmid u. Jokisch 1998, S. 35 ff.).

Dabei ist die direkte Arbeit mit Menschen nur ein Medium. Personalentwicklung, Organisationsentwicklung und Organisationskulturentwicklung durch Gestaltung von Strukturen und Prozesse, die förderliche Bedingungen bieten, sind vielleicht wichtiger.

7. Konzeptionelle Perspektiven für Therapie und Beratung[21]

In einem Perspektiven-Ereignis-Modell (Schmid u. Messmer 2004c) haben wir generell darauf aufmerksam gemacht, wie wichtig es ist, bewusst zwischen auftretenden oder zu gestaltenden Ereignissen und den Perspektiven, unter denen diese Ereignisse beschrieben oder aus denen heraus sie gestaltet werden, zu unterscheiden. Hier wird im Bereich der psychologisch orientierten Beratung illustriert, welche Wechselwirkungen zwischen Betrachtungsperspektiven und Interpretation bzw. Mitgestaltung von Ereignissen beobachtet werden können.

In Abschnitt 4.1 haben wir erläutert, wie viele Möglichkeiten es gibt, Wirklichkeiten darzustellen, begibt man sich erst mal außerhalb der Schemata, die bestimmte psychologische »Schulen« nahelegen. In diesem Kapitel liefern wir ein Orientierungsschema für psychologisch orientierte Berater allgemein, die professionell Wirklichkeiten abbilden und sie gestalten. Ein Gedankenspiel betreffend die Wirklichkeit eines »klinischen« Falles soll anschließend zu gedanklichen Übungen mit dem Orientierungsschema einladen.

7.1 Orientierungsschema

7.1.1 Die Perspektiven

Wir unterscheiden für die Betrachtung einer Situation und für die Beschreibung von psychologischen Konzepten drei Perspektiven:

1. die Perspektive der Wirklichkeitskonstruktionen
2. die Perspektive der Persönlichkeit
3. die Perspektive der Beziehungen.

Bezugspunkt für unsere Analysen ist immer das konkrete Verhalten und Erleben unserer Klienten, aus dem wir ableiten, wie jemand sich seine Wirklichkeit, seine Beziehungen und seine Persönlichkeit organisiert.

---

21 Vgl. Schmid (1994c, S. 125 ff.).

7.1.1.1 Perspektive der Wirklichkeitskonstruktionen

Aus der *Perspektive der Wirklichkeitskonstruktionen* fragen wir, inwiefern beim beobachtenden Erleben und Verhalten die Art und Weise eine Rolle spielt, mit der die Beteiligten ihre Weltbilder formen, d. h., wir analysieren die Ideen und Bedeutungen, die gemeinsam einen sogenannten Bezugsrahmen bilden. Wir stellen also das beobachtete Ereignis in den Kontext der Ideen und Bedeutungen bzw. der Art und Weise, wie jemand seine Anschauungen der Wirklichkeit konstruiert, stabilisiert oder rekonstruiert. Wir könnten zum Beispiel fragen, wie die Ideen und Bedeutungen in Bezug auf die Wirklichkeit, die entweder direkt ausgesprochen oder im Erleben und Verhalten impliziert geäußert werden, formuliert werden könnten. Und wir können weiterfragen, wie sie zueinander passen könnten und welche Konstruktionen der Realität sich auf diese Weise ergeben könnten.

Hat zum Beispiel ein Klient in einer Paartherapie plötzlich einen Wutausbruch und bekundet seine Absicht, sich scheiden zu lassen, so kann diesem Verhalten die Idee zu Grunde liegen, dass Änderungen in der Lebensqualität nur durch drastische Entscheidungen und heftige Willensbekundungen möglich sind. Die Ankündigung einer solchen Entscheidung soll daher Änderungswillen dokumentieren und bekommt so gesehen einen anderen Stellenwert, als wenn mit der geäußerten Absicht oder den darin zum Ausdruck kommenden Emotionen gearbeitet würde.

7.1.1.2 Perspektive der Persönlichkeit

Aus der *Perspektive der Persönlichkeit* untersuchen wir, inwiefern sich ein gezeigtes Erleben und Verhalten in Bezug darauf, wie die betreffende Persönlichkeit in sich selbst organisiert ist, darstellt. Dadurch kommen automatisch die Vorstellungen der Beobachter über Persönlichkeit ins Spiel. Sie stellen die Ereignisse in der Regel auch in den Kontext von gelernten Persönlichkeitstheorien, mit deren Hilfe sie das beobachtete Erleben und Verhalten einordnen. Wir versuchen also, ein bestimmtes Erleben und Verhalten als Ausdruck von und Beitrag zu einer Organisation einer bestimmten Persönlichkeit – möglicherweise vor dem Hintergrund ihrer lebensgeschichtlichen Entwicklung – zu verstehen.

Aus dieser Sichtweise könnten wir den als Beispiel erwähnten Wutausbruch, verbunden mit der Ankündigung der Scheidungsabsicht, anders konzipieren: nämlich zum Beispiel als verzweifelten

Versuch, die Minderwertigkeitsgefühle angesichts der Beziehungsschwierigkeiten und die gefürchtete Unfähigkeit, sie zu lösen, zu überspielen.

7.1.1.3 Perspektive der Beziehungen

Aus der *Perspektive der Beziehungen* stellen wir ein Ereignis in den Kontext von Beziehungen. Wir fragen also, wie durch das gezeigte Erleben und Verhalten Beziehungen initiiert, erhalten oder verändert werden. Damit stellen wir in der Regel dieses Ereignis auch in den Kontext beziehungsanalytischer Theorien und Konzepte, wie z. B. der Spielanalyse von Berne (1970a) oder anderer Theorien, die wir dazu benutzen, Beziehungen und Beziehungsverhalten zu beschreiben.

Wir könnten in unserem Beispiel die wütende Verkündung der beabsichtigten Scheidung daraufhin untersuchen, inwiefern sie dazu dient, den Partner zu erschrecken, damit dieser zumindest für eine Zeit von seinen Forderungen nach Veränderung in der Beziehung ablässt. Wir könnten aus dieser Perspektive auch untersuchen, ob dieses Verhalten des Mannes in der Therapie nicht dazu dient, die übliche Rollenverteilung zwischen den beiden Partnern in Beratungen wiederherzustellen: Nach dieser müsste die Frau als differenziert und veränderungswillig und der Mann als rücksichtslos und veränderungsresistent erscheinen. Zieht man zum Beispiel einen Therapeuten in die Beziehungsbetrachtung mit ein, so kann sinnvollerweise gefragt werden, inwiefern das Verhalten des Ehemannes einen Teil des gemeinsamen Verhaltens des Paares darstellt. Es könnte darauf abzielen, den Therapeuten einzuladen, mit diesem Ehepaar besonders vorsichtig umzugehen und kritische Punkte nicht offen anzusprechen. Wenn der Mann an einem solchen kritischen Punkt aus irgendeinem Grunde nicht anwesend ist oder sich anders verhält, könnte die Frau ersatzweise diese Funktion übernehmen.

Das Schema

Im Folgenden werden die drei Perspektiven zu einem Schema zusammengefasst. Gegenstand der Betrachtung ist jeweils das Ereignis. Bei einer psychologischen Betrachtung steht dabei das Erleben und Verhalten der Beteiligten im Vordergrund. Bei Betrachtungen derselben Ereignisse aus der Sicht anderer Professionen würden andere oder anders gefasste Aspekte im Vordergrund stehen. In unserem Fall werden Erleben und Verhalten aus jeder der eingeführten Perspektiven in vielfältiger Weise beleuchtet. Jede Beleuchtungsart bringt anderes ins Licht und schafft andere Kontraste. Der Gegenstand ist zwar derselbe, bleibt aber nicht der gleiche. Im Licht unterschiedlicher Betrachtungen sind die Dinge unterschiedlich. Zu viel Licht ist nicht besser, sondern zerstört Kontraste, die nur durch spezifisch gewählte Beleuchtungen hergestellt werden.

Abb. 11: Drei Perspektiven zur Betrachtung von Erleben und Verhalten

In Abbildung 11 sind die drei Perspektiven als Punkte auf einer Linie, die eine Mischung aus Kreis und Dreieck ergibt, dargestellt. Diese grafische Darstellung soll signalisieren, dass alle drei Betrachtungsweisen Punkte auf einem Kontinuum vieler möglicher Betrachtungsweisen sind (Kreis). Aus diesen vielen möglichen haben wir dies drei als relativ gleichgewichtige Perspektiven hervorgehoben (Dreieck).

7.1.2 Die Betrachtungsebenen
Zunächst begegnen uns Klienten meist in professionellen Situationen, in denen sie ihre Lebenswelt »draußen« darstellen. Ihre Darstellung ist jedoch auch ein Produkt des »Mediums« Therapie oder Beratung, in das sie eingebettet ist. Dennoch gehen wir meist davon aus, dass wir plausible Darstellungen des Erlebens und Verhaltens der Klienten in ihrer Welt außerhalb der Therapie und unabhängig von Therapie erhalten. Diese Darstellungen rechnen wir hier der 1. Ebene der Klienten zu.

Dass die Schilderungen der Klienten zum Beispiel nicht unbedingt auch mit ihrem Verhalten identisch sind, erleben wir oft in der Beratung von Eltern. Plötzlich stellen sich viele bisher durch die Kinder vermittelten Ereignisse in einem ganz anderen Licht dar. Diejenigen Erlebens- und Verhaltensweisen, die wir in der professionellen Begegnung direkt beobachten und mitgestalten können (z. B. die Interaktion zwischen Eltern und Kind) werden hier einer eigenen 2. Ebene, der der professionellen Begegnung, zugerechnet.

Schließlich wird eine 3. Ebene, die der Umwelt, davon unterschieden. Hierzu gehören z. B. für die Betrachtung relevante Nachbarn, Arbeitgeber, Ämter, professionelle Helfer (soweit sie nicht dem aktuell tätigen Therapeutensystem zugerechnet werden) usw. (s. Abb. 12).

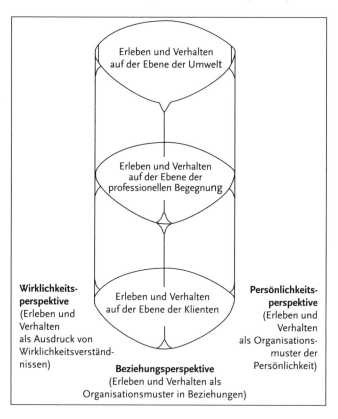

Abb. 12: Orientierungsschema für Therapie und Beratung

Abbildung 12 zeigt die drei Betrachtungsaspekte, die auf jeder der drei Ebenen angewandt werden können. Bei der unteren Ebene (Ebene der Klienten) beobachten wir, wie sich aus den drei Blickwinkeln heraus das Geschilderte und das Verhalten des Klientensystems unabhängig von der Interaktion mit dem Beratersystem darstellen. Auf der mittleren Ebene (Ebene der professionellen Begegnung) beobachten wir, welche Wirklichkeit sich in der Interaktion zwischen Klientensystem und Therapeutensystem entfaltet. Auf der oberen Ebene (Ebene der Umwelt) untersuchen wir zum Beispiel, welche Wirklichkeiten sich bei bisherigen Behandlungsversuchen oder bei Maßnahmen am Arbeitsplatz entstanden sind und auf welche Weise sie sich entwickelt haben.

Gerade in der systemisch-transaktionsanalytischen Therapie von Familien mit »psychiatrischen Karrieren« hat sich ein Bewusstsein dessen, was sich in der Therapie entwickelt und wie diese Entwicklung im Lichte sonstiger und früherer Klient-Umfeld-Verhältnisse zu sehen ist, als besonders nützlich erwiesen. Auf der mittleren und oberen Ebene der grafischen Darstellung ist insbesondere zu fragen, inwiefern sich dysfunktionale Wirklichkeiten innerhalb der Therapie und im Umfeld der Therapie entfalten, stabilisieren oder verändern. Dies geht über die auch bei anderen Psychotherapieansätzen üblichen Fragen danach, inwiefern sich Pathologie und Veränderung in der Beziehung von Therapeut und Klient abbildet, hinaus. Es wird gefragt, inwiefern das Umfeld der Therapie und die Therapeuten selbst möglicherweise Bestandteil einer problematischen Wirklichkeitskonstruktion werden oder selbst neue problematische Wirklichkeitskonstruktionen einführen.

So wird zum Beispiel nach Unfällen mit Hirnbeteiligung in den meisten Kliniken erwartet, dass ein Patient eine Phase der Unruhe oder Aggression durchmacht und sich der Schwere seiner Hirnschädigung nicht bewusst ist. Dies wird in der Medizin als Durchgangssyndrom bezeichnet. Gelegentlich gibt es jedoch Patienten, die sich relativ rasch wieder erholen und verständlicherweise auf rasche Entlassung drängen. Geht das Personal dann fälschlicherweise davon aus, dass sich der Patient noch im Durchgangssyndrom befindet, wird ihm sein Wunsch nach Entlassung abgeschlagen – und der Patient fühlt sich nicht ernst genommen und reagiert aggressiv. Das Personal fühlt sich in seiner Diagnose bestätigt usw. Und schon ist eine problematische Wirklichkeit konstruiert worden.

Die grafische Darstellung veranschaulicht die Idee, dass sich wesentliche Muster auf allen drei Ebenen recht gut identifizieren lassen. Dies heißt umgekehrt auch, dass die Beeinflussung problematischer

Wirklichkeiten in der Persönlichkeitsorganisation am besten auf allen drei Ebenen, mindestens aber unter Berücksichtigung aller drei Ebenen stattfinden sollte. Das fordert z. B. Psychotherapieeinrichtungen heraus, nicht nur innerhalb der Psychotherapiestunde, sondern in allen professionellen Beziehungen und Geschehnissen innerhalb der Einrichtung und im Bezug auf andere Umwelten Erleben und Verhalten beeinflussen zu wollen.

7.2 Das Orientierungsschema in Aktion

Als Gedankenspiel zur Illustration des Orientierungsschemas konstruieren wir ein psychiatrisch auffälliges Symptomverhalten, nämlich das gelegentlich abrupt auftretende gewalttätige Verhalten eines Jugendlichen. Wir werden dann dieses Symptomverhalten:

1. aus der Perspektive der Wirklichkeitskonstruktion als Organisation von vier Ideen (s. Abschnitt 7.2.1 und Abb. 12) und Bedeutungen darstellen und zeigen,
2. aus der Perspektive der Persönlichkeit als inneres Erleben und darauf bezogenes Verhalten beschreiben, und
3. aus der Perspektive der Beziehung, also entsprechend dem, wie der Klient durch sein Verhalten Beziehungen verwirklicht und gestaltet, konzipieren.

7.2.1 Der Fall

Zunächst wollen wir eine Organisation von vier aufeinander bezogenen Ideen, wie sie in Abbildung 12 dargestellt sind, herleiten.

Nehmen wir an, es handelt sich um eine Familie, die – aus ihrer Heimat vertrieben – in einem Dorf angesiedelt wird und zunächst keine eigene Lebensgrundlage hat, also auf öffentliche und private Unterstützung angewiesen ist. Nehmen wir weiter an, dass öffentliche Unterstützung nur sehr widerwillig und in demütigender Weise gegeben wird und dass die Dorfbewohner den in fremder, ungewohnter Weise Auftretenden Ablehnung entgegenbringen und sie wegen der insgesamt schwierigen wirtschaftlichen Verhältnisse auch als lästige Mitesser und Konkurrenten um Arbeit am liebsten loshaben würden. Es ist leicht vorstellbar, dass als Grundeinstellung der Eltern in diesem Kontext die Idee Nr. 1 aufkommt und stabilisiert wird: »Die wollen uns nicht!«

dass er häufig fantasiert, auf welche Weise er wohl seiner Umgebung gefällig sein könne. Dieses fast zwanghafte Fantasieren behindert ihn stark in seiner Selbstwahrnehmung wie auch in der Wahrnehmung der Umgebung.

Die Wahrnehmung von Ereignissen, die ihm zeigen könnten, dass er objektiv auch nicht schlechter dran oder weniger willkommen ist als viele seiner Altersgenossen, ist kaum möglich. Aber auch dass ihm seine Umwelt neutral entgegenkommt, registriert er nicht oder wenn, dann nur als dahinter versteckte Beleidigungen. Entsprechend diesem Verdacht kann er die anderen in seinen Gedankengängen schließlich »entlarven«.

Man kann sich vorstellen, wie er sich aus dieser inneren Organisation heraus stark zurückhält. Eine realistische Anpassung an die Umwelt erscheint ihm kompliziert. Andererseits aber kann er sich durch seine inadäquaten Anbiederungsversuche die Stärkung seines Zugehörigkeitsgefühls und die Bestätigung anderer auch nicht verschaffen. Situation für Situation sammelt er Demütigungen. Insbesondere das gutgemeinte Verhalten seines Meisters erfährt er als zusätzliche Kränkung, so dass er schließlich bei der letzten kleinen Zurechtweisung außer Kontrolle gerät und als »zu viel Gedemütigter« sich schließlich gewalttätig »wehrt«.

Man kann sich weiterhin vorstellen, wie der junge Mann seine fristlose Entlassung und die von dem Meister erfolgte Anzeige wegen versuchter Körperverletzung erleben könnte und welche Interaktionen zwischen dem jungen Mann und seinen Eltern zu erwarten sind. Einerseits erfährt er eine Solidarisierung, vielleicht auf Grund der Ansicht, dass die Umwelt ihnen allen sowieso nicht gutwill (wie schon damals und wie sich jetzt wieder bestätigt). Andererseits ist denkbar, dass die Eltern sich massiv vom gewalttätigen Verhalten des Sohnes distanzieren und ihn wegen seiner sprachlosen Verstocktheit einerseits oder wegen seiner wütenden Rechtfertigung andererseits sogar als krank verdächtigen. Insbesondere die Angst vor einer gerichtlichen Verurteilung lässt ihnen plausibel erscheinen, dass der Sohn unzurechnungsfähig gewesen sein musste und dass er, wenn dies so weitergehe, sogar in eine Anstalt gesteckt werden müsse. Der Sohn könnte nun innerhalb der Familie auch die Fantasie aktivieren, nicht gewollt zu werden. Zum Beispiel erlebt er die wütenden Maßregelungen durch den Vater wie auch die ausgleichend gemeinten Mahnungen der Mutter als demütigende Anpassungsvorschläge, gegen die er sich schließlich mit einem Wutgebrüll und dem Zerschlagen von einigem Porzellan zur Wehr setzt.

Man könnte nun auch das innere Erleben und Verhalten der Eltern persönlichkeitsanalytisch daraufhin untersuchen, wie die Geschehnisse, bezogen auf die vier Ideen, verarbeitet werden. Hier wäre denkbar, dass die Eltern die Geschehnisse als Beweis dafür nehmen, dass die ganze Familie ungeliebt ist. Sie könnten glauben, dass sie kein Verständnis für den Sohn zeigen dürfen. Dem von ihnen empfundenen Drang zur Rebellion dürften sie dann nicht nachgeben, aus Angst vielleicht, dass dann die in den vielen Jahren schließlich doch gelungene Anpassung Schaden nehmen könnte.

Auf diese Weise könnten Eltern und Sohn eine Polarisierung erleben, in der der Sohn Wut, Empörung und die Furcht vor gewalttätigem Außer-Fassungs-Geraten stellvertretend für die ganze Familie erlebt und zeigt (Idee 4). Die Eltern dagegen leben Ängstlichkeit und Depression. Es wäre natürlich auch denkbar, dass im Rahmen einer Geschlechtersolidarisierung der Vater sein Erleben ähnlich organisiert wie der Sohn und in diesem Zusammenhang ein Magengeschwür entwickelt, während die Mutter allein Ängstlichkeit und Depression lebt, die Zukunft der Familie in den schwärzesten Farben sieht und wegen der erlebten Schande Suizidgedanken entwickelt.

Beziehungsanalytisch gesehen, wäre zu beobachten, wie diese Familie die vier Ideen untereinander lebt. Zum Beispiel könnte der Sohn, wenn er an einen neuen Arbeitsplatz kommt, sich übermäßig lang von Arbeitskollegen fern- oder bei gemeinsamen Aktionen am Rande halten, da er damit rechnet, nicht willkommen zu sein. Er könnte versuchen, den Respekt der Kollegen durch übergroßen Eifer bei der Arbeit zu erlangen. Dadurch zöge er sich vielleicht neidische, spöttische oder herablassende Kommentare zu, da die anderen diesen Eifer als unangemessenes Strebertum erlebten. Er könnte dann den gutgemeinten Rat annehmen, stattdessen mit den anderen mal ein Bier trinken zu gehen, sich aber dort durch unangemessenes Spendierverhalten und plumpe Vertraulichkeit weitere Zurückweisungen einhandeln. Damit hätte er sich selbst und dem wohlmeinenden Ratgeber bewiesen, dass dieser freundliche Rat im Grunde darauf abzielte, ihn noch mehr zu demütigen. Ein solcher Abend könnte gewalttätig enden.

Bei der Gestaltung seiner Beziehungen ist der junge Mann hauptsächlich auf die Akzeptanz bei Menschen aus, mit denen er erst eine neue Beziehung zu entwickeln sucht. Da er aber im Grunde davon ausgeht, nicht gewollt zu werden, lädt er durch seine selbstverleugnende, inadäquate Anpassung zu kritischen oder fürsorglichen Reaktionen ein, die er dann entsprechend aggressiv beantwortet. Die anderen Menschen lädt er auf diese Weise erfolgreich ein, die Idee Nr. 1 mit Ablehnung als Antwort zu bestätigen.

7.2.2 Der professionelle Anfang

Stellen wir uns nun vor, uns wäre diese Vorgeschichte unbekannt, und wir würden von der Mutter darum gebeten, mit dem Sohn ein Therapiegespräch zu führen. Der Vater habe schon Magenschwüre, sie selbst denke an Selbstmord, und man wolle alles tun, um die gerichtliche Verhandlung positiv zu beeinflussen. Stellen wir uns weiter vor, dass wir unter diesen Umständen ein Gespräch mit der ganzen Familie anböten, das aber erst nach einer Wartefrist von vier Wochen stattfinden könnte. Die Eltern erscheinen zur verabredeten Zeit und bitten vielmals um Entschuldigung dafür, dass der Sohn erst eine Stunde später kommen werde. Die geplante Familienberatungszeit wäre auf maximal eine Reststunde verkürzt, und die Eltern ergingen sich, ohne auf die Fragen des Therapeuten näher einzugehen, in weitschweifenden Erklärungen. Der Sohn säße währenddessen schweigend verstockt dabei, was von den Eltern als Beispiel für sein verrücktes Verhalten und die Notwendigkeit, ihn psychiatrisch zu behandeln, interpretiert würde.

In der Regel fangen wir ein Explorationsgespräch bezogen auf die obere Ebene des Orientierungsschemas an. Wir versuchen, die Vorgeschichte, soweit sie das Erleben und Verhalten im Zusammenhang mit Helfern betrifft, zu rekonstruieren und die Beziehungen zu Helfern, die für das therapeutische Interview Umwelt darstellen, zu explorieren. Wir erfahren dabei vielleicht, dass es schon einmal einen Beratungsversuch durch einen Sozialarbeiter gegeben hat. Dieser war der beflissenen Familie gegenüber freundlich und behütend aufgetreten und hatte sie anderen Parteien gegenüber eher in Schutz genommen. Nach einiger Zeit war er zu ärgerlicher Kritik übergewechselt, weil die Beratung nicht recht vorangegangen war. Die Familie wird schließlich zu einem Psychiater überwiesen, als der Vater seinen Sohn mit einem für alle überraschend wütenden Angriff auf den Sozialarbeiter verteidigt hatte. Wir erfahren weiter, dass der junge Mann dort eine psychiatrische Diagnose und entsprechende Medikamente erhält. Diese werden ihm, weil es trotz aller Einwilligung nicht mit der

Tabletteneinnahme klappt, schließlich als Depotspritzen verabreicht. Die psychiatrische Behandlung des Sohnes wird zwar als Demütigung erlebt, dennoch wird das Durchhalten des Psychiaters nach dem Zerwürfnis mit dem Sozialarbeiter als Freundlichkeit gewertet. Auf Grund eines privaten Ratschlags hatte jedoch die Mutter nun doch wieder die Möglichkeit einer psychotherapeutischen Behandlung ins Auge gefasst und die beiden widerstrebenden Männer in der Familie zu einem solchen Gespräch überredet.

Der so konstruierte Ablauf veranschaulicht vermutlich ohne weitere Interpretation, wie wichtig es ist, die Vorgeschichte und das Umfeld einer therapeutischen Maßnahme zu explorieren und im Vorgehen zu berücksichtigen. Das Szenario der Beratungssituation selbst (Verkürzung auf eine Stunde) legt nahe, dass die Therapeuten vom Klientensystem relativ bald in eine Wirklichkeit eingeladen werden, auf die die vier Ideen angewendet werden können. Allein von der Zeit her kann sich bald der Konflikt auftun, dass die Therapeuten das Gespräch recht straff führen und nach Ablauf der ursprünglich vereinbarten Zeit abbrechen müssen, ohne den Gesamtzusammenhang verstanden zu haben. Die straffe Führung könnte von der Familie als Zwang zu einer selbstverleugnenden Anpassung erlebt werden. Bei einer Selbstbefragung können die Therapeuten feststellen, dass sie sich stark eingeladen fühlen, diese Familie als unverständlich und unbehandelbar abzulehnen und damit in die Idee Nr. 1 der Familie einzutreten. Sie bemerken auf der anderen Seite, dass der Vater auf freundliche Bemühungen, die Situation zu klären, häufig irgendwie beleidigt scheint, während die Mutter durch aufgeregtes Lamentieren dazu einlädt, sie im Gespräch zu übergehen und eher zu versuchen, mehr vom Sohn direkt zu erfahren. Die Mutter wirkt ängstlich und depressiv, während der Sohn auf Fragen eher gereizt und wütend reagiert, was die Therapeuten wiederum dazu einlädt, ihn entweder übermäßig vorsichtig zu befragen oder auf seine bissigen Antworten ebenfalls mit einem Unterton von Kritik zu reagieren.

Diese mögliche Beratungssituation wird so geschildert, damit sichtbar wird, wie sich in der Beziehung zwischen Klienten und Therapeuten eine Wiederholung und Weiterentwicklung der gelebten dysfunktionalen Wirklichkeit der Familie entfalten könnte. Die Therapeuten dürften sich nicht in diese Wirklichkeit als Akteure einbeziehen lassen, sondern müssten – auch für die Klienten deutlich – eine kontrastierende Wirklichkeit aufrechterhalten oder aktiv initiieren.

Hierbei helfen oft Pausen im Therapiegespräch, die allein schon die Anziehungskraft der Klientenwirklichkeit in der Therapie mindern können. Dabei versuchen die Therapeuten, allein oder mit einem Ko-Therapeuten mit etwas Abstand oder im Gespräch mit Beobachtern hinter einem Einwegspiegel die Ideenwelt, in die hinein sie sich eingeladen fühlen, aus wirklichkeitsanalytischer Sicht zu formulieren. Sie versuchen, Hypothesen darüber zu gewinnen, wie die Familie ihre Ideen inszeniert und aufrechterhält. Sie versuchen dann – durch Befragung ihrer inneren Vorgänge und ihrer Verhaltensimpulse –, Vorstellungen von der inneren Dynamik der Beteiligten bei solcher Wirklichkeitsgestaltung zu bilden. Daraus ziehen sie (außer aus ihren sonstigen Hypothesen über Erleben und Verhalten der Klienten) Rückschlüsse auf das innere Erleben und das darauf bezogene Verhalten des Klientensystems. Sie analysieren ferner die Arten der Beziehungen, die sich zwischen dem Klienten-System und dem Therapeutensystem entwickeln würden, wenn sie mitmachten. Sie beachten dabei auch die Muster der Beziehung zwischen den Therapeuten, in denen sich auch etwas von der Beziehungswirklichkeit des Klientensystems spiegeln kann.

Auf Grund der Analysen aus diesen drei Blickwinkeln versuchen sie dann, die angebotene Wirklichkeit in ihren Interventionen zu berücksichtigen. Gleichzeitig laden sie zu einem alternativen Wirklichkeitsverständnis ein, sowohl was die Ideen der Klienten betrifft als auch ihre Art der Beziehungsgestaltung und die Beeinflussung ihres Erlebens. Dies sollte zumindest so weit gelingen, dass der therapeutische Kontakt fortgesetzt werden kann, ohne dass sich in ihm die vom Klientensystem erwartete dysfunktionale Wirklichkeit realisieren kann.

Schließlich studieren systemisch orientierte Therapeuten gleichzeitig auch die Muster von Erleben und Verhalten der Klienten außerhalb der Beziehungen zum Therapeutensystem. Es liegt oft zu nahe, das als plausibel erlebte Geschehen innerhalb der Therapie (mittlere Ebene des Schemas) für repräsentativ und entscheidend aufschlussreich zu halten – was alle Beteiligten in einer Art »Treibhauswirklichkeit« gefangen nehmen kann.

Die Arten, ihre Beziehungen untereinander (untere Ebene des Schemas) und zu ihrer Umwelt (obere Ebene des Schemas) zu gestalten, können Ähnlichkeiten im Sinne von Parallelprozessen aufweisen, müssen es aber nicht. Psychotherapeuten werden meist auf das Identifizieren von Ähnlichkeiten und Parallelprozessen geschult, was das Ernstnehmen von Unterschieden und ihrer kreativen Möglichkeiten zu sehr in den Hintergrund treten lassen kann.

Die erfolgreiche Behandlung für das konstruierte Beispiel muss noch gefunden werden. Es ist nicht Absicht dieser Ausführungen, dies zu leisten oder zu zeigen, wie dabei methodisch vorgegangen werden kann. Solche Darstellungen liegen andernorts vor (vgl. Schmid u. Weber 1988). Das Beispiel sollte lediglich zeigen, wie ein Phänomen aus den Perspektiven des Orientierungsschemas befragt werden kann und Annahmen formuliert werden können, mit denen man im weiteren Vorgehen experimentieren kann.

Es wäre nun übungshalber ganz interessant, verschiedene therapeutische Interventionen zu erfinden und daraufhin zu befragen, inwiefern sie auf den drei Betrachtungsebenen des Orientierungsschemas die durch das Klientensystem angebotene Wirklichkeit mitgestalten, ihr gegenüber neutral bleiben oder ihr zu Gunsten einer besseren Wirklichkeit widersprechen. Bei jeder Intervention könnte untersucht werden, ob sie vorrangig Ideen, die Selbstorganisation der beteiligten Personen oder Beziehungsmuster angreift und auf welche Ebene sie sich vorrangig richtet. Optimal wären Interventionen, die außer der vorrangigen Perspektive oder Ebene andere, zur Hauptintervention komplementäre, einbezögen.

8. Professionalität und systemische Transaktionsanalyse

8.1 Professionalität und Professionalisierung

Allgemein meint Professionalität das Zu-Hause-Sein in einer Profession. Etwas professionell tun heißt von daher, es aus einem Berufsverständnis und einer beruflichen Identität heraus tun. Das Wort professionell wird allerdings auch oft verwendet, wenn zum Ausdruck gebracht werden soll, dass jemand eine Sache kompetent erledigt. Streng genommen, wäre das Wort qualifiziert hier besser.

Eine Profession auszuüben bedeutet ursprünglich, kreativ im Sinne von Entscheiden und Gestalten tätig zu sein. Dennoch oder gerade deshalb ist es nicht einfach, professionelle Kompetenz zu definieren, da sie sich nicht durch bestimmte Inhalte, definierte Vorgehensweisen oder bestimmte typische Tätigkeiten allgemein bestimmen lässt, sondern sie kann und soll sich in jedem Einzelfall in besonderer Weise zeigen.

Professionell sein heißt, ein Verständnis vom eigenen Beruf zu haben. Zu diesem Berufsverständnis gehören auch ein Wertehorizont, ein gesellschaftliches Tätigkeitsfeld, ein Verständnis der eigenen Rollen und der dazugehörigen komplementären Rollen des Dienstleistungsspektrums, in dem man arbeitet, und aller Faktoren, die dazugehören, diese Dienstleistungen zu erbringen.

Zum Berufsverständnis gehört auch, den Beruf mit privaten Lebenswegen und mit dem eigenen Wesen abzustimmen. All diese Aspekte müssen unter dem Dach der Persönlichkeit eines Menschen untergebracht werden. Man sollte sich um der Leistungsfähigkeit und der Lebenszufriedenheit willen zu Hause fühlen in seinem Beruf. Professionalität ist daher in erster Linie personale Professionalität, d. h., sie ist vom Selbstverständnis und vom Können einer Person abhängig und damit in ihrer Persönlichkeit verankert.

Bei längeren Weiterbildungen geht es also meist um beide Aspekte, den der Kompetenzerweiterung und den der Ausformung von Professionalität. Es werden neuerdings Weiterbildungen als Professionalisierungen angeboten, was die Akzentverschiebung im Verständnis professioneller Kompetenz markiert.

Von Professionalisierung kann man sprechen, wenn im Zentrum einer Weiterbildung das Verstehen eines Berufsbildes und der Erwerb einer beruflichen Identität stehen oder wenn jemand dabei sein bestehendes Berufsbild weiterentwickelt und seine professionelle Identität an die Entwicklungen der Umwelt und der eigenen Persönlichkeit anpasst. Hierbei werden zwar auch neue Kenntnisse und Kompetenzen erworben, doch steht dies nicht unbedingt im Vordergrund. Je erfahrener und kompetenter Teilnehmer von Professionalisierungen sind, umso mehr gilt es, nicht Kompetenzen neu zu erwerben, sondern vorhandene Kompetenzen in verfügbaren Berufsbildern zu identifizieren, sie zu transformieren und in das neue Berufsbild zu integrieren.

Professionalisierung ist deshalb ein an Bedeutung gewinnender Schwerpunkt in der Weiterbildung. Dort entwickeln wir Vorstellungen davon, wie ein bestimmtes Repertoire an Denk- und Verhaltensweisen zu bestimmten Professionen passt. Vorhandenes Denken und Handeln wird zusammengefasst und der Logik und Architektur der zu erwerbenden oder zu entwickelnden Profession zugeordnet. Es werden nicht völlig neues Denken und Handeln entwickelt, sondern Vorhandenes wird zu einer komplexen Steuerungslogik aus einem bestimmten Verständnis eines Berufs heraus zusammengefügt und mit der Persönlichkeit des Professionellen in Einklang gebracht (Schmid 2003a, S. 59–82, 1993; Schmid u. Messmer 2003).

Im Folgenden werden Perspektiven in Bezug auf Kompetenzentwicklung für Berater allgemein dargestellt. Diese wurden seinerzeit für Transaktionsanalytiker beschrieben, doch waren sie schon auf ein übergeordnetes Verständnis von Professionalität hin angelegt. Dies gilt auch für die dabei erläuterte Weiterbildungs- und Prüfungskultur im Bereich TA. Die darauf bezogenen Überlegungen gelten auch heute noch für entsprechende Weiterbildungen im Bereich Therapie und Beratung. Da Supervision eine der Hauptlernformen in diesem Bereich darstellt, werden wesentliche Dimensionen professioneller Qualifizierung als Supervisionsperspektiven beschrieben.

8.2 Supervision und professionelle Kompetenz für Transaktionsanalytiker

8.2.1 Weiterbildung früher

Eric Berne und David Kupfer, welche die transaktionsanalytischen Konzepte, die transaktionsanalytische Organisation und die transaktionsanalytische Weiterbildung, die wir heute kennen, am meisten geprägt haben, hatten das Training in TA als zusätzliche Weiterbildung für ausgebildete und praktizierende Professionelle entwickelt. Wenn ein Professioneller klinisches Mitglied der transaktionsanalytischen Gesellschaft werden wollte, hatte er einen oder zwei kreative Entwürfe auf einem TA-Kongress vorzustellen und einen Artikel im TA-Bulletin zu veröffentlichen.

Das mündliche Examen drehte sich in der Hauptsache um zwei Fragen: »Ist die Persönlichkeit des Kandidaten für die *Internationale Gesellschaft für Transaktions-Analyse (ITAA)* akzeptabel?« Und: »Hat der Kandidat ein ausreichendes Verständnis von transaktionsanalytischen Konzepten, und identifiziert er sich genügend mit ihnen, um sie nicht zu missbrauchen, sondern mitzuhelfen, sie weiterzuentwickeln?«

Somit waren der Weiterbildungsprozess und das *Examen* nicht auf den Aufbau und die Überprüfung der allgemeinen beruflichen Kompetenz des Kandidaten, sondern auf die Überprüfung des Verständnisses, der Anwendung und Erweiterung von vorhandenen Konzepten der TA ausgerichtet.

8.2.2 Weiterbildung heute

Heute ist dies für viele Kandidaten anders geworden. Obwohl üblicherweise die Gelegenheit zur Berufsausübung bereits vorhanden ist, soll häufig das Training in TA als erste praktische Weiterbildung nach einer allgemeinen Grundausbildung dienen. Deshalb fällt für viele Kandidaten die Entwicklung der Kompetenz im Bezugsrahmen der TA mit der Entwicklung ihrer allgemeinen beruflichen Kompetenz und Identität im jeweiligen Praxisfeld zusammen. Will man Probleme in der transaktionsanalytischen Weiterbildung vermeiden, muss dieser Aspekt gründlich beachtet werden.

Aber auch die Verbandslandschaft hat sich verändert. Neue Verbände sind neben psychologisch ausgerichteten Verbänden entstanden, die sich um neue Professionen und Praxisfelder herum kristallisieren. Sie nutzen Konzepte und Vorgehensweisen verschiedener Schulen, gruppieren diese neu und entwickeln erweiterte praxisfeldgeeignete Varianten.

Die Professionskultur eines Verbandes und seine Prüfungskultur hängen eng miteinander zusammen. Zum einen prägt die Weiterbildungskultur den Nachwuchs. Weil die *Prüfung* der konsequente letzte Schritt eines Weiterbildungsprozesses ist, beeinflusst die Struktur der Abschlussprüfung auch die Strukturen in der Weiterbildung.

8.2.3 Die professionelle Kompetenz

Wie kann man unter diesen veränderten gesellschaftlichen und verbandsinternen Bedingungen die professionelle Kompetenz als Transaktionsanalytiker sinnvoll erwerben bzw. entwickeln? Wie könnte man diesen Lern- und Erfahrungsprozess beschreiben, so dass er transparent, nachvollziehbar und replizierbar erscheint?

Da professionelle Kompetenz nicht einfach zu definieren ist, nähert man sich ihrer Beschreibung vielleicht am besten dadurch, dass man typische Weiterbildungsaktivitäten und Perspektiven, aus denen heraus sie erfolgen, beschreibt.

Ein wichtiges Element der Weiterbildung sind die Supervision und Praxisberatung. In der schriftlichen Prüfungsarbeit zeigen sich verdichtet die Lernerfahrungen und der Umgang mit der erworbenen professionellen Kompetenz. Die Anforderungen stehen stellvertretend für die Entwicklungsaufgaben, vor die ein Weiterbildungskandidat während seiner Weiterbildung gestellt wird. Wir möchten daher zunächst mit der Beschreibung dessen beginnen, was von einem Prüfungskandidaten verlangt wird. Diese Anforderungen können als Eckpfeiler eines Gebäudes angesehen werden, das die professionelle Kompetenz darstellen soll. Danach soll beschrieben werden, wie ein solches Gebäude hergestellt werden kann.

In Abschnitt 8.4 wird der Gang der Weiterbildung zum Transaktionsanalytiker beschrieben. Wie dort ausgeführt, gehört zum Examen auch eine schriftliche Arbeit. Die schriftliche Prüfungsarbeit besteht aus vier Teilen und definiert mit ihnen Kriterien für professionelle Kompetenz, dies sind:

1. professionelle Selbstdarstellung des Kandidaten
2. Bericht über die persönlichen Herausforderungen während der Weiterbildung in Transaktionsanalyse
3. die Fall- oder Projektstudie
4. eine Diskussion der Theorie der TA und der Integration (»Verinnerlichung«) von transaktionsanalytischen Konzepten durch den Kandidaten.

Für welche Herausforderungen an einen Weiterbildungskandidaten stehen die einzelnen Aspekte der Examensarbeit?

Die *professionelle Selbstdarstellung* ist der Teil, in dem der Kandidat zeigt, dass er in seinem Praxisfeld eine professionelle Identität und eine Bewusstheit im Hinblick auf Zusammenhänge entwickelt hat. Er zeigt, dass er sein Feld kennt, dass er sich seiner Rolle, seiner Kompetenz, seiner Begrenzungen bewusst ist und den Kontext, in dem er arbeitet bzw. den er erschafft, definieren kann. Besonders für diejenigen, die nicht in klinischen Praxisfeldern arbeiten, ist es von höchster Wichtigkeit, ihre professionelle Identität in ihrem Praxisfeld und den Stellenwert der TA in ihrem beruflichen Leben zu definieren.

Im *Bericht über die persönlichen Herausforderungen während der Weiterbildung in TA* zeigt sich der Kandidat als jemand, der persönlich einen Lernprozess durchlaufen und Begrenzungen seiner professionellen Kompetenz in der Weiterbildung überwunden hat. Hierbei geht es nicht darum, dass der Kandidat intime Themen seiner persönlichen Therapie offenbart. Aber er kann zeigen, wie er auf Einschränkungen seines Verhaltens und/oder Erlebens aufmerksam wurde, wie er sich mit ihnen auseinandersetzte und wie eine Lösung möglich wurde. Zum Beispiel kann sich jemand kaum darauf beschränken, die Problemschilderungen eines Klienten als Diagnose zu übernehmen und das Therapie- oder Beratungsangebot auf Grund dessen eigener Einschätzung zu unterbreiten, ohne sich ein eigenes Urteil zu bilden. Der Kandidat kann z. B. beschreiben, wie er zunächst gedanklich gar nicht zwischen der Problemschilderung des Klienten, die mit dessen Bezugsrahmen zu tun hat, und der Problemeinschätzung eines Therapeuten und Beraters, die mit seinem eigenen professionellen Bezugsrahmen zu tun hat, unterschied. Der Auseinandersetzung mit dieser inhaltlichen Frage könnten eventuell falsch verstandene ideologische Vorstellungen von klientenzentriertem Vorgehen zu Grunde liegen, die etwas mit eigenen, persönlichen Problemen, mit Autorität und partnerschaftlicher Auseinandersetzung mit Autorität zu tun haben. Der Kandidat könnte in diesem Beispiel beschreiben, wie er sich mit sich selbst und dem Lehrenden auseinandersetzte und wie er dann die Notwendigkeit eigener Urteile und Standpunkte intellektuell und emotional akzeptierte, wie er dann entsprechende eigene Vorstellungen im Weiterbildungsprozess wieder und wieder überarbeitete, bis er sie schließlich kompetent in die Klient-Therapeut- bzw. Klient-Berater-Beziehung einbringen konnte.

Dieser Teil der schriftlichen Prüfung soll im Wesentlichen dem Kandidaten helfen, auf seine Erfahrungen so zurückzuschauen, dass er sich als lernendes Individuum in einer nie wirklich abgeschlossenen Auseinandersetzung mit seiner professionellen Kompetenz begreift.

In der *Fall- oder Projektstudie* wird z. B. ein klinischer Fall in der Längsschnittperspektive oder aber auch ein Projekt vorgestellt.

Im Praxisfeld Organisation kann z. B. die Beratung einer Organisation in einem bestimmten Zeitraum beschrieben werden, oder es kann ein Workshopdesign vorgestellt werden, das mit bestimmten Konflikten innerhalb von Organisationen umgeht. Dabei können verschiedene Beispiele die Fokusbildung und das Design innerhalb dieses Projektes illustrieren.

Um seine eigene *Integration von transaktionsanalytischen Konzepten* zu präsentieren, hat der Kandidat sechs aus zehn Theoriefragen zu beantworten. Dies soll ihn dazu einladen, die transaktionsanalytischen Konzepte zu diskutieren, die er wirklich integriert hat. Die Fragen selbst sind allgemeinsprachig und nicht in, »TA-Sprache« abgefasst und betreffen Grundaspekte der Kompetenz.

8.2.4 Das »Toblerone-Modell« für professionelle Kompetenz[22]

Um die Weiterbildungs- und Lernanforderungen in ihrer Komplexität besser darstellen zu können, bedienen wir uns einer Metapher, nämlich des »Toblerone-Modells«. Mit Hilfe dieses Modells können wir die Herausforderungen, die die Weiterbildung und damit auch das Examen an Weiterbildungskandidaten stellt, verdeutlichen und komplexere Vorstellungen davon erwecken, wie diese verschiedenen Facetten der Kompetenz zusammengebracht werden können.

Warum wird das Modell, welches die professionelle Kompetenz beschreibt, »Toblerone-Modell« genannt?

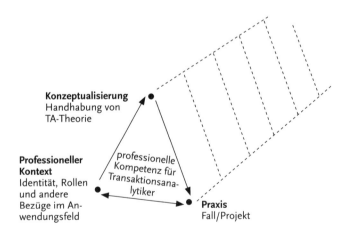

Abb. 14.1: Perspektiven für professionelle Kompetenz und Supervision (Toblerone-Modell; nach Schmid 1990a)

---

22 Vgl. Schmid (1990a).

Wenn man sich die Zeichnung in Abbildung 14.1 etwas eckiger denkt, kann man sie sich vielleicht als einen Riegel der bekannten Schweizer Schokolade vorstellen. Wenn man sich weiter vorstellt, dass die verschiedenen Perspektiven der Supervision verschiedene Zutaten für Schokolade darstellen, ist es sicher wichtig, zunächst jede Zutat auf Qualität und Menge zu überprüfen.

Angenommen, unsere Zutaten bestünden aus Milch, Kakao und Zucker. Dann wollen wir wissen, ob es sich dabei um gute Milch, guten Kakao und guten Zucker handelt. Aber jede dieser Zutaten allein macht noch keine Schokolade. Daher kommt es mehr auf die Kombination und die adäquate Integration dieser drei Inhaltsstoffe an (Pfeile zwischen den drei Perspektiven). Wir betrachten nun die *professio*nelle *Kompetenz* des Transaktionsanalytikers unter *drei* Perspektiven.

Drei Perspektiven für die professionelle Kompetenz

Der professionelle Kontext

Aus der ersten Perspektive des professionellen Kontextes fragen wir, ob der Kandidat sich selbst in einer Weise definieren kann, die für das beschriebene Praxisfeld eine sinnvolle Gestalt ergibt. Hier gibt es eine Menge zum Teil sehr komplexer Fragen zu beantworten, die sich aus den rechtlichen, organisatorischen, politischen Hintergründen, der Kompetenz sowie der Interessenlage der Beteiligten im Praxisfeld ergeben.

So muss im Bereich Pädagogik/Erwachsenenbildung z. B. ein Lehrer, der Klassenlehrer ist und gleichzeitig als Beratungslehrer fungiert, sich über seine Rolle bei einer spezifischen Beratung eines Schülers klarwerden. Dadurch kann er verschiedene Dimensionen eines Gespräches unterscheiden und sie entsprechend definieren. Solche Dimensionen können z. B. Nachhilfeunterricht, persönliche Beratung, Laufbahnberatung, disziplinarisch orientiertes Gespräch, Schlichtungsgespräch in einem Interessenkonflikt (als Verbindungslehrer) oder die Entgegennahme und Klärung von Klagen, die ethische Fragen betreffen, sein. Da man von Schülern und oft genug auch von Lehrern und Eltern eine Trennung und Unterscheidung dieser verschiedenen Situationen, Aufgaben und Rollen nicht erwarten kann, muss der kompetente Transaktionsanalytiker die Situationen von sich aus deutlich definieren und entsprechende Kontrakte anbieten. Dadurch wird der Rahmen definiert, innerhalb dessen die einzelnen

Gesprächsstrategien und -sequenzen überhaupt erst bewertet werden können.

Die Praxis

Betreffend die zweite Perspektive, die der Praxis, präsentiert der Kandidat einen Fall oder ein Projekt aus dem Zentrum seines Praxisfeldes.

Aus der Perspektive des professionellen Kontextes fragen wir, ob der vorgestellte Fall und die Diskussion seiner Behandlung im Längsschnitt Sinn ergibt. Dabei sollte man auch davon überzeugt werden, dass die Art der Anwendung von TA und ihre Diskussion zum definierten professionellen Kontext, zur Identität, zur Rolle, die der Kandidat in seinem Bereich wahrnimmt, sowie zu den Besonderheiten des Feldes passen. Diese Perspektive der Kongruenz wird in Abbildung 14.1 durch die Pfeile zwischen den drei Punkten verdeutlicht.

So würde es sicherlich keinen Sinn haben, wenn jemand, der als Organisationsberater arbeitet, eine eher therapeutische Beratung mit Regression oder Gestalttechniken als Fall präsentiert. Aber es würde sehr wohl einen Sinn haben, wenn er sein spezifisches Design eines Workshops für Krisenintervention in Konfliktsituationen in bestimmten Unternehmen vorstellen würde, wobei er z. B. den Ansatz der sozialen Kontrolle aus der TA verwenden könnte.

Die Konzeptualisierung

Aus der dritten Perspektive, der Perspektive der Konzeptualisierung und der Theorie der TA, sollte der Kandidat zeigen, dass er es versteht, seine berufliche Situation, seine professionelle Rolle, seine Problemdefinition und sein Vorgehen durchdacht und profund auf die genannten Konzepte bezogen zu konzeptualisieren.

Dabei ist eine kritische und konstruktive Distanz gegenüber der Logik von Konzepten gefordert (von Therapieschulen wie der TA und anderen Theorien), so dass der Kandidat sie in Abhängigkeit von seinem gewählten Schwerpunkt sowohl kritisch auswählen und benutzen wie auch, wenn nötig, schöpferisch verändern kann.

Die Kompetenz zur Konzeptualisierung schließt auch das Verständnis der Implikationen und Konsequenzen der Konzepte ein, welche für spezifische Probleme, Situationen oder Entwicklungen angewendet oder neu entwickelt werden (müssen).

Wenn es sich um ein Examen im Rahmen der Transaktionsanaly-tiker-Ausbildung handelt, sollte der Kandidat philosophische, theore-tische und methodische Aspekte der transaktionsanalytischen Theorie bei seiner Konzeptualisierung verwenden.

Bezogen auf die Integration der Perspektive Konzeptualisierung mit den anderen beiden, würde es im Beispiel mit dem Organisa-tionsberater nicht sinnvoll erscheinen, wenn dieser seine Konzep-tualisierung auf Konzepte beschränken würde, die Situationen und Probleme vorrangig in den Kontext persönlicher Entwicklung in der Kindheit stellen. Wenn er sich nicht als persönlicher Berater, sondern als Organisationsberater definiert, sollte er sicherlich zeigen, dass er mit seinen Konzeptualisierungen die Komplexität einer Organisation abbilden kann und dass er weiterhin aus den transaktionsanalytischen Konzepten diejenigen auszuwählen vermag, die Organisationsstruk-turen und Phänomene der beruflichen Beziehungen in Relation zu ökonomischen Fragen adäquat beschreiben können.

8.2.5 Zweck der Transaktionsanalytiker-Prüfung früher und heute

Die professionelle Selbstdefinition – bezogen auf die Besonderheiten des Praxisfeldes –, das kompetente Umgehen mit einem zentralen Pra-xisfall im Längsschnitt und die Kompetenz, in der Konzeptualisierung Theorien der TA zu verwenden und ihre theoretischen Implikationen zu verstehen, bilden zusammen das Netzwerk der professionellen Kompetenz in Transaktionsanalyse, das Gegenstand der internationa-len schriftlichen und mündlichen Abschlussprüfung ist.

Wenn wir die Schokoladenmetapher verwenden, könnten wir sagen, dass wir heute im schriftlichen Examen prüfen, ob ein Kan-didat die Zutaten verfügbar hat und weiß, wie man sie zu einem wohlgeformten Riegel professioneller Schokolade kombinieren kann. Die mündliche Prüfung gibt dann die Gelegenheit, ein paar Stücke (in Form eines Tonband- oder Videoausschnitts) zu probieren und ihren Geschmack und ihre Qualität mit dem Schokoladenkoch zu diskutieren.

8.2.6 Ausblick

Konsequenzen für die transaktionsanalytische Weiterbildung und Supervision

Die punktuelle Überprüfung der Verhaltenskompetenz des Kan-didaten und der richtigen Einschätzung einzelner Kommunikations-

und Erlebensweisen, die sich auf Tonbandausschnitten zeigt, stellt den *Querschnittaspekt der Praxissupervision* dar. Tonbandaufnahmen eignen sich jedoch nicht für die Beurteilung von Handlungsplanung und Handlungszusammenhängen im Verlauf einer Therapie oder Beratung, da der Zusammenhang über längere Zeitspannen hinweg auf einer einzelnen Tonbandstelle oft nicht zu finden ist.

Der *Längsschnittaspekt der Praxissupervision* nimmt daher Praxissupervisionsaspekte in den Blick wie etwa den Zusammenhang zwischen der Behandlungsstrategie und den gewählten methodischen Vorgehensweisen, die eher anhand der geschilderten Überlegungen des Beraters bzw. Therapeuten betrachtet werden können. Tonbandaufnahmen können eher einen Anlass für solche Fragestellungen bieten oder einzelne Aspekte illustrieren.

Sequentielles und kombiniertes Behandeln der Kompetenzaspekte im Training

Das Examen bzw. seine Anforderungen und Perspektiven sollten nicht erst am Ende der Weiterbildung Aufmerksamkeit finden. Die Anforderungen und Perspektiven können helfen, den Weiterbildungsprozess in jeder Phase zu gestalten.

Unter dem Gesichtspunkt der *Kontextsupervision* würde es zum Beispiel hilfreich sein, einen Kandidaten, dessen Beitrag zeigt, dass er hinsichtlich seiner professionellen Identität und der Besonderheiten seines Professionsfeldes noch keine Klarheit hat, einen Entwurf vom ersten Teil des schriftlichen Examens schreiben und in der Weiterbildungsgruppe präsentieren zu lassen. Dies könnte eine Gelegenheit sein, seine Haltung gegenüber seiner professionellen Rolle zu thematisieren. Manchmal ist das gerade am Anfang der Weiterbildung oder Berufstätigkeit besonders wichtig. Man könnte hier von *Supervision bezüglich des professionellen Kontextes* und der Identität bzw. *des Verständnisses professioneller Rollen* sprechen.

Wenn dieser Bereich genügend geklärt ist, so dass er andere Teile der Weiterbildung nicht stört, dann kann der Kandidat dazu eingeladen werden, seine Konzeptualisierung einer spezifischen Situation niederzuschreiben und ein oder zwei transaktionsanalytische Konzepte in Beziehung zu dieser Situation zu diskutieren. Dabei können nicht nur das Ergebnis des konzeptualisierenden Denkens, sondern auch die Logik der Konzeptualisierung und der Bezug zur Selbststeuerung in der Situation explizit diskutiert werden. Dieses Vorgehen könnte dann *Konzeptualisierungssupervision* genannt werden.

Der Schwerpunkt würde hier nicht nur auf dem Verhältnis zwischen Anwendung und Theorie liegen, sondern auch auf den Grundannahmen, von denen ausgehend die Fragen gestellt und transaktionsanalytische Konzepte benutzt werden. Zum Beispiel kann ein Kandidat herausfinden, dass er nicht die Racket-Definition (s. Glossar) benutzen sollte – in der es sich um sexualisierte Gefühle handelt –, wenn er an der Frage interessiert ist, ob eine Person mit einem bestimmten Verhalten eine andere Person in ein spezifisches Beziehungsmuster ziehen will. Die Perspektive der Beziehung passt nicht mit dem verwendeten transaktionsanalytischen Konzept der Sexualisierung zusammen, da dies mehr eine Konzeptualisierung für interne Prozesse ist.

Die Supervision könnte auch mehr *das vernetzte Denken im Längsschnitt* hinsichtlich des Falles oder Projektes in den Vordergrund stellen. Ein Kandidat, der auf seinen Video- oder Audiobändern akzeptables Verhalten zeigt, könnte aufgefordert werden, einen Fall aus der Perspektive der Diagnose, der Behandlungsplanung, des organisatorischen Kontextes und der Beziehung zwischen dem Kandidaten und seinem Klienten zu beschreiben. Dies würde auch den Vergleich der Rolle des Kandidaten als Berater mit seiner Rolle als Lehrer und Kollege, Freund etc. mit einschließen, wenn zur gleichen Zeit Beziehungen in anderen Rollen bestehen würden. Somit wird der Kandidat eingeladen, seine Notizen und Bänder über seine Arbeit in Fall- bzw. Projektbegriffen zu strukturieren und sie dann in der Weiterbildungsgruppe innerhalb einer annehmbaren Zeitspanne vorzustellen.

Herausforderungen für die Weiterbildungskultur

Die vorangehend beschriebenen Aufgaben für den Kandidaten haben sicherlich für *die Kultur einer* Weiterbildungsgruppe ebenso wie für den Lehrenden eine weitere Reihe von Herausforderungen zur Folge. Weil die ganze Arbeit wahrscheinlich nicht im Plenum der Weiterbildungsgruppe getan werden kann, könnten sich Einzelne zu Studiengruppen zusammenschließen; diese könnten dann über *gegenseitige Supervision (Intervision)* die Diskussion führen, die für jeden Kandidaten notwendig wäre. Dadurch entstehen in Studiengruppen viele Fragen und werden dort geregelt. Im günstigen Falle würde nur ein Teil der Fragen in das Plenum der ganzen Weiterbildungsgruppe gebracht werden müssen.

Nicht nur der Kandidat, sondern auch der Lehrende muss im Zusammenhang damit Formen entwickeln, die es erlauben, die Fortschritte aufzuzeichnen, damit sie dann im Hinblick auf die Themenvielfalt eingeschätzt werden können. Der Lehrende sollte auf dieser Basis seinem Kandidaten von sich aus bestimmte Aufgaben stellen mit dem Ziel, Aspekte der Kompetenz zu verbessern, die dieser vielleicht nicht als wesentlich erkennt.

Die Prüfung sollte nicht als Endpunkt, sondern als organisierendes Element des Weiterbildungsprozesses betrachtet werden. Der Kandidat kann seinem Betreuer zuerst kurze Entwürfe über seine Gedanken zu den verschiedenen Teilen der schriftlichen Examensarbeit präsentieren; die Diskussion, die Überarbeitung und Weiterentwicklung dieser Gedanken sollten ein wichtiges Element ihrer Beziehung sein. Da der Betreuer die schriftliche Examensarbeit offiziell billigen muss, hat er damit auch mehr Verantwortung im Hinblick auf eine akzeptable Qualität der Arbeit.

Die Prüfer, welche die schriftliche Arbeit lesen und beurteilen, haben nun eine interessantere, aber auch anspruchsvollere Aufgabe zu erledigen. Sie haben nicht mehr nur zu beurteilen, ob etwas richtig oder falsch in Relation zu Standardtheorien ist, sondern sie müssen der kreativen Diskussion des Kandidaten wirklich folgen.

In klinischen wie in nichtklinischen Feldern könnten die *schriftlichen Examensarbeiten dann auch wieder eine wichtige Literaturquelle* für die Gemeinschaft der Transaktionsanalytiker darstellen, so wie dies ursprünglich mit den zwei fürs TA-Bulletin geforderten Artikeln gemeint war. Die Diskussion zwischen den Lehrenden über die schriftlichen Examensarbeiten sowie über angemessene Qualitätsanforderungen kann *Gelegenheit zu theoretischen und anwendungsorientierten Diskussionen* zwischen ihnen schaffen. Und damit würden wir wieder zur der Ursprungsidee Bernes und der Gründer der TA zurückkehren, für die der Weiterbildungsprozess und das Examen der Überprüfung des Verständnisses und der Anwendung, vor allem aber der kreativen Erweiterung der TA dienten.

8.3 Supervision nach dem Toblerone-Modell [23]

Das folgende Fallbeispiel aus dem Praxisfeld Organisation soll exemplarisch zeigen, welche Ansatzpunkte zur Entwicklung der professionellen Kompetenz sich aus einer Supervision ergeben, und nimmt

---

23 Der zu Grunde liegende Supervisionsbericht wurde im Dezember 1988 von Peter Fauser während seiner Weiterbildung bei B. Schmid erstellt und wird hier in überarbeiteter Form präsentiert. Siehe dazu Schmid (1988b, 1990c).

Bezug auf das didaktische »Toblerone-Modell«, das oben beschrieben wurde.

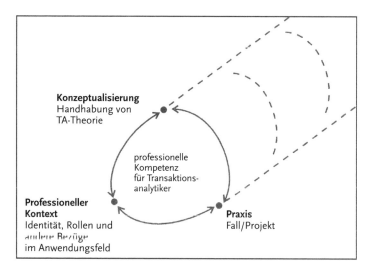

Abb. 14.2: Perspektiven für professionelle Kompetenz und Supervision (Toblerone-Modell; nach Schmid 1990a)

8.3.1 Der Fall

Der Auftrag

Das betriebliche Bildungswesen eines Großunternehmens der metall-verarbeitenden Industrie trat mit dem Auftrag, eine Bereichsentwick-lungsmaßnahme zu beraten und zu moderieren, an den Supervisan-den als externen Berater heran.

Organisatorischer Kontext

Das Großunternehmen plante, einen Betriebsteil an einem neuen Standort zusammenzulegen und zu zentralisieren. Dieser Betriebsteil war an verschiedenen Standorten des Unternehmens angesiedelt. Im Rahmen der Zentralisierung sollen die Stenokontoristinnen der drei Abteilungen »Region I«, »Region II« und »Region III«, die bisher einzelnen Sachbearbeitern innerhalb dieser Abteilungen zugeordnet waren, in Gruppen zusammengefasst werden und künftig als drei Schreibpools für alle Sachbearbeiter in der jeweiligen Abteilung zur Verfügung stehen.

Vorgesetzte dieser Stenokontoristinnen waren bisher die einzelnen Leiter der jeweiligen Abteilungen gewesen.

Am neuen Standort sollte es nur noch eine sogenannte Auftragsleitstelle mit einem Abteilungsleiter geben, dem die drei Schreibpools organisatorisch und disziplinarisch unterstellt würden; die Schreibpools würden dann als innerbetriebliches Serviceunternehmen für die Abteilungen die schriftlichen Auftragsabwicklungen bearbeiten.

Zum zukünftigen Abteilungsleiter dieser Auftragsleitstelle war der gegenwärtige Leiter der Abteilung »Region I« berufen worden. Dieser hatte im Vorgriff auf den neuen Standort das Poolkonzept in seiner Abteilung bereits seit ca. einem Jahr realisiert.

Das zentrale Organisationsprinzip dieses Pools sah nun so aus, dass dem Pool nicht wie üblich ein Gruppenleiter vorstehen würde, sondern dass diese Leitungsfunktion von einer sogenannten Koordinatorin innerhalb des Pools wahrgenommen würde (Koordinatorinnenmodell). Diese Funktion sollte im monatlichen Wechsel rotierend von den einzelnen Poolmitarbeiterinnen übernommen werden.

Bei der Entwicklung dieser neuen Poolkonzeption wurde damals ein externer Berater hinzugezogen. Dieser war durch das betriebliche Weiterbildungswesen vermittelt worden, und der Abteilungsleiter war nun wieder im Hinblick auf die bevorstehende Zentralisierung an das Bildungswesen herangetreten. Sein Wunsch war, dass die Stenokontoristinnen aus den beiden anderen Abteilungen mit Hilfe des Bildungswesens ebenfalls die Gelegenheit bekommen würden, sich zu artikulieren und ein Konzept zu entwickeln, in welcher poolinternen Organisationsform sie am neuen Standort arbeiten wollten.

Das Bildungswesen nahm diesen Auftrag an und definierte für diese Bereichsentwicklungsmaßnahme als zusätzliche Aufgabe die Beratung und Moderation des Prozesses der Abstimmung zwischen den Abteilungsleitern der davon betroffenen Abteilungen, nämlich zwischen Abteilungsleiter A, dem zukünftigen Vorgesetzten der drei Pools, und den ehemaligen Abteilungsleitern B aus »Region I/II« und C aus »Region III«. In einem Schreiben des Bildungswesens wurden diese Abteilungsleiter von der Mitarbeit des Bildungswesens bei der Bereichsentwicklung informiert. Dabei wurde auch mitgeteilt, dass ein externer Berater für diese Aufgabe verpflichtet worden war. In dem Schreiben wurde außerdem als generelle Vorgehensweise bei dieser Maßnahme eine Top-down-Strategie vorgeschlagen: In einem ersten Schritt sollte der Berater Einzelgespräche mit den Abteilungsleitern führen, um ihre Vorstellungen zu erfassen. Nach dem Klärungsprozess auf dieser Ebene sollten die Stenokontoristinnen dann Gelegenheit erhalten, in einem Bereichsentwicklungsseminar unter Berücksichtigung der Vorstellungen aller Abteilungsleiter gemeinsam einen Vorschlag zu entwickeln.

Beratungsverlauf [24]
Gespräch mit Abteilungsleiter A und zwei Vertreterinnen
aus den zukünftigen Schreibpools

Bei diesem ersten Gespräch wurde sehr schnell deutlich, dass Abteilungsleiter A das Koordinatorinnenmodell favorisierte und vom Berater vor allem wollte, dass dieser baldmöglichst die Seminare, in denen die Mitarbeiterinnen ein Konzept ihrer künftigen Organisationsform erarbeiten sollten, durchführen würde. Auch die anwesenden Mitarbeiterinnen stimmten diesem Vorgehen zu.

Nachdem das Poolkonzept in seiner Abteilung nach einigen Anlaufschwierigkeiten zur Zufriedenheit aller funktioniert hatte und sowohl die poolinternen als auch die anderen Mitarbeiterinnen – die noch in den anderen Abteilungen in der hergebrachten Organisationsform arbeiteten – dieses Konzept sehr positiv aufgenommen hatten, war zu erwarten, dass in diesen Seminaren das Konzept angenommen werden würde und in der jeweiligen Ausarbeitung nur an die speziellen Erfordernisse dieser Abteilungen angepasst werden müsste.

Vom Berater befragt, inwieweit denn die anderen beiden Abteilungsleiter dem Konzept zustimmen würden, gab A zu verstehen, dass deren Vorstellungen selbstverständlich einbezogen werden sollten. Grundsätzlich aber sei es so, dass diese nur den Aufgabenkatalog für den Schreibpool zu definieren hätten. In welcher *organisatorischen* Struktur dieser erfüllt werden würde, sei aber letztlich seine Entscheidung als künftiger Vorgesetzter. Offensichtlich schätzte A damit die Vorstellungen der anderen Abteilungsleiter eher als zweitrangig ein. Die Frage, ob aus seiner Sicht überhaupt ein Bedarf für ein gemeinsames Abteilungsleitertreffen bestehe, verneinte er dann auch. Deshalb sollten – auch in Anbetracht der knappen Zeit bis zum Umzug – die Seminare so rasch wie möglich durchgeführt werden. Die eventuell hinzukommenden Vorstellungen der anderen Abteilungsleiter könnten hernach immer noch Berücksichtigung finden – so seine abschließende Meinung.

---

24 Der Beratungsverlauf wird in chronologischer Folge dargestellt.

Die Vertreterinnen der Stenokontoristinnen bekundeten ebenfalls, dass es ihnen zunächst leichterfallen würde, eigene Vorstellungen zu entwickeln, wenn sie die Vorgaben der anderen Abteilungsleiter nicht kennen würden, und unterstützten damit die Meinung ihres zukünftigen Vorgesetzten.

Nachdem sich der Berater hinsichtlich der Angemessenheit dieser Bottom-up-Strategie zunächst skeptisch gezeigt hat, stimmte er schließlich doch diesem Vorgehen zu.

Durchführung der Bereichsentwicklungsseminare
Hier ergaben sich keine besonderen Schwierigkeiten. Wie erwartet, erarbeiteten die beiden Gruppen jeweils ein Konzept, das den gleichen Organisationsprinzipien (Koordinatorinnenmodell) entsprach, wie sie bereits in der Abteilung »Region I« entwickelt worden waren und praktiziert wurden und das nur für die besonderen Gegebenheiten (z. B. im Hinblick auf besondere Sprachkenntnisse der einzelnen Mitarbeiterinnen) in der jeweiligen Abteilung spezifiziert werden musste.

Gespräch mit Abteilungsleiter B
Zunächst informierte der Berater Abteilungsleiter B – C war leider verhindert – über die bisherige Entwicklung. B äußerte erhebliche Bedenken gegen das Koordinatorinnenmodell, die gerechtfertigt und plausibel erschienen. Hier wurde erstmals deutlich, dass die Bedenken von B doch erheblich waren und von A eher verharmlost oder zumindest falsch eingeschätzt wurden. Am Ende des Gesprächs sagte B dann noch »Wenn ich wollte, könnte ich das Ganze kippen. Ich glaube nicht, dass die Sache funktionieren wird, aber wenn's geht, soll's mir recht sein, ändern kann man es dann immer noch.« In Anbetracht dieser Situation schlug der Berater zur Klärung der Differenzen nun doch ein gemeinsames Gespräch zwischen den Abteilungsleitern unter seiner Moderation vor. B erklärte dazu seine Bereitschaft, und auch A und C, mit denen der Berater in der Situation telefonisch Kontakt aufnahm, gaben dazu ihr Einverständnis, so dass ein gemeinsamer Termin vereinbart werden konnte.

8.3.2 Die Supervision
Die Fragen und Anliegen, mit denen der Berater diese Supervision vorbereitete, waren hauptsächlich die folgenden:

1. Wie wird das bisherige Vorgehen bewertet und eingeschätzt, und welche anderen Optionen hätte es gegeben?

2. Wie kann diese Beratung mit transaktionsanalytischen Konzepten dargestellt werden (Konzeptualisierung)?
3. Wie könnte eine mögliche Moderationsstrategie für das bevorstehende Abteilungsleitergespräch aussehen?
4. Wie kann die Beraterrolle im weiteren Prozess adäquat definiert und verwirklicht werden?

8.3.3 Einschätzung des Vorgehens und andere Optionen

Bei einer ersten Bewertung des Beratungsprozesses wurde deutlich, dass die Durchführung der Seminare vor einer entsprechenden Konsensbildung auf der Ebene der Abteilungsleiter problematische Aspekte hat.

Abteilungsleiter A hat ein Bottom-up-Konzept favorisiert und durchgesetzt, ohne vorher eine Einigung mit seinen Kollegen anzustreben. Diese als problematisch zu wertende Strategie nach dem Motto »Augen zu und durch!« hat der Berater durch sein Verhalten zumindest anfänglich mitgetragen. Es besteht die Gefahr, dass der Abteilungsleiter seinen Kontext und seine möglichen Rollen nicht adäquat einschätzt und den Berater in diese formal begründete Fehleinschätzung einbezieht (Kontextperspektive der Supervision).

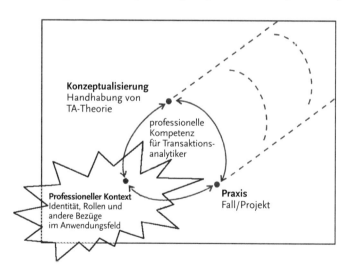

Abb. 14.3: Kontextperspektive der Supervision

Mit der Durchführung der Seminare, in denen, wie allseits erwartet, das Koordinatorinnenmodell übernommen wurde, wurden unter Mitarbeit des Beraters »Tatsachen« geschaffen, die jetzt gegenüber den Vorstellungen und Einflussmöglichkeiten der anderen Abteilungsleiter »änderungsresistenter« erscheinen, als wenn ihre Ansichten von Anfang an bei der Durchführung der Seminare Berücksichtigung gefunden hätten. Der entscheidende Punkt ist dabei nicht, ob nun ein Bottom-up- oder Top-down-Konzept realisiert wurde, sondern dass dies geschah, ohne dass vorher eine Einigung über das Vorgehen bei allen davon betroffenen Abteilungsleitern angestrebt worden war. Wichtig war auch der Aspekt, dass das relevante Klientensystem für diese Beratung mindestens aus den drei Abteilungsleitern, ihren Vorgesetzten und schließlich den Stenokontoristinnen bestand – diese Tatsache wurde zu wenig berücksichtigt.

Der Supervisionsfokus lag daher hauptsächlich auf der Entwicklung von beratungsstrategischen Alternativen, die das Ziel haben, den Klienten auf eine wirksame Art auf sein problematisches Kontextbewusstsein und darauf beruhende problematische Vorgehensweisen aufmerksam zu machen und gleichzeitig seine konstruktive Mitarbeit im weiteren Prozess zu sichern.

Welche anderen Optionen hätten bestanden?

Eine erste Möglichkeit hätte sich aus der hypothetischen Vorwegnahme der Konsequenzen ergeben, die aus dieser problematischen Sichtweise resultieren würden. Für den hier geschilderten konkreten Fall hieße das z. B.: »Angenommen, ich würde Ihnen zustimmen und die Seminare durchführen. Danach würden von Seiten Ihrer Kollegen, entgegen Ihrer Erwartung, erhebliche Bedenken laut, und Ihr gemeinsamer Vorgesetzter würde diese doch für gerechtfertigt halten. Was würde er dann entscheiden?«

Oder: »In welchem Fall ist Ihrer Meinung nach die Erfolgswahrscheinlichkeit des Projektes auf lange Sicht höher: wenn Sie und ich versuchen, das Projekt auf diese Art ›durchzuziehen‹, oder wenn die Vorstellungen Ihrer Kollegen, für deren Abteilung die Pools ja tätig werden sollen, in die Konzeption von vorneherein mit einbezogen würden?«

Bezogen auf die Klient-Berater-Ebene, hätte der Berater fragen können: »Welchen Einfluss auf Ihre Einschätzung der Nützlichkeit der weiteren Beratung hätte es, wenn Sie merken würden, dass ich – obwohl Sie es in der Situation eher als Behinderung erleben würden – Sie frühzeitig auf zu erwartende Schwierigkeiten hinweisen würde?«

Eine ganz andere Möglichkeit, als Berater überhaupt nicht in diese Schwierigkeit zu kommen, hätte freilich darin bestanden, das erste Beratungsgespräch gleich mit allen Abteilungsleitern gemeinsam zu terminieren: Die verschiedenen Sichtweisen hinsichtlich der Machtverhältnisse würden darin wahrscheinlich direkt deutlich werden und könnten über die zusätzliche Anwesenheit des Vorgesetzten – in seiner Funktion als Entscheidungsinstanz – geklärt werden (s. Abschnitt 8.3.2).

8.3.4 Konzeptualisierung der Beratung mit transaktionsanalytischen Konzepten

Ein weiterer Supervisionsschwerpunkt war die Klärung der Frage, welche Thematisierungen und welche damit verbundene Methodik sich für den Beratungsprozess ergeben hätten, je nachdem, welche transaktionsanalytischen Konzepte als steuerungs- und handlungsorganisierende Elemente vom Berater einbezogen und verwendet worden wären (Konzeptualisierungsperspektive der Supervision).

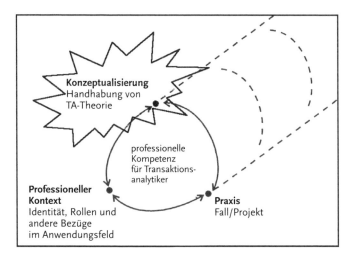

Abb. 14.4: Konzeptualisierungsperspektive der Supervision

Beispielhaft soll dies hier unter dem Einbezug dreier Konzepte der TA, nämlich der Vertragsarbeit, des Umgangs mit dem Bezugsrahmen *(frame of reference)* und des Spielkonzepts skizziert werden.

8.3.5 Der Beratungsvertrag[25]

Betrachtet man das Vertragskonzept, so wird deutlich, dass Abteilungsleiter A im Erstgespräch mit dem Berater eine Arbeitsvereinbarung mit diesem durchgesetzt hat, die aus der Sichtweise des Abteilungsleiters folgendes impliziert: »Ich verfüge in Relation zu meinen Abteilungsleiterkollegen über die größeren Einflussmöglichkeiten und kann damit, ohne eine vorherige Konsensbildung auf dieser Ebene, allein das Vorgehen (bottom-up vs. top-down) bestimmen.« Wenn der Berater diesen Vertrag übernimmt, kodefiniert (s. Glossar) er die Sichtweise des Vorgesetzten, so dass der implizite Vertrag dann aus Sicht des Vorgesetzten lautet: »Sie als Berater arbeiten primär in Übereinstimmung mit meinen Interessen.«

Alternativ wäre es im Erstkontakt von Seiten des Beraters möglich gewesen, den Abteilungsleiter A nach dem Kontext des Auftrages zu befragen, wie auch geschehen, und ihn dann mit den problematischen Implikationen seiner angebotenen Arbeitsvereinbarung zu konfrontieren und seine Kollegen als gleichberechtigte Vertragspartner im Hinblick auf das weitere Vorgehen – bei gleichzeitiger Anerkennung seiner formalen Zuständigkeit – zu definieren.

Eine weitere Möglichkeit für den Berater wäre gewesen, den Bezugsrahmen zu nennen, in dem er seinen Auftrag erhalten hat, nämlich dass er vom Bildungswesen für alle an der Bereichsentwicklung Beteiligten als Berater engagiert worden ist und daher mit allen eine Arbeitsvereinbarung treffen muss (Klärung der verschiedenen Ebenen der Berater-Klientensystem-Beziehung).

Die hier skizzierte Vertragsarbeit würde also zunächst die verschiedenen Implikationen von angebotenen Arbeitsvereinbarungen und ihre eventuelle Unvereinbarkeit im Beratungsgespräch explizieren; danach könnte es zu einer konstruktiven Vereinbarung mit allen Betroffenen kommen.

8.3.6 Umgang mit dem Bezugsrahmen und persönlichen Optionen

Die Absicht von Abteilungsleiter A, mit Hilfe des Beraters die Seminare mit den Mitarbeiterinnen vor einer entsprechenden Konsensbildung mit den Abteilungsleitern durchzuführen, könnte gegenüber seinen Kollegen auch als manipulative Strategie zur Durchsetzung eigener Ziele und Positionen bezeichnet werden.

---

25 Siehe Glossar, S. 202 bzw. 206

Vor dem Hintergrund dieser Perspektive hätte der Berater zunächst die Veränderung der damit vernetzten Aspekte des Bezugsrahmens von Abteilungsleiter A innerhalb des Beratungsgesprächs thematisieren können.

Hier wäre dann zu explorieren gewesen, ob Abteilungsleiter A die Sicht des Beraters, nämlich dass es sich hier um eine manipulative Strategie handelt, teilt. Wenn er diese Sicht geteilt hätte, hätte man ihn fragen können, ob er daran interessiert ist, andere Optionen zu entwickeln, auch wenn er zunächst nicht glaubt, in diesem Fall anders zum Ziel kommen zu können; wenn ja, ob er in anderen Kontexten Erfahrungen mit kooperativeren Problemlösungsstrategien gemacht hat; wenn ja, worin sich für ihn diese Kontexte signifikant unterscheiden usw. Weiterhin hätte man ihn befragen können, wie es ihm emotional ergehen würde, wenn er selbst auf diese Weise manipuliert würde, und was er wohl über denjenigen denken würde, der sich ihm gegenüber so verhalten würde.

Solche und ähnliche Fragen hätten zum Ziel, die dysfunktionalen Sichtweisen, die mit dem manipulativen Verhalten A's zusammenhängen, zu explorieren und zu verändern.

Die Voraussetzungen für eine solche persönlichkeitsorientierte Beratung waren in dem Erstgespräch mit A natürlich nicht gegeben, und insofern wäre es unangemessen gewesen, einen solchen Beratungsansatz zu verfolgen. Falls A in Zukunft ein hohes Maß an Bereitschaft zeigen würde, solche Fragen mit dem Berater zu klären, und falls in weiteren Gesprächen deutlich werden würde, dass die oben genannten Fragen für die weitere konstruktive Entwicklung innerhalb dieses Bereichs evident sind, müsste die Gestaltung eines dafür angemessenen Beratungskontextes der Gegenstand weiterer Überlegungen sein.

8.3.7 Spielanalyse[26]

Geht man nicht von einer absichtlichen Manipulationsstrategie aus, wäre es auch möglich, dass hier Spielkonzepte der TA sinnvoll angewendet werden können. Die Abschlussformulierung des Abteilungsleiters B (s. o.) liefert Hinweise dafür, dass er eine negative Erfolgserwartung bezüglich der Aktionen von Abteilungsleiter A hat. Hier müssten bei der Konzeptualisierung im Rahmen einer Spielanalyse verschiedene Überlegungen angestellt werden.

---

26 Siehe Glossar, S. 205

Welche Transaktionssequenzen betrachtet man im Zusammenhang? Geht man z. B. davon aus, dass nur die Klärung der Poolkonzeption auf Schwierigkeiten hin angelegt ist, oder sieht man darin eher einen Ausdruck einer generellen Machtauseinandersetzung zwischen A und B? Welche Personen oder Instanzen werden bei den Überlegungen einbezogen? Geht es um die Beziehungen zwischen den Abteilungsleitern und eventuell ihren Vorgesetzten? Geht es um die Beziehung zwischen Berater und Abteilungsleiter A und/oder B? Geht es eventuell um die Beziehung zwischen dem Bildungswesen und den Fachabteilungen oder um die Beziehung zwischen Bildungswesen und dem externen Berater? Hier eröffnen sich vielfältige Kombinationen, und man müsste entscheiden, welche wie relevant sind.

Ebenso eröffnen sich die unterschiedlichsten Fragerichtungen, Diagnosen und Interventionen, je nachdem, von welcher Spieldefinition man ausgeht.

Soll man von problematischen und verdeckten persönlichen Motiven ausgehen, die zu einem bestimmten Beziehungsergebnis führen? Oder soll man annehmen, dass einer oder mehrere es auf ein ungutes Ende anlegen, um eigene Sichtweisen zu bestätigen oder Rabattmarken für andere Zwecke zu sammeln?

Sieht man hier eher die Beziehungsgestaltung im Vordergrund und das sachliche Projekt nur als (geopfertes) Mittel zur Beziehungsgestaltung, oder sieht man ein angestrebtes Scheitern des Projekts im Vordergrund und die Beziehungsschäden als in Kauf genommene Nebenerscheinung?

Schließlich könnte noch die Art, wie das Projekt und die Beratung angegangen werden, als ein Gewohnheitsmuster in der Unternehmenskultur insgesamt darstellen, wobei die ausführenden Personen austauschbar und daher Deutungen auf der persönlichen Ebene nur zweitrangig wären usw.

Man kann an diesen beispielhaften Erwägungen erkennen, wie komplex eine relativ überschaubare Situation gesehen werden kann. Unterschiedliche Auswahlen von in Frage kommenden beteiligten Instanzen und unterschiedliche Spieldefinitionen mit ihren verschiedenen impliziten Grundannahmen und Fragestellungen führen zu völlig verschiedenen Konsequenzen. Hier muss der Berater mit Hilfe seiner Intuition einen überschaubaren Schwerpunkt auswählen und probeweise verfolgen. Dies führt zu sehr verschiedenen Beratungswirklichkeiten und Wirklichkeiten des Klientensystems.

8.3.8 Entwicklung einer Moderationsstrategie für das Gespräch mit den Abteilungsleitern

Nachdem der Berater von den Abteilungsleitern im Rahmen der Einzelgespräche die sehr differierenden Sichtweisen und Einschätzungen in Bezug auf das Koordinatorinnenmodell zur Kenntnis genommen hatte, war seine Vorstellung im Hinblick auf dieses Gespräch zunächst die, über die Vorbereitung eines Flip-Charts mit den relevantesten Pros und Contras eine gemeinsame Diskussionsgrundlage zu schaffen. Damit sollte Gelegenheit zur Klärung der Punkte gegeben werden oder, wenn sich das als schwierig erweisen sollte, zumindest erreicht werden, dass die Positionen der Einzelnen deutlich vor den Kollegen formuliert werden und ein Kompromiss gefunden werden könnte.

Im Supervisionsgespräch wurde jedoch deutlich, dass der Berater mit diesem zunächst plausibel erscheinenden Vorgehen die Funktion der Information über Inhaltliches übernommen hätte, die eigentlich jedoch Sache des Abteilungsleiters A ist (Informationspflicht). Dies hätte den Berater in seiner Funktion der übergeordneten Gesprächsmoderation zusätzlich beeinträchtigt. »Zusätzlich« deshalb, weil angenommen werden kann, dass der Berater wegen seines bisherigen Vorgehens zumindest tendenziell von den Abteilungsleitern B und C bereits als »Parteigänger« A's wahrgenommen worden ist.[27] Außerdem ist zu erwarten, dass auch in diesem Gespräch neben den inhaltlichen Divergenzen die unterschiedlichen Auffassungen in Bezug auf die neuen Machtverhältnisse und Einflussmöglichkeiten sich mehr oder weniger offen zeigen werden (man erinnere sich: Abteilungsleiter A: »Ich als künftiger Vorgesetzter der Schreibpools habe zu entscheiden.« Und Abteilungsleiter B.: »Wenn ich wollte, könnte ich das Ganze kippen ...«). Zur Klärung dieses Konfliktes wäre es deshalb nützlich, den gemeinsamen Vorgesetzten einzuladen oder ihn zumindest durch die Frage, wie er wohl hier entscheiden würde, im Bewusstsein aller anwesend sein zu lassen.

Nach dem bisherigen Beratungsverlauf war anzunehmen, dass aus diesem Gespräch, trotz unterschiedlicher Erfolgseinschätzungen, wahrscheinlich doch die Vereinbarung einer Probephase resultiert, in der das Koordinatorinnenmodell am neuen Standort erprobt werden wird. Ein weiterer Aspekt der Moderationsstrategie könnte deshalb die Anregung der Entwicklung eines »Experimentalplanes« sein, der

---

27 Angemessen bzw. unproblematisch ist es dagegen, wenn der Berater vorher den Informationsstand bei den Teilnehmern der Gesprächsrunde abklärt.

von allen Abteilungsleitern getragen wird. In diesem Plan könnten Kriterien definiert werden, die z. B. die Einschätzung der Funktionsqualität der Schreibpools erlauben. Außerdem sollten darin ebenfalls die Dauer des Experiments sowie unterschiedliche Konsequenzen (z. B. Änderung der Poolorganisation, Installation einer Gruppenleiterin o. Ä.), für die verschiedenen Ergebnisse vereinbart werden. Dabei wäre darauf zu achten, dass die Transparenz dieses Planes auch für die Stenokontoristinnen gegeben ist.

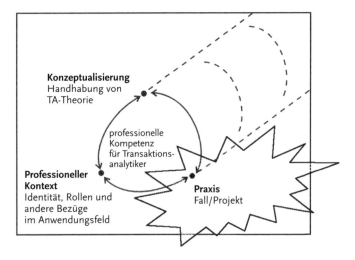

Abb. 14.4: Praxisperspektive der Supervision

In einem zweiten Schritt könnten dann für verschiedene Gegebenheiten innerhalb (und nach) dieser Probezeit unterschiedliche Konsequenzen für den Beratungsverlauf vereinbart werden (z. B. in jedem Fall Durchführung eines weiteren Beratungsgesprächs zur »Experimentauswertung« oder Beratung nur bei divergenten Einschätzungen hinsichtlich der Funktionsqualität des Pools usw.).

8.3.9 Definition der Beraterrolle
Die bis hierher dargestellten Probleme im Beratungsprozess resultierten zum Teil auch aus der unklaren Selbstdefinition der professionellen Rolle des Beraters. Ein wesentlicher Supervisionsfokus war deshalb die Herausarbeitung der problematischen Aspekte der Beraterrolle, so wie sie im bisherigen Beratungsprozess deutlich geworden sind (Kontextsupervision).

Bevor der Beratungsverlauf hier unter dieser Perspektive analysiert wird, sollen jedoch zuerst die professionelle Rolle in ihren zentralen Aspekten sowie einige der sich daraus ergebenden Konsequenzen für die Beratung allgemein gekennzeichnet werden.

Eine professionelle Rolle (hier: »Berater einer Bereichsentwicklung«) ist durch die Aufgaben und Funktionen definiert, die jemand innerhalb eines professionellen Kontextes wahrnimmt und/oder übertragen bekommt. D. h., je genauer sich jemand für bestimmte Aufgaben oder Funktionen für zuständig erklärt, desto deutlicher können in der Folge auch Gemeinsamkeiten und Unterschiede zwischen der Definition des Beraters und den diesbezüglichen Erwartungen und Delegationsangeboten des Klientensystems offenbar werden, so dass diese dann u. U. aufeinander abgestimmt werden können. Für einen konstruktiven Prozess ist es deshalb wichtig, dass der Berater im Erstgespräch die unterschiedlichen Erwartungen, die die Mitglieder des Klientensystems hinsichtlich seiner Funktion haben können, genau exploriert, um sich dann mit der Definition seiner Funktion bei einem bestimmten Projekt darauf beziehen zu können.

Im vorliegenden Fall ist die Funktion des Beraters – allgemein formuliert – durch die *Moderation der Kommunikationsprozesse*, die dieses Bereichsentwicklungsprojekt betreffen, gekennzeichnet. Die Moderation verfolgt dabei das Ziel, die Prozesse so zu beeinflussen, dass das Arbeitsziel (Entwicklung einer Organisationsstruktur für die Schreibpools) zum einen realisiert wird, zum anderen, dass der Prozess so konzipiert wird, dass er von den dabei involvierten Personen als konstruktiv erfahren wird. Es ist deshalb die Aufgabe des Beraters, zusammen mit dem Klientensystem die Interaktionsmodalitäten so zu entwickeln, dass diese Kriterien erfüllt werden.

Generell kann dabei zwischen der Interaktion des Beraters mit dem Klientensystem sowie der Interaktion innerhalb des Klientensystems unterschieden werden. Der Berater hat Einfluss auf die Interaktion innerhalb des Klientensystems, indem er Empfehlungen für ihre Gestaltung geben kann. Die Verabredung eines »Experimentalplanes« für das Koordinatorinnenmodell in der Probephase oder die Konfrontation von Abteilungsleiter A mit wahrscheinlichen Konsequenzen seines Vorgehens wären dafür Beispiele.

Zusätzlich zur Prozessmoderation kann der Berater auch inhaltliche Empfehlungen im Hinblick auf das Projektziel abgeben, indem er in seiner Eigenschaft als Kommunikationsfachmann (Expertenfunktion) z. B. bei einer geplanten Organisationsstruktur auf dabei vermutlich auftretende Schwierigkeiten hinweist und dann alternative Vorschläge unterbreitet.

Damit der Berater die Funktion der Prozessmoderation in und mit dem relevanten Klientensystem wahrnehmen kann, ist es erforderlich, dass er sich nicht in dort übliche Abläufe verstrickt. Das bedeutet, dass er darin nicht Funktionen oder Aufgaben übernimmt, die Aufgaben der Klienten sind und die die Ausübung der Prozessmoderation beeinträchtigen.

Um an dieser Stelle wieder zu der letzten Ausgangsfrage der Supervision nach den problematischen Aspekten der Beraterrolle zurückzukehren: Hinweise für die relative Verstrickung des Beraters finden sich im vorliegenden Fall vor allem in der Durchführung der Seminare vor dem gemeinsamen Gespräch mit allen Abteilungsleitern sowie in der Übernahme der Informationsweiterleitung innerhalb des Beratungsprozesses.

Das Gegenmittel gegen Verstrickung des Beraters in und von Organisationen ist die Entwicklung von Kontextbewusstsein. Das bedeutet hier, sich der Implikationen und Konsequenzen, die mit einem bestimmten Beraterverhalten in einem spezifischen Klientensystem zusammenhängen, gewahr zu sein.

Die geplante inhaltliche Informierung der Abteilungsleiterrunde hätte wahrscheinlich zur Folge, dass der Berater und nicht A mit der Kritik der anderen konfrontiert würde. Außerdem übernähme der Berater damit Funktionen, die eher einem Projektmanager zuzuordnen sind. Wenn der Berater eher Managerfunktionen (Linienfunktion) übernimmt – dies wäre ein Beispiel für eine Implikation eines bestimmten Verhaltens –, überschreitet er seine Beraterfunktion (Stabsfunktion). Wenn er außerdem, wie bereits ausgeführt, die problematische Strategie von Abteilungsleiter A durch sein Verhalten zumindest anfänglich mitzutragen scheint, so hat dies wahrscheinlich die Beeinträchtigung seines neutralen Status gegenüber dem Klientensystem zur Konsequenz.

Für die weitere Beratungstätigkeit ist durch die Supervision vor allem deutlich geworden, welche Bedeutung Kontextbewusstsein für die Klärung und Definition der professionellen Rolle und damit allgemein für eine erfolgreiche Praxis in Organisationen hat.

8.3.10 Zusammenfassung

Das vorliegende Beispiel zeigt, welche Herausforderungen die Praxis an einen Berater stellt und welche Entscheidungsprozesse er in kurzer Zeit bewältigen muss. Im Rahmen einer Supervision können all diese verschiedenen Möglichkeiten der Fokusbildung, der Kontextbildung und der Konzeptualisierung mit all ihren Implikationen für das Vorgehen durchgespielt und mental erprobt werden.

In der Supervision erlebt der Berater, dass es nicht nur eine, d. h. seine erlebte Beraterwirklichkeit gibt, sondern dass seine intuitiv oder auch bewusst gewählten Vorgehensweisen und Konzepte zu sehr verschiedenen Beratungswirklichkeiten und Wirklichkeiten des Klientensystems führen können. Die Fähigkeit, mit diesen vielen Bällen sinnvoll und hilfreich zu jonglieren und die intuitive Entscheidung, welchen der Bälle man in welchem Falle nicht aufnimmt, auch um die eigene Handlungsfähigkeit zu bewahren, beides sollte in der Weiterbildung immer wieder geübt werden.

Mit Hilfe des »Toblerone-Modells« kann verdeutlich werden, über welche Grundkompetenzen ein Berater dann verfügen sollte, wenn er/sie im Kontext komplexer Organisationen wirksam werden möchte.

8.4 Die Weiterbildung in Transaktionsanalyse

8.4.1 Wichtige Merkmale der TA-Weiterbildung[28]

Der Weg zur TA-Weiterbildung

Fortbildung in Transaktionsanalyse kann jeder machen, der seine Erlebensmöglichkeit und seine Verhaltenskompetenz für sich privat und/oder für seine berufliche Arbeit erweitern möchte. Mit Ausnahme einiger spezieller Seminare sind die von den Lehrenden angebotenen Fortbildungsveranstaltungen allgemein zugänglich. Für viele wird der Besuch eines TA-Seminar oder eines TA-Grundlagenkurses zum Kennenlernen der Methode der Anfang einer längeren Fortbildung,

---

28 Bernd Schmid war viele Jahre Vorsitzender des Weiterbildungs- und Prüfungsausschusses der deutschen TA-Gesellschaft. Unter seiner Federführung wurde eine neue Prüfungsordnung erarbeitet, auf die sich diese Beschreibungen beziehen. Sie löste die ursprüngliche US-amerikanisch geprägte Prüfung ab und wurde von der *Europäischen Gesellschaft für Transaktionsanalyse (EATA)* übernommen. Eine aktuelle Darstellung finden die Leser und Leserinnen in den Ausbildungsrichtlinien und in der Prüfungsordnung, die bei der Geschäftsstelle der *Deutschen Gesellschaft für Transaktions-Analyse (DGTA)* erhältlich sind.

die schließlich in eine regelmäßige Weiterbildung übergeht. Damit sind schon zwei Vorteile der TA-Weiterbildung genannt, nämlich dass sie leicht und allgemein zugänglich ist und dass sie den Interessenten viele Möglichkeiten lässt, zunächst ihren Interessen folgend an Fortbildungsveranstaltungen teilzunehmen, um ihr Wissen und ihre Kompetenz später zu verdichten und gelegentliche Fortbildungen in eine regelmäßige Weiterbildung übergehen zu lassen.

TA als berufs- bzw. anwendungsbegleitende Zusatzweiterbildung

Die Weiterbildung in Transaktionsanalyse ist eine *berufs*- bzw. *anwendungsbegleitende* Zusatzweiterbildung. Sie schließt mit einer schriftlichen und mündlichen Prüfung vor einem internationalen Prüfungsausschuss ab. Mit dem bestandenen Examen erwirbt man den Titel »Transaktionsanalytiker«, der die fachliche Fähigkeit und die persönliche Eignung zum kompetenten Arbeiten im Bezugssystem der Transaktionsanalyse in einem bestimmten Praxisfeld zum Ausdruck bringt.

Als häufig gewählte Praxisfelder haben sich herauskristallisiert:

1. Psychotherapie[29]
2. Beratung und Seelsorge
3. Lehre und Erziehung
4. Rechtspflege
5. Organisation, Betriebsführung und Verwaltung.

Die Weiterbildungsgänge sind prinzipiell jedem zugänglich. Vorbildungen oder berufliche Praxis werden nur insofern zur Voraussetzung gemacht, als sie inhaltlich für die Weiterbildung unabdingbar sind.

Die TA-Weiterbildung ist eine *Zusatzausbildung* zu einer bereits erworbenen beruflichen Befähigung für ein bestimmtes Praxisfeld. Sie besteht in der zusätzlichen Qualifikationsmöglichkeit, die eigenen Verstehens-, Erlebens- und Verhaltensmöglichkeiten in der praktischen Umsetzung der beruflichen Qualifikation zu erweitern.

Die TA-Weiterbildung kann also nicht als berufsvorbereitende Ausbildung mit nachfolgender Praxis konzipiert werden.

---

29 Für diejenigen, die Transaktionsanalyse als klinische Psychotherapie betreiben wollen, ist es wichtig zu wissen, dass sie in der TA-Ausbildung zwar die fachliche Fähigkeit, jedoch nicht die Berechtigung zum psychotherapeutischen Arbeiten erwerben können.

Dauer der Weiterbildung

Die Weiterbildung dauert etwa vier bis sechs Jahre, wenn es sich um die erste einschlägige Zusatzausbildung des Weiterbildungskandidaten handelt. Als Minimum müssen pro Weiterbildungsjahr 120 bis 150 Weiterbildungsstunden angesetzt werden, damit überhaupt von regelmäßiger Weiterbildung gesprochen werden kann. Die Gesamtkosten der Weiterbildung hängen davon ab, wie viele Weiterbildungsveranstaltungen und wie viel Selbsterfahrung über ein gefordertes Minimum hinaus sich für den jeweiligen Kandidaten als notwendig erweisen.

Weiterbildungsvertrag

Die reguläre TA-Weiterbildung wird durch einen Weiterbildungsvertrag zwischen einem Lehrberechtigten (Mentor), dem Kandidaten und der *Deutschen* bzw. *Europäischen Gesellschaft für Transaktions-Analyse* formal begründet. Alle davor bei Lehrberechtigten erbrachten Weiterbildungsleistungen können auf die TA-spezifischen Weiterbildungsleistungen angerechnet werden.

Der Weiterbildungsvertrag kommt durch gegenseitige persönliche Wahl des Lehrendem und des Kandidaten zu Stande und ist ein persönliches Vertrauensverhältnis. Im Vertrag werden die vermutlich noch notwendigen Weiterbildungsleistungen und die zu erwartenden Weiterbildungskosten festgehalten. Der Mentor hat das Recht, dem Kandidaten zusätzliche Weiterbildungsleistungen abzuverlangen, wenn er dies für erforderlich hält, damit der Kandidat den in der Prüfung verlangten Qualifikationsstand erreicht. Ein Wechsel zu einem anderen Mentor ist möglich.

Die Weiterbildungsberechtigung ist also nicht an Institute, sondern an Personen vergeben, die im Rahmen der geltenden Richtlinien relativ frei in der Gestaltung der Form der Weiterbildung sind. Am gebräuchlichsten sind entweder wöchentliche oder zweiwöchentliche Weiterbildungsseminare für Kandidaten, die in unmittelbarer Umgebung des Lehrenden wohnen, oder die Organisation der Weiterbildung auf Blockseminarbasis, z. B. sechsmal im Jahr drei Tage. Neben der regelmäßigen Teilnahme an den Weiterbildungsseminaren des Mentors soll der Kandidat auch an Weiterbildungsveranstaltungen anderer Lehrberechtigter teilnehmen, um ihren Arbeitsstil zu studieren und sich aus einem anderen Blickwinkel heraus in seiner Weiterbildung und Praxis kontrollieren und beraten lassen.

Elemente der TA-Weiterbildung

• Selbsterfahrung oder Eigentherapie
Element der TA-Weiterbildung ist die Selbsterfahrung oder Eigentherapie, die dem Kandidaten Möglichkeiten gibt, an Einschränkungen seiner Erlebens- und Verhaltensmöglichkeiten, die aus seiner Geschichte erklärbar sind, zu arbeiten. Hierbei kann er auch die besonderen Chancen, die in der eigenen Geschichte und den persönlichen Eigenarten liegen, kennenlernen und in Verhalten umsetzen. Es gibt keine Vorschriften darüber, wie viel Selbsterfahrung ein Weiterbildungskandidat haben muss. Jedoch wird von jedem so viel Eigentherapie verlangt, dass er in der Anwendung der Transaktionsanalyse keine für die Klienten schädlichen Verhaltensweisen zeigt. Die Selbsterkenntnis und Persönlichkeitsentwicklung, die man in der Eigentherapie gewinnt, gehören zu den wesentlichen Bereicherungen, die man durch diese Weiterbildung erfahren kann, und bleiben für viele über Jahre hinweg die Triebfeder, sich immer neuen Herausforderungen zu stellen (Schmid 1986b).

• Die Supervision oder Praxisberatung
Die Supervision oder Praxisberatung dient dazu, den Umgang mit anderen Menschen im jeweiligen Praxisfeld richtig im Bezugssystem der Transaktionsanalyse einordnen zu können und die eigene Kompetenz in vielfältigen Situationen immer wieder überprüfen und beständig erweitern zu können (s. die vorigen beiden Abschnitte). Die Praxisberatung durch den Ausbilder und die Kollegen findet in der Regel anhand von Tonbandproben der eigenen Arbeit statt. Theoretische Erwägungen werden auf diese Weise immer mit ihrer praktischen Umsetzung in Verhalten verknüpft, damit die Ideen, die der Weiterbildungskandidat zu seiner Arbeit hat, auch konkret in Handlungskompetenz umgesetzt werden können, so dass keine Lücke zwischen Theorie und Praxis klafft. Da die Supervision das Kernstück der Fortgeschrittenenweiterbildung darstellt, ist es unabdingbar, während der Weiterbildung die Möglichkeit zu haben, im jeweiligen Praxisfeld konkret zu arbeiten und Erfahrungen zu machen.

• Theorieweiterbildung und Umsetzung
Fortgeschrittenentraining und Theorieweiterbildung bilden eine Brücke zwischen dem Selbststudium der mittlerweile auch in

deutscher Sprache reichhaltigen TA-Literatur und der Umsetzung in die konkrete Anwendung.

Examen

Der TA-spezifische Teil der zum Examen geforderten Weiterbildungs-leistungen und Praxis umfasst: 500 Stunden eigenverantwortliche Arbeit im Bezugssystem der TA, 250 Stunden Fortgeschrittenen-weiterbildung und 75 Stunden persönliche Supervision. Da die TA-Weiterbildung und -Prüfung international standardisiert ist, werden Ausbildungsleistungen, die bei einem Lehrberechtigten erbracht wur-den, von allen TA-Organisationen anerkannt. Für die geforderten Min-destleistungen in der TA-Weiterbildung können nur Veranstaltungen bei lehrberechtigten Transaktionsanalytikern anerkannt werden. Als Ausbilder in Transaktionsanalyse können nur Transaktionsanalytiker arbeiten, denen eine Lehrbefugnis erteilt wurde. Die weitere Ausbil-dung zum lehrenden Transaktionsanalytiker dauert etwa fünf Jahre und wird mit einem weiteren dreiteiligen Examen (Theorie, Lehre, Supervision) vor einem internationalen Gremium abgeschlossen. [30]

Zum Abschluss der Weiterbildung wird eine *schriftliche Prüfungsar-beit* angefertigt, die eine Darstellung der Arbeit und des Selbstverständ-nisses als Transaktionsanalytiker im eigenen Praxisfeld, einen Bericht über die Lernerfahrungen im Verlauf der TA-Ausbildung und eine Fall- bzw. Projektstudie enthält, in der die kompetente Anwendung von TA und die notwendigen Kenntnisse demonstriert werden. Nä-heres hierzu wurde in Abschnitt 8.3 bereits dargelegt. Zur *mündlichen Prüfung* müssen Proben der Anwendung (in der Regel Tonband- bzw. Videoaufzeichnungen) mitgebracht werden.

8.4.2 Vorzüge der TA-Weiterbildung

Was spricht für diese Weiterbildung, spricht dafür, sich persönlich über Jahre hinweg zu engagieren, um Transaktionsanalytiker zu wer-den? Diese Frage kann natürlich nur subjektiv beantwortet werden. Aus der Perspektive eines ehemaligen Weiterbildungskandidaten und späteren Lehrtherapeuten zeigen sich folgende Qualitäten:

---

30 Eine Liste der Lehrberechtigten im deutschsprachigen Raum ist bei der Geschäftsstelle der *DGTA* erhältlich.

- **Gegenseitige Verbindlichkeit in der Weiterbildung**

Der Weiterbildungskandidat und der Lehrende verpflichten sich auf ein gemeinsames Ziel, nämlich den erfolgreichen Examensabschluss. Dazu verhilft die Regelung, dass der Weiterbildungskandidat sich einem Mentor als Person und mit seiner Arbeit stellen muss und dass auch in kritischen Situationen beide kaum daran vorbeikönnen, Probleme aufzudecken und mit ihnen umzugehen. Das heißt, sowohl der Weiterbildungskandidat als auch der Lehrende müssen gemeinsam den Prozess, der zum Examensabschluss führen soll, in konfrontativer Verbundenheit durchstehen. Da die Kandidaten von einem unabhängigen internationalen Prüfungsausschuss geprüft werden, gibt es keine Basis für bequeme Kompromisse.

- **Gestaltung der Weiterbildung wird wenig reglementiert**

Über diese gegenseitige Verbindlichkeit und die geforderte Mindeststundenzahl in den verschiedenen Weiterbildungs- und Anwendungsbereichen hinaus gibt es kaum formale Regelungen, die den Weiterbildungskandidaten und den Mentor in der Gestaltung des Weiterbildungsverhältnisses einschränken. Die Form und der Rhythmus der Weiterbildung, auch die inhaltlichen Schwerpunkte können gemeinsam bestimmt und im Vertrag festgehalten werden.

- **Offenheit gegenüber anderen Schulen
  und kreativen Vorgehensweisen**

An Scheuklappen gegenüber anderen Schulen und Stilen innerhalb der Transaktionsanalyse oder gegenüber anderen Weiterbildungen und Schulen in psychotherapeutischer oder sozialer Kompetenz ist niemand interessiert. Vielmehr wird von jedem Kandidaten erwartet, dass er sich mit verschiedenen Lehrenden aus verschiedenen Schulen und mit verschiedenen persönlichen Stilen auseinandersetzt. Auch die Kombination von Transaktions-Analyse mit anderen Verfahren wird überall begrüßt, zumal sich die Konzepte der Transaktionsanalyse dafür besonders gut eignen. Auch in der Anwendung, sei es im psychotherapeutischen Vorgehen oder in einem der anderen Praxisfelder, werden neue, kreative Vorgehensweisen mit Interesse begleitet.

- **Unbürokratischer Weg zur Weiterbildung**

Die meisten Weiterbildungskandidaten fingen mit gelegentlicher Fortbildung in TA an, weil sie das lernen konnten, was sie zur kompetenteren Ausübung ihrer Tätigkeit brauchen konnten. Aus diesem Vorgehen erwuchs allmählich der Wunsch, die auf diese Weise erworbene Kompetenz auch in einem Examen zu demonstrieren, einen Qualifikationsnachweis zu erhalten und ein Selbstverständnis als Transaktionsanalytiker zu finden. Die TA-Weiterbildung ist flexibel genug, so dass sie einen unbürokratischen Übergang zur regulären Weiterbildung ermöglicht. Für Kandidaten, die in vergleichbaren einschlägigen Weiterbildungen bereits erhebliche Kompetenz erworben haben, gibt es Möglichkeiten, nur noch das für die Transaktionsanalyse-Spezifische in einem verkürzten Weiterbildungsgang zu erwerben.

- **Interesse an Autonomie und Eigenaktivität der Weiterbildungskandidaten**

Insgesamt wird vom Weiterbildungskandidaten eine selbständige und aktive Ausgestaltung seiner Weiterbildung erwartet, was insbesondere in Praxisbereichen notwendig ist, in denen bislang wenig Standards entstanden sind bezüglich dessen, wie kompetente Anwendung von Transaktionsanalyse in der Praxis aussehen muss. Die Ausbildungskandidaten sind in diesem Bereich besonders aufgerufen, selbst an der Entwicklung dieser Ausbildungszweige mitzuarbeiten.

- **Prüfung als Herausforderung für die persönliche Entwicklung**

Fast alle Ausbildungskandidaten erleben die Prüfung als einen Markstein in ihrer persönlichen und beruflichen Entwicklung. Sie erhält damit den Stellenwert eines Einweihungsritus. Dementsprechend werden bei der Vorbereitung auf diese Prüfung bisher vernachlässigte Entwicklungsaufgaben und Anliegen wach, die sonst eher unbeachtet gelassen werden können. Persönliche Probleme, für die noch keine wirklich befriedigende Lösung gefunden wurde, bekommen vor der Prüfung häufig wieder ein solches Gewicht, dass es notwendig wird, sie erneut zu bearbeiten und so neue, befriedigende Lösungen zu finden. Es ist, als ob eine Instanz in uns darauf bestehen würde, dass wir uns von überlebten

Schutzmechanismen reinigen und bisher weniger beachtete Entwicklungsanliegen ernst nähmen, bevor es uns erlaubt ist, in dieser Prüfung erfolgreich unsere Kompetenz darzustellen. Dieser Prozess ist manchmal schmerzlich, zumal manches unerwartet erst im Angesicht der bevorstehenden Prüfung zum Ausdruck kommt, doch sehen die meisten Ausbildungskandidaten gerade diesen durchlebten Prozess im Nachhinein als etwas vom Wertvollsten an, das sie gewonnen haben.

8.4.3 Die Kultur der transaktionsanalytischen Gemeinschaft

Die Kultur der transaktionsanalytischen Gemeinschaft ist eines der identitätsstiftenden Merkmale der TA. Sie gehören zu den attraktiven Seiten der Transaktionsanalyse und sollen daher in diesem Abschnitt kurz beschrieben werden:

*1. Die TA pflegt internationale Standards
und internationalen Austausch.*

Die transaktionsanalytische Gemeinschaft hat überall die gleichen Traditionen und kompatiblen Standards. Man kann also überall auf der Welt, wo Transaktionsanalyse gelehrt wird, seine Weiterbildung fortführen. In der internationalen TA-Gesellschaft sind über 40 Nationen vertreten.

*2. Die TA engagiert sich für gesellschaftliche Probleme, die über
spezifische professionelle Fragen hinausgehen.*

*3. Transaktionsanalytiker verfügen über hohe professionelle
Standards.*

Die Rollen, die TAler als Praktiker, als Supervisoren, als Ausbilder oder als Prüfer in Gesellschaften der TA wahrnehmen, basieren primär auf Qualifikationen. Diese müssen vor einem Gremium unabhängiger Prüfer nachgewiesen werden. Auf lange Sicht hat in diesem System eine Weiterbildungskultur der symbiotischen oder korrupten Beziehungen nur geringe Überlebenschancen, da alle Bestätigungen einer bestimmten Qualifikation das Ergebnis einer unabhängigen Prüfung sind. Ebenso wertvoll erscheint uns die Freiheit von Kandidaten und Lehrenden, professionelle Weiterbildungsbeziehungen nach Wahl eingehen zu können: Jeder, sowohl der Weiterbildungskandidat als auch der Lehrende, kann zu einem möglichen Partner oder zu einer spezifischen Beziehung entweder Ja oder Nein sagen, ohne dass dies für die Gemeinschaft oder den Einzelnen negative Konsequenzen hat.

4. Die Prüfungsfragen sind als übergeordnete Fragestellungen formuliert

Im Prüfungsverfahren der *EATA (European Association of Transaction Analysis)* ist neu hinzugekommen, dass die Theoriefragen im schriftlichen Examen nicht mehr in transaktionsanalytischen Begriffen gefasst, sondern alle als übergeordnete Fragestellungen formuliert sind. So wird zum Beispiel gefragt: »Welche Konzepte der TA (und andere) benutzen Sie, um Kommunikationsmuster oder lebensübergreifende Muster des Lebensstils zu beschreiben?« Damit ist der Kandidat nicht gezwungen, dieses oder jenes Konzept zu lernen, weil er es in der Prüfung braucht. Sondern er kann die Konzepte auswählen, die er wirklich benutzt und in seine Arbeit integriert hat.

5. Gleichberechtigung in den Praxisfeldern der TA

Trotz der geschichtlich gewachsenen Priorität der klinischen Anwendung der TA haben sich andere Praxisfelder gleichberechtigt entwickelt und ihre spezifischen Organisationsformen gefunden. Die unterschwellige Annahme, dass die klinische Perspektive die tiefgründigere wäre, verliert an Bedeutung zu Gunsten der Einsicht, dass die Komplexität eines organisatorischen Kontextes der eines klinischen Kontextes entspricht und dass die Kompetenz, die wir dort brauchen, nicht geringer, sondern anders ist. Dass Professionelle im Organisationsbereich nicht automatisch im klinischen Bereich kompetent sind, war immer selbstverständlich. Allmählich setzt sich auch die Erkenntnis durch, dass klinisch ausgebildete Transaktionsanalytiker genauso wenig automatisch in anderen Professionen und Praxisfeldern kompetent sind.

8.4.4 Zusammenfassung

Was könnte man zusammenfassend auf die Frage eines Anfängers antworten, was es bedeutet, TA zu praktizieren?

»TA zu praktizieren bedeutet, deine Arbeit besser zu erledigen. Lass uns deshalb mit deiner Arbeit und der Kompetenz, die du bis jetzt erworben hast, beginnen und dann sehen, ob und wie dir Konzepte der TA dabei helfen können, es noch besser zu machen. Versuche bitte nicht, etwas zu tun, von dem du denkst, dies sei TA; und versuche nicht, deine Identität zu vergessen, um eine neue im Land der TA zu erhalten« (Schmid 1989a).

9. Meilensteine

In diesem Kapitel sollen einige Texte, die neben bisherigen Darstellungen unseres Verständnisses von TA und unserer Vorschläge für Entwicklungen in TA-Verbänden wichtig waren, wiedergegeben werden.

Beim ersten Beitrag (Schmid 1986c) war ich (B. S.) noch ganz in der Psychotherapie beheimatet, bewegte mich dort aber schon länger im Spannungsfeld zwischen TA, systemischer Therapie, der Hypnotherapie von Milton Erickson und der Psychologie von Carl Gustav Jung. Dabei ging es um das Verhältnis zwischen Intuition und den Möglichkeiten, therapeutische Wirklichkeiten angemessen zu konzeptionalisieren.

Fragen nach der Identität als Transaktionsanalytiker bzw. nach einer sinnvollen Positionierung der TA-Gemeinschaften im Feld bewegten mich immer wieder. Überlegungen hierzu aus dem Jahre 1988 sind Gegenstand des zweiten Beitrags (1988c).

Die Formulierung einer systemischen Transaktionsanalyse war schon auf die gleichberechtigte und konsequente Berücksichtigung von verschiedenen Professionen und gesellschaftlichen Kontexten angelegt. Dies wird in Abschnitt 9.3 näher ausgeführt. Als er 1997 erschien, hatte ich die Psychotherapie als vorrangige Identität verlassen und mich als Berater und Anbieter systemischer Professionalisierungen im Organisationsbereich spezialisiert. Aus dieser Perspektive stritt ich weiter für eine systemische TA als professionsübergreifende Qualifikation.

9.1 Theorie, Sprache und Intuition[31]

> »Die Landkarte ist nicht die Landschaft«
> Bateson 1972

9.1.1 Begreifen und Begriffe

Wie jede andere Schule mit ihrem Theoriesystem beinhaltet die Transaktionsanalyse Eric Bernes unter anderem den Versuch, wiederkehrende Gestalten der lebendigen Erfahrung auf einen Begriff zu bringen, um es anderen zu erleichtern, ihre Erfahrungen zu strukturieren.

---

31 Schmid (1986c).

Problematisch wird es, wenn diese Verständigungsmittel für die Realität selbst gehalten werden und Handlungsvorschläge, die auf Grund früherer Erfahrungen gewonnen wurden, für neue Generationen zu Vorschriften werden. Kurz gesagt: Es besteht die Gefahr, dass die TA zu Vorschriften gerinnt, die von angepassten Kindern befolgt werden; oder, was vermutlich noch häufiger vorkommt, dass Menschen, die mit Konzepten der TA in Berührung kommen, sie aus angepasster oder rebellischer Haltung heraus zu Dogmen erheben.

Obwohl es Anzeichen dafür gibt, dass zwei Menschen das, was sie erleben, unmittelbar ähnlich empfinden können, gehe ich bei der folgenden Darstellung davon aus, dass sie sich zuerst darüber verständigen müssen, ob sie das Gleiche meinen und sich daran auch in ihrem Handeln orientieren können.[32] Zu dieser Verständigung brauchen sie eine Symbolisation des eigenen Erlebens und ihrer Orientierung, also den Versuch, dem anderen eine Landkarte vom eigenen Erleben zu zeichnen, oder den Versuch, eine solche vom Erleben und von der Orientierung des anderen auf Grund dessen, was wir »außen« an ihm bzw. seinem Verhalten beobachten, anzufertigen.

Man glaubt, sich verstanden zu haben, wenn man sich über Landkarten einig ist. Man glaubt sich dann in den Erlebnissen verbunden und in der gleichen Landschaft unterwegs. Man hält das Erlebte umso mehr für »Wahrheit«, je mehr Leute in der verwendeten Landkarte ihr eigenes Erleben und ihre Orientierung abgebildet finden. Dennoch ist die Landkarte nicht die Landschaft (Bateson 1972), und das, worüber wir uns einig sind, ist weit weniger als die erlebte Vielfalt des Einzelnen.

Dies gilt insbesondere für alle Arten von Fachsprachen und erst recht für Schemata, die der Visualisierung dienen. Für die Verständigung der Menschen untereinander bieten die vielfältigen Formen der nonverbalen Kommunikation sowie der Alltags- und Literatursprache größeren Reichtum an. Wir sollten Professionssprache aus keiner wissenschaftlichen oder weltanschaulichen Sicht heraus uniformieren, sondern einer solchen Verarmung entgegenwirken.

9.1.2 Fachsprache und Wirklichkeit

In der Therapie haben wir nun den Anspruch, Führungsperson für andere Menschen in ihrem Gelände zu sein. Dieser Anspruch, pro-

---

32 Milton Erickson mahnte uns: «Never believe, that you know your patients world" (Seminar Phoenix, 1979).

fessionelle Führungsperson zu sein, erfordert von uns im besonderen Maße, dass wir unsere eigene Orientierung und die Art und Weise, wie wir den anderen Führungspersondienste leisten wollen, kenntlich machen. Denn vorsichtshalber müssen wir davon ausgehen, dass, auch wenn wir die äußere Welt teilen, die anderen sie dennoch innerlich völlig verschieden erleben und sich von daher in einer eigenen Landschaft befinden.

Um unseren Beruf zu lernen, gehen wir bei erfahrenen Lehrern in die Schule, die ihrerseits bei erfahrenen Lehrern gelernt haben. Eine Vielfalt von lebendig gelernter Führungsqualität erwerben wir als Handlungswissen dadurch, dass wir unsere Lehrer bei ihrer Arbeit erleben. Daneben sammeln wir zunehmend mehr Landkarten an, in denen wiederkehrende landschaftliche Eigenarten, die die Führungspersonen vor uns angetroffen haben, schematisch dargestellt sind; es werden Orientierungstechniken beschrieben, und es bürgern sich typische Formulierungen und Kürzel für diese Art von Überlieferungen ein.

Auf Grund dieser Landkarten entstehen eine Fachsprache und Konstruktionsprinzipien, nach denen neue Landkarten gezeichnet werden.

Gleichzeitig wird eine Beschreibung von Führungstechniken geliefert, mit denen man anderen hilft, anhand dieser Landkarten Lösungswege zu finden. Dies ist, bildlich dargestellt, was aus dem Erleben und Handeln erfahrener Lehrer der TA oder anderer Therapieschulen zu Produkten geronnen ist.

Die so entwickelten Theorien und die Fachsprache sind eine hochspezialisierte schematisierte Art, sich über menschliches Erleben und Verhalten und den therapeutischen Umgang mit dem Patienten oder Klienten zu verständigen, Landkartenschemata, auf die man sich geeinigt hat, weil sie nützlich sind. Man hat dadurch einen vergleichbar gemachten Bezugsrahmen und kann von diesem aus »objektiv« therapieren, lehren und supervidieren. »Objektiv« heißt hier »intersubjektiv«: Man hat sich auf ein Messgerüst geeinigt, mit dem man sich und andere ausmessen und hinterfragen kann. Man darf jedoch nicht vergessen, dass dieses Messgerüst der kleinste gemeinsame Nenner ist, auf den wir uns geeinigt haben.

Konzepte der TA sind keine Antworten, sondern sie sind schematische Beispiele für Fragen. Sie gründen sich auf Annahmen, die mit bestimmten Implikationen und Konsequenzen einhergehen, deren wir uns bewusst sein sollten. Die Magie der grafischen Veranschaulichung und der einfachen Metaphern ist anziehend und gefährlich zugleich. Was wir lernen müssen, ist, unserer Tendenz zu widerstehen, Konzepte der TA zu verdinglichen. Der Begriff der Verdinglichung wird verwendet, wenn die Betrachtungsweise der Dinge zu einer »objektiven« Gegebenheit der Wirklichkeit selbst wird. Ein sehr einfaches Beispiel für die Verdinglichung ist der Begriff oder das Konzept »Süßigkeit«. Wir akzeptieren sicherlich die Tatsache, dass z. B. Zucker süß ist. »Süß sein« ist, sagen wir, eine Eigenschaft von Zucker. Aber bei nochmaliger Prüfung stellt sich die Frage: Wann geht diese »Eigenschaft« von Zucker verloren? Wenn der Zucker eine Erkältung bekommt? »Süß« ist also eine Definition der menschlichen Wahrnehmung von Zucker. Wir sollten sagen: Ich erlebe Zucker als süß.

9.1.3 Komplexität versus Handlungsfähigkeit

Wollte man genau sein, wird die Aufgabe, jemand anders Führungsperson in dessen Gelände zu sein, recht kompliziert. Denn in der therapeutischen Interaktion mit dem anderen zeichnen wir eine Landkarte 1. vom eigenen Erleben, 2. vom Erleben des anderen, 3. von der Landkarte des anderen von seinem eigenem Erleben (d. h. dessen, was der andere wohl über sich und seine Welt meint) und 4. von der Landkarte des anderen von unserem Erleben (d. h. dessen, was der andere wohl über mich und meine Welt meint). Diese ganzen Aufzeichnungen relativieren wir dann vor unserem theoretischen Gerüst und stimmen im Ablauf der Interaktionen ständig alles aufeinander ab. Es handelt sich also um einen komplizierten Vorgang, der mit Denkfunktionen allein nicht bewältigt werden kann. In der Theoriesprache beschränken wir uns folgerichtig darauf, Aspekte dieses komplexen Geschehens für die Lehre und die gegenseitige Supervision schematisch darzustellen.

Weil solche Schemata im Grunde immer zu einfach sind, könnte man versucht sein, durch zunehmende Verkomplizierung der Landkarten die Struktur der komplexen Landschaft besser abzubilden. Doch verstellen die komplizierten Theorien oft nur den Blick dafür, dass eine Landkarte etwas anderes ist als eine Landschaft und die Vielfalt der Landschaften immer unendlich viel größer als die Abbildungen auf Landkarten sein muss. Milton Erickson z. B. zog daraus die Konsequenz, nur durch Metaphern und Beispiele zu lehren. Dies hat allerdings nach sich gezogen, dass andere seine Lehre in Konzepte und Methoden zu fassen versuchten (z. B. Bandler a. Grinder 1989).

9.1.4 Intuition und Sprache

Um uns trotz hoher Komplexität orientieren zu können, brauchen wir Intuition (s. Abschnitt 2.1). In seinem Aufsatz »Das Wesen der Intuition« beschreibt Berne (1949, dt. 1991) intuitive Verarbeitung von Wahrnehmungen so, dass vorbewusst wahrgenommene Sinneseindrücke unter der Bewusstseinsebene zu Merkmalsbündeln zusammengefasst, zu einem Eindruck zusammengefügt und automatisch bereitgestellt werden. Dieser Eindruck wird dem Bewusstsein in einer Symbolisation zur Verfügung gestellt. Diese Symbolisation kann nonverbal oder sprachlich sein (ich kann z. B. einen chronisch ungeschickten Kellner vor Augen sehen, den Eindruck eines trotzig strampelnden Kindes bekommen oder an das Wort »Nervensäge« denken) Dabei kann die sprachliche Symbolisation aus der gesamten Vielfalt unserer Alltagssprache schöpfen (»Nervensäge«) oder sich fachsprachig (z. B. »Verfolger«) formen.

Durch Training in einer bestimmten Theorie und Fachsprache wird die Intuition geschult, für die Symbolisation mehr und mehr auch theoretische Konzepte, Fachsprache und Darstellungsschemata zu benutzen, die es ermöglichen, die beobachteten Phänomene in einen bestimmten Bezugsrahmen zu setzen.

So besteht auch Ausbildung in TA zu einem wesentlichen Teil darin, unser intuitives Wissen bei Bedarf auch in entsprechender Fachsprache zu symbolisieren, was fachliche Kommunikation in diesem Bezugsrahmen möglich macht. Das wiederum hilft dem Einzelnen, seine Intuition mit Hilfe der Konzepte der TA auszurichten und in Zweifelsfragen das Erleben und Vorgehen mit Hilfe solcher Konzepte in Frage zu stellen. Für therapeutische Kompetenz ist die Freisetzung und Ausrichtung der intuitiven Fähigkeit des Menschen wesentlich, wobei das Denken den Prozess aufmerksam verfolgt, in der Regel jedoch nicht kontrolliert. Durch das Wechselspiel von intuitivem Handeln und der Diskussion in Fachsprachen wird nach und nach ein Zustand erreicht, in dem man intuitiven Umgang mit der Vielfalt des Lebens und seiner Verdichtung in angemessener Fachsprache kombinieren kann. Und das entspricht dann dem, was Eric Berne (1977) folgendermaßen postulierte: Intuitive Methoden, die mehr Möglichkeiten eröffnen, und wissenschaftliches Denken, das mehr Sicherheit bietet, sind gemeinsam die Grundlage kreativen Handelns.

9.1.5 Der Umgang mit Konzepten

Anders als etwa die Sprache der Psychoanalyse bietet die Transaktionsanalyse in ihren einfachen Ausformungen eine erlebnisnahe und handlungsorientierte Fachsprache, die, davon ausgehend, sich in differenzierte theoretische Überlegungen hineinentfaltet. Dies macht einen bruchlosen Übergang von einer einfachen Verhaltenstheorie bis hin zu einer komplexen Psychologie möglich und bietet miteinander vereinbare Anwendungen im Alltag wie in der Psychotherapie. Da TA in vieler Hinsicht auf das Verständnisvermögen eines Kindes hin formuliert wurde, werden theoretisches Wissen und Begreifen einander nahegebracht und die Kooperation von Intuition und Verstandeskontrolle erleichtert.

Durch einen leichteren theoretischen Zugang auch für Patienten und Laien wird dem Missbrauch der Fachsprache als Herrschaftswissen vorgebeugt. Aus dieser Chance, die einfache, plausible Schemata bieten, entsteht jedoch dann eine Gefahr, wenn, wie oben beschrieben, die komplexe Realität auf solche Schemata reduziert wird. Die meisten großen Lehrer der TA halten sich in der Verwendung von Theorie an die einfachen Grundstrukturen. Denn versuchte man, sich der komplexeren Wirklichkeit durch Komplizierung der Theorie anzunehmen, würde man nicht sehr viel gescheiter. Daher sollten wir uns vor einer Überdifferenzierung nicht aus Naivität, sondern aus Einsicht in die Komplexität des Lebens hüten.

Dadurch, dass sich aus verschiedenen Praxisfeldern innerhalb der Transaktionsanalyse die verschiedenen Schulen mit ihren Theoriesystemen und ihren Vorgehensweisen herausgebildet haben, lernt der angehende Transaktionsanalytiker, je nach Situation fachsprachliche Figuren und Theorien auszuwählen und unter Anwendungsgesichtspunkten neu zu kombinieren. Gleichzeitig sind Transaktionsanalytiker in der Regel sehr offen gegenüber anderen Schulen. Diese Offenheit fördert auch den souveränen und flexiblen Umgang mit Theorien und Methoden. Allerdings bleiben Beschreibungen oft auch additiv, ohne dass eine übergeordnete Perspektive formuliert würde. Wenn wir gleichzeitig darauf achten, Konzepte der TA nicht als Wirklichkeit darzustellen, besteht wenig Gefahr, dass wir Transaktionsanalyse dogmatisieren.

Unserer Ansicht nach darf eine Fachsprache kein Ersatz für die reichhaltigere Allgemeinsprache sein, und der menschliche Umgang sollte nicht in wenig gehaltvolle Rituale gegossen werden. Innerhalb von Therapie- und Weiterbildungsgruppen kann es nützlich sein, zeitweise bestimmte aus der Theorie der TA abgeleitete Ideen für den gegenseitigen Umgang regelhaft oder rituell festzulegen. Diese Zwischenlösung fördert auf jeden Fall die Integration der Ideen ins Erleben und damit ein Begreifen der Konzepte. Jedoch sollte eine solche zeitweilige Bindung auch wieder hinterfragt und geläutert werden.

Beispiel:
Eine Ausbildungsteilnehmerin, die sich ganz offensichtlich intensiv mit den Konzepten der TA auseinandergesetzt hatte und sie gut kannte, wurde – zum Zwecke ihrer Weiterentwicklung – in einer paradoxen Intervention gebeten, alles zu vergessen, was sie je über TA gelernt hatte. Die Ausbildungskandidatin reagierte darauf mit erheblicher Verwirrung und natürlich auch Ärger. Es zeigte sich dann aber, dass sich plötzlich – ohne die Einengung des Blicks durch Konzepte – ihre Sicht auf das, was um sie herum geschah, wieder weitete und sich eine neue Wirklichkeit eröffnete, in der plötzlich auch »normale«, alltagsrelevante Dinge vorkamen, wie z. B. Heimweh bei längerem Krankenhausaufenthalt, und ihr Handlungs-, Erlebens- und Denkspielraum wesentlich größer wurde.

Eine andere Gefahr besteht darin, dass man in grandioser Weise versucht, mit Erklärungsschemata der Transaktionsanalyse oder anderer Schulen weit mehr zu erklären, als in der Reichweite dieser Schemata liegt. Z. B. wurde in unseren Ausführungen zur Intuition vermieden, die intuitive Instanz in uns »kleiner Professor« zu nennen, da Intuition ein vielgestaltiges Konzept darstellt und uns die Zuordnung zu einem Begriff der TA, auch wenn sie formal richtig wäre, zu eng erscheint. Dass ein Persönlichkeitsmodell vollständig ist, d. h., dass alle menschlichen Erlebens- und Verhaltensweisen diesem Modell einigermaßen widerspruchsfrei zugeordnet werden können, heißt ja noch lange nicht, dass dieses Modell den bezeichneten Gegenstand auch nur annäherungsweise angemessen abbildet.

9.1.6 Schluss

Theorie ist also nur die Landkarte, auf der wir mit Hilfe unserer Sprachsymbole unsere intuitive Erfassung der Landschaft abbilden.

Landkarten können Orientierung geben. Sie können aber auch – wenn sie nicht an neue Bedingungen angepasst werden – irreführen. Sie müssen immer wieder auch auf ihre Tauglichkeit für die geplanten Wanderungen überprüft und notfalls neu konzipiert werden. Wünschenswert sind darum eine einfache Therapiekonzeption wie z. B. die Transaktionsanalyse, gleichzeitig geistig differenzierte, für vielfältige Erlebnisse und Bedingungen offene und intuitive Anwender und eine dafür entsprechend gestaltete gute Ausbildung.

»Während ich früher meine Erfahrungen in die Raster der transaktionsanalytischen Konzepte einzuordnen versuchte, bleibe ich heute sehr viel enger an der komplexen und oft sehr spezifischen Anwendungssituation und prüfe, mit welchen Fragestellungen die Situation erhellt werden könnte. Erst in einem zweiten Durchgang frage ich mich, welche Konzepte oder Elemente der TA dabei in welcher Weise nützlich sein könnten, die aufgeworfenen Fragestellungen abzubilden und zu helfen, anwendungsorientierte Schlüsse aus ihnen zu ziehen. Transaktionsanalytische Konzepte sind für mich zu Beispielen geworden, wie man Fragestellungen des menschlichen Erlebens und Verhaltens, der Beziehungs- und Lebensgestaltung betrachten kann. Ich identifiziere mich oder die Realität, mit der ich es zu tun habe, nicht mehr mit ihnen. Gelegentlich entwickeln sich meine Fokussierungen und meine Überlegungen sogar in einer Weise, dass mir kaum ein Konzept der TA besonders geeignet erscheint, dabei Verwendung zu finden. Ich greife – wie andere Kollegen auch – zu Konzepten aus anderen Schulrichtungen, bevorzugt aber zu übergeordneten systemischen Betrachtungsweisen, für die transaktionsanalytische Konzepte in bestimmten Bereichen wiederum nützliche Darstellungshilfen liefern« (Schmid 1988c, S. 75 ff.).

9.2 Identität als Transaktionsanalytiker[33]

9.2.1 Die Inkonsistenz von Konzepten

»*Berne* und seine Nachfolger hinterließen uns ein Bündel praktisch wertvoller Konzepte. Bei näherer Betrachtung stellte sich heraus, dass es sich eher um eine Reihe kreativer Ideen handelte als um ein konsistentes Gebäude. Die Perspektiven aber, aus denen heraus die Begriffe und Konzepte der TA verwendet wurden, die *Implikationen,* die mit ihnen einhergingen, sowie die Konsequenzen, die daraus resultierten, blieben

---

33 Schmid (1988c).

gelegentlich unklar. Viele Konzepte wurden von uns daher neu diskutiert, indem wir zu den ursprünglichen Fragestellungen zurückgekehrt
sind, für deren Beantwortung diese Konzepte Hilfestellung bieten können. So entstand eine ›neue‹ Sichtweise der TA, die wir als ›systemische
TA‹ bezeichnen« (Schmid 1986a, 1994b; Hervor. im Orig.).

Anstatt »innerhalb« von Konzepten der TA zu denken, fragten wir:
Welche Fragen habe ich angesichts einer spezifischen Situation?
Welches sind die Implikationen meiner Fragen? Welche Konsequenzen
ergeben sich, wenn ich die Antworten aus dem Bezugsrahmen mei-
ner Fragen bekomme? Welche Wirklichkeit erfinde ich, und welche
Wirklichkeit etabliere ich in einer Situation, wenn ich diese oder jene
Frage aufwerfe?

Mit Fragen finden wir keine Wirklichkeit heraus, sondern wir
erfinden damit eine Wirklichkeit. Der nächste Schritt besteht dann in
der Überprüfung, ob und wie Konzepte der TA als Untersuchungs-
schemata nützlich dafür sein können, meine Fragen zu klären.

Wenn wir uns gewahr werden, dass dies für alle Konzepte der TA
gelten sollte, ändern wir unsere Haltung bei der Anwendung dieser
Konzepte. Wir fragen nicht länger, wie dieses oder jenes Verhalten in
transaktionsanalytische Modelle passt. Zum Beispiel fragen wir nicht:
In welchem Ich-Zustand ist die Intuition lokalisiert? Wenn man eine
theoretische Frage so formuliert: Wo könnte man ... einordnen? – dann
ist man gewöhnlich in einem geistigen Gefängnis mit drei Kreisen
an der Eingangstür gefangen. Hier sollten wir geistig einen Schritt
zurückzutreten und fragen: Was möchte ich wissen, wenn ich diese
Frage stelle? Welches sind die Annahmen, die ich bereits gemacht
habe, wenn ich dies frage? Was ist die Logik des in Frage kommenden
TA-Konzeptes? Hilft die Frage auf die richtigen Wirklichkeitsebenen
zu kommen und dort konstruktive Entwicklungen zu fördern?

9.2.2 Das Einnehmen einer Metaperspektive

Die Kompetenz liegt nicht in den Konzepten. Was wir daher brauchen,
sind qualifizierte Professionelle, die mehr können als Konzepte anwenden. Sie benutzen Konzepte der TA, um Situationen und Probleme
zu beschreiben und um über mögliche Schritte in der Behandlung und
im Umgang mit den Situationen zu sprechen. Dafür müssen sie ihre
Fähigkeit verbessern, gegenüber ihren Werkzeugen, ihren Erklärungs-
mustern und professionellen Gewohnheiten einen Metastandpunkt

einzunehmen, so dass sie zu den Sprachwerkzeugen und den Konzeptualisierungen, die zusammen die Inhalte der Transaktionsanalyse bilden, eine bewusste und kritische Haltung einnehmen können.

Aber bekommen wir nicht ein ernsthaftes Identitätsproblem, wenn wir dann die Kreise und Pfeile nicht benutzen und die Begriffe Eltern-Ich (EL), Erwachsenen-Ich (ER), Kind-Ich (K) gar nicht (oder nur selten) verwenden? Sind dies nicht wichtige äußere Zeichen für die Identität eines Transaktionsanalytikers?

Historisch gesehen, muss die Antwort Ja lauten. Aber wir hoffen, dass diese Frage in Zukunft verneint werden kann. Woraus besteht aber dann eine Identität als Transaktionsanalytiker? Was ist Transaktionsanalyse außer bzw. neben den Inhalten gegenwärtiger Konzepte?

Um die Diskussion der Basisinhalte der TA wirklich zu wagen, müssen wir unsere Identifikation mit vielen unserer Modelle aufgeben und ein neues Verständnis unserer Identität finden, das nicht an bestimmte Inhalte gebunden ist.

9.2.3 Kritische Fragen an die TA

Außer der theoretischen Inkonsistenz mancher TA-Konzepte und der Notwendigkeit zu einer kritischen Distanz gibt es weitere Gründe, über den Tellerrand der Modelle hinauszuschauen.

Erstens haben wir immer noch zu einfache Ideen in Bezug auf angemessene Gefühle von Erwachsenen und ihre Integration in den Kontext eines Erwachsenenlebens. Das Erwachsenenleben und das gesellschaftliche Geschehen sind komplexer, als es innerhalb der TA bisher dargestellt wird.

Zweitens beschäftigen wir uns in der TA wie auch in anderen Therapieschulen zu viel mit dem, was »Durcharbeiten von Kindheitsthemen« genannt wird. Berne hat psychotherapeutische Verirrungen, wie das Abgleiten in eine Therapiekultur, die sich verselbständigt, drastisch angeprangert durch Spielbegriffe wie »Treibhaus«, »Psychiatrie« und »Archäologie«. Obwohl mittlerweile die meisten Blüten einer Regressions- und Kindlichkeitskultur, die auch auf dem Feld der TA leuchteten, verblüht sind, hat Bernes kritische Haltung, auch auf uns selbst angewandt, nichts an Aktualität verloren.

Drittens verstehen wir möglicherweise das transaktionsanalytische Konzept des Zeitvertreibs (»pastime«) nicht genügend und/oder nicht so, wie Berne es uns »angeboten« hat. Berne hat sich in seinen frühen Schriften mit der Frage beschäftigt, wie sich Menschen die Zeit vertreiben und dabei (vielleicht in stiller Verzweiflung) eine sinnarme oder tragische Lebensgestaltung verwirklichen.

Im ersten Frühling der TA in den Vereinigten Staaten sagte Eric Berne (1961, p. 95; Übers.: B. S.):

> »Existentiell ist ein Zeitvertreib ein Weg, um Schuld, Verzweiflung oder Intimität abzuwehren. Eine ›Erfindung‹, welche von der Natur oder Kultur bereitgestellt wurde, um die stille Verzweiflung zu lindern.«

Wie kommt es, dass in der Transaktionsanalyse nicht viel über Schuld, Verzweiflung – oder was Berne »stille Verzweiflung« nannte – gesprochen wird? Anders als bei Spielen, von denen man sagen könnte, dass sie durch überraschende Wechsel oder durch Unbehagen Aufmerksamkeit auf sich ziehen, ist es oft schwierig, übliche Formen des Zeitvertreibs wahrzunehmen. Sie scheinen so gewöhnlich und normal zu sein. Der Beobachter benötigt daher die Kompetenz, die Wirklichkeit aktiv zu befragen, die sich dann vor ihm entfaltet.

Der vierte Grund für eine notwendige Neubesinnung ist die Frage nach dem kulturellen Skript der Gemeinschaft der Transaktionsanalytiker. Berne fand mit seinen kreativen Ideen, mit denen er psychoanalytische Gedanken weiterentwickelte, keinen Raum in der psychoanalytischen Gemeinschaft. So ist es für uns ebenfalls eine Frage, ob nicht der Skriptansatz auch für die Kultur der transaktionsanalytischen Gemeinschaft gilt und betrachtet werden muss (s. Interview mit F. English in Schmid 2003a, S. 225 ff.). Negative Skriptaspekte gründen sich gewöhnlich auf Illusionen, die eine differenzierte und komplexe Betrachtung der Wirklichkeit beeinträchtigen. Welches waren und sind die expliziten oder impliziten Leitideen der transaktionsanalytischen Gemeinschaft? Vielleicht gehen wir von einem zu einfachen Modell des menschlichen Lebens aus, und es erhebt sich die Frage, welches die illusionistischen Aspekte sind, die uns von einer kritischen Selbstanalyse abhalten könnten – und wohin sollten wir uns entwickeln (Kiltz 2007)?

Ein Identitätsnetzwerk für Transaktionsanalytiker[34]

Wir versuchten vor geraumer Zeit, innerhalb der transaktionsanalytischen Gemeinschaft eine Identitätsdiskussion zu führen. Wir hoff-

---

34 Schmid (1988a, 1989b).

ten, dass Transaktionsanalytiker dabei zu neuen Selbstdefinitionen in Bezug darauf finden, wer sie jenseits der Verwendung von Konzepten und Modellen der klassischen TA sind. Dies sollte ihnen die Freiheit geben, die Grundmodelle auf der Ebene ihrer Inhalte aus dem Blickwinkel moderner Theorien zu diskutieren und neu zu formulieren. Wer mit den Inhalten identifiziert ist, wird dazu wahrscheinlich nicht den Mut haben.

Wir möchten nun sechs identitätsbildende Bereiche benennen, die uns dabei wichtig erscheinen:

1. Analyse anhand von Transaktionen
2. Entwicklung von Modellen zur Beschreibung von Transaktionen
3. Kontextbewusstsein
4. TA – ein systemisches Modell
5. TA – ein experimenteller Ansatz
6. die Kultur der transaktionsanalytischen Gemeinschaft

Das Problem mit Identitätsdimensionen ist, dass es jede auf die eine oder andere Art auch woanders gibt. Aber etwas haben zu wollen, was niemand anders besitzt, und daraus seine Identität ableiten zu wollen ist ein unreifer Wunsch. Wir alle sind Teil unserer menschlichen Gemeinschaft und unserer Zeit, und wir können nicht erwarten, einzigartig zu sein und etwas zu besitzen, das niemand sonst besitzt. Es würde aus unserer Sicht auch keinen Sinn für die Gemeinschaft ergeben. Daher sollte Identität als TAler eher durch die besondere Art, in der wir diesen Werten bzw. Prinzipien folgen und unsere Kultur als TA-Gemeinschaft verstehen, definiert werden.

1. Analyse anhand von Transaktionen

Für Transaktionsanalytiker ist der erste identitätsbildende Faktor die Tatsache, dass Transaktionen einen sehr wichtigen Fokus der Aufmerksamkeit darstellen. Sie überprüfen, ob sie ihre diagnostischen Annahmen anhand von Transaktionen belegen können und ob sie ihre Vorstellungen von therapeutischen Interventionen in der Kommunikation verwirklichen. Außerdem kontrollieren sie die Effekte ihrer Interventionen anhand der transaktionalen Folgen.

Nicht also das einzelne Konzept, das wir verwenden, um Transaktionen, Serien von Transaktionen, Beziehungen oder Lebensstile zu beschreiben, macht den Transaktionsanalytiker in erster Linie aus, sondern dass er seine Behauptungen über ein Geschehen im Erleben, im Verhalten und in Beziehungen anhand von Transaktionen belegt, ebenso wie er seine eigenen Vorstellungen von dem, was er tut und was sein Tun bewirkt, jederzeit an Transaktionen zu belegen bereit ist. Er wird immer wieder mit der Frage »How is this sentence therapy« herausgefordert, sein konkretes Tun auf seine konzeptionelle Begründung und Wirksamkeit hin zu befragen. Tatsächlich gibt es keine andere Schulrichtung, die sich von der Mikroanalyse bis hin zur Darstellung komplexer Transaktionsabläufe und Muster der Lebensgestaltung so nahe an kommunikativ Nachweisbares bindet. Diese Bindung hält diagnostische Spekulationen und Fantasien darüber, was man angeblich bewirkt, am kurzen Zügel.

Schlegel (1997) hat den Begriff »transaktionale Analyse« vorgeschlagen, was »Analyse anhand von Transaktionen« bedeutet. Dies scheint uns die bessere Übersetzung von *transactional analysis* zu sein, da wir nicht nur Transaktionen, sondern auch andere Dinge analysieren, aber wir tun dies anhand von Transaktionen. So gesehen, ist das Besondere an Transaktionsanalytikern *die Fokussierung auf die Analyse von Transaktionen.*

2. Entwicklung von Modellen zur Beschreibung von Transaktionen

Zweitens haben und entwickeln wir in der Transaktionsanalyse Konzepte, die, pragmatisch sehr nützlich, verschiedene Arten von Transaktionsmustern beschreiben. Damit ist die Entwicklung unserer Konzepte primär an Kommunikation orientiert. Wenn wir persönlichkeitsinterne Prozesse beschreiben, tun wir dies ebenfalls, soweit möglich, in Begriffen von internen Transaktionen. Innere Prozesse werden als Kommunikation oder Dialog zwischen unterschiedlichen Persönlichkeitsanteilen beschrieben. Natürlich gibt es innere Prozesse, für die eine solche Perspektive nicht erste Wahl sein müsste, doch hat sie eben den Vorteil, sie in Begriffen von Kommunikation nach innen wie nach außen zu fassen und dadurch den Bezug zu beobachtbaren realen Situationen zu betonen.

Gleichzeitig wird allerdings auch das, was transaktional darstellbar ist, durch vereinfachende Konzepte der TA verkürzt und schematisiert. Damit die Bindung an die Transaktionen nicht mit einer unzulässigen Vereinfachung der Wirklichkeit einhergeht, halten wir es für unbedingt notwendig, sich darin zu üben, die Komplexität von menschlichem Erleben und Verhalten und von Beziehungsgeschehen im Bewusstsein zu halten. Vor diesem Hintergrund kann man dann situationsspezifisch Komplexität bewusst und zielgerichtet zu Gunsten der gegenwärtigen Fokussierung reduzieren.

3. Kontextbewusstsein

Den dritten identitätsbildenden Faktor, der mehr in die transaktionsanalytische Identität eingeführt werden sollte, haben wir mit »Kontextbewusstsein« bezeichnet (siehe Kap. 7 und Schmid 1990a). Auf dieses Konzept wird im systemischen Ansatz sowie in den Theorien, die sich mit der Konstruktion von Wirklichkeit beschäftigen, großer Wert gelegt. Es bedeutet hohe Aufmerksamkeit für die Umstände, unter denen Wirklichkeit entsteht, für die an der Wirklichkeitskonstruktion Beteiligten, deren Sicht Wirklichkeitskonstruktion repräsentiert, und für die gesellschaftlichen Felder, für die Wirklichkeiten geschaffen werden.

Kontextbewusstsein bedeutet auch, sich dessen bewusst zu sein, dass wir durch unser Tun Wirklichkeit erfinden, sowie auch Bewusstsein dessen, wie wir uns selbst und die Praxissituation verstehen und definieren. Dies bedeutet Bewusstsein in Bezug auf die Art der Wirklichkeit, mit der wir uns und die Situation (in der wir handeln) konfrontieren, wenn wir unsere Methode der Fokussierung, unsere transaktionsanalytischen Konzepte und Prozeduren verwenden. Dies heißt, dass wir Begriffe der TA und ihre Konzepte nicht nur benutzen, weil wir sie gelernt haben, sondern dass wir auch erklären können, was es bedeutet, z. B. diese oder jene Racketdefinition zu verwenden. Dies heißt z. B., dass wir uns darüber klar sind, welches Familienbild wir einführen, wenn wir eine Skriptmatrix mit Vater, Mutter und einem Kind benutzen und dagegen eine Skriptmatrix verwerfen, in der Onkel, Geschwister, Freunde, ein wichtiger Lehrer etc. eingeschlossen sind. Dies bedeutet auch, dass wir nicht an erster Stelle in die weitere Ausarbeitung bekannter Konzepte investieren sollten, sondern mehr zurücktreten und uns daran erinnern, dass diese Karten einmal ein Versuch der Beschreibung einer Landschaft waren und dass diese versuchte Beschreibung in einem besonderen (zeitgeschichtlichen und anwendungsbezogenen) Kontext mit spezifischen Implikationen und Konsequenzen vorgenommen wurde.

Eine wichtige Wirkung dieses Kontextbewusstseins ist, dass wir nicht nur lernen, Werkzeuge zu benutzen, sondern dass wir – indem wir daran denken, für welchen Zweck und in welchem Kontext diese Werkzeuge erfunden wurden – auch zu verstehen lernen, wie Werkzeuge hergestellt werden. Kontextbewusstsein beinhaltet auch das

Bewusstsein dessen, wie sich einzelne therapeutische Situationen voneinander unterscheiden können, so dass wir dann auch dazu fähig sind, neue Werkzeuge für jede neue therapeutische Situation zu erfinden, anstatt die therapeutischen Situationen an übernommene Werkzeugschablonen anzupassen. Wenn wir dies häufig genug üben, wird der Geist der Gründer der TA in uns lebendig bleiben, und wir werden die TA, gemäß den Erfordernissen unserer Zeit, wieder neu erfinden.

4. Die TA – ein systemisches Modell

Berne war an Kybernetik sehr interessiert, und er begann, die TA aus einer kybernetischen Perspektive zu konzeptualisieren. Zum Beispiel definierte er einen Ich-Zustand als ein System aus Gefühlen, Einstellungen und Verhaltensweisen, wobei er es freigestellt hat, die Spezifikationen und Generalisierungen dieses Systems gemäß unserer Fragestellungen selbst vorzunehmen. Er überlegte, ob er nicht *Information* zur Grundeinheit seiner Persönlichkeitstheorie machen sollte, entschied sich aber dann für den Begriff *Energie*, was viele biologistische Metaphern zur Folge hatte. Er setzte auch zeitweilig das Erwachsenen-Ich mit einem Computer gleich, doch konnte dies nur zu Verkürzungen führen, weil es dadurch auf die »sachliche« Fähigkeit, analysieren zu können, reduziert wurde.

Im psychotherapeutischen Bereich verstehen wir uns in der Nachfolge von Eric Berne und seinen Kollegen als *Vertreter eines sozialpsychiatrischen Ansatzes*. Entsprechend der Grundidee von Berne bedeutet dies, dass man versuchen sollte, Menschen mit möglichst geringfügigen Eingriffen zu helfen, sich in ihrer Wirklichkeit neu zu orientieren – und damit das Auftreten von schädlichen Verhaltensweisen und Symptomen überflüssig zu machen.

Mit einem Bein blieb Berne fest im psychoanalytischen Bereich der Konzeptualisierung seiner Zeit verwurzelt. Dort herrschte ein mechanistisches und biologistisches Denken vor. Berne wollte über diese Psychoanalyse hinaus. Und auch heute besteht eine gewisse Gefahr in einer Rück- oder Gegenbewegung hin zu einer »seriöseren« psychoanalytischen Orientierung, die wir eher in einem Gegensatz zum sozialpsychiatrischen Ansatz sehen. Das Konzept des »Durcharbeitens«, was immer dies genau heißen mag, hat wieder Konjunktur – oft genug ohne sinnvolle Einbettung in eine beraterische Gesamtstrategie. Doch in den meisten Bereichen sollte gelten: Statt in der Therapie Ressourcen an Zeit, Geld, weltanschaulichem und emotionalem Engagement zu verschwenden, sollten die Interessen und Kräfte der Klienten und ihrer Berater in möglichst großem Umfang auf das »natürliche« und zukunftsrelevante Umfeld gerichtet bleiben.

Die systemische Therapie verfügt über einen guten allgemeinen Ansatz – aber es mangelt ihr noch an vielem, was wiederum die TA leisten kann. Wenn wir Tiefenpsychologie mit einschließen, dann die von C. G. Jung und seinen Nachfolgern.

5. TA – ein experimenteller Ansatz

Experimentell arbeiten heißt mit vielfältigen Kontexten probehalber arbeiten, ohne von der Richtigkeit der einen oder anderen Erklärung überzeugt zu sein oder an ihr festzuhalten, auch wenn sie keine befriedigende Wirkung zeigt.

Innerhalb der transaktionsanalytischen Szene scheint immer noch die implizite Auffassung zu wirken, dass zu qualifizierter Arbeit die Generierung des Kontextes der persönlichen Lebensgeschichte des Menschen gehört. Der Bezug auf die kindliche traumatische Erfahrung ist ein gewohnheitsmäßiges Erklärungsmuster, welches in Bernes Arbeit zwar häufig zu finden ist, aber es wird dort nicht als innerhalb der TA dominant definiert. Berne betonte, dass die Arbeit mit den Kindheitstraumata der Schwerpunkt der klassischen Psychoanalyse sei, welche nur eine sehr spezielle Subkategorie der Persönlichkeitsanalyse darstellen würde – die jedoch üblicherweise stark in den Vordergrund geholt wird.

Wir sollten auch in der klinischen Arbeit nicht länger gewohnheitsmäßig den Kontext der persönlichen Lebensgeschichte einer Person generieren, sondern an erster Stelle das in den Blick nehmen, was Eric Berne »die Vorherrschaft der Wirklichkeitsüberprüfung und der sozialen Kontrolle« genannt hat. Wir könnten uns dann auf neue und vielfältige Weise dafür interessieren, wie ein Patient und sein soziales Umfeld problematisches Verhalten jeden Tag erneut erfinden und wie die Rückkopplungskreise der aufrechterhaltenden Bedingungen des als problematisch erlebten Verhaltens aussehen. Dagegen könnten wir andere vielfältige Wirklichkeiten erfinden, um positive »Vorwärtskopplungskreise« zu initiieren, die neue Optionen in der Realität eröffnen können.

Wir wissen, dass hier auf Teile der Arbeit von Berne Bezug genommen wird, die unsere Vorschläge unterstützen. Jeder, der eine andere, mehr psychoanalytisch orientierte Arbeit bevorzugen möchte, findet bei Berne genauso viele gute Zitate, die diese Position rechtfertigen. Dies sollte zur Konsequenz haben, dass wir die Diskussion im heutigen Kontext erneut beginnen müssen.

Wir möchten, dass die TA zu einem experimentellen Ansatz wird, der die Phänomene nicht gewohnheitsmäßig und durch die Tradition bedingt in den Kontext der Kindheitsgeschichte oder psychologischer Kindheitsentwicklungstheorien stellt. Sondern in der TA sollten die anderen tausend Möglichkeiten der Kontextgenerierung genauso wichtig genommen werden, so dass jeder in seinem Professionsfeld mit diesen Kontexten kreativ experimentieren kann.

6. Die Kultur der transaktionsanalytischen Gemeinschaft

Ein weiterer identitätsstiftender Bereich ist für uns die Art und Qualität der Weiterbildungsorganisation in der TA, die effizient, flexibel, repressionsarm und oft genug fröhlich in Erscheinung tritt. Außerdem orientiert sie sich mehr an Qualifikationen und an der Bereitschaft zum Lernen als am Standesdenken. Die internationale Gültigkeit der Weiterbildung und die gegenseitige transparente Kontrolle aller sind ein wichtiger Garant dafür, sich an den Herausforderungen an die Kompetenz zu orientieren. In der zunehmenden Ausdifferenzierung der Anwendungskompetenz von Transaktionsanalytikern, bezogen auf verschiedene gesellschaftliche Professionsbereiche, sehen wir eine sehr fruchtbare Entwicklung, die von separater Therapiekultur wegführt hin zu einem bewussten Beitrag zu gesellschaftlichen Vorgängen. Die transaktionsanalytische Gemeinschaft hat sich schon immer für gesellschaftliche Probleme engagiert, die über spezifische professionelle Fragen hinausgehen.

Die TA-Gesellschaften verfügen über hohe professionelle Standards. Wichtig daran ist, solche Standards nicht nur zu haben und zu leben, sondern sie als identitätsbildendes Merkmal auszuweisen.

9.3 Transaktionsanalyse – auch eine professionsübergreifende Qualifikation[35]

9.3.1 Ein Plädoyer für die Gleichberechtigung der Professionen in der TA

Ein gültiges und wichtiges Verständnis der Transaktionsanalyse ist sicherlich das der TA als psychotherapeutisches Verfahren. Dieses

---

35 Schmid (1997).

Verständnis hat die älteste Tradition und die meiste Pflege und Ausdifferenzierung über die Jahrzehnte erfahren. Daneben hat es ebenso
Tradition, transaktionsanalytische Konzepte und Vorgehensweisen
für die Bereiche Beratung, Bildung und Organisation zu entwickeln.
In der Zukunft wird die Transaktionsanalyse vielleicht sogar in diesen
Professions- und Gesellschaftsbereichen eine größere Bedeutung
erlangen als in der Psychotherapie. Zu viele Schulen konkurrieren
im psychotherapeutischen Feld um diesen Dienstleistungsbereich.
Folgerichtig organisieren sich die nichtpsychotherapeutischen Transaktionsanalytiker zunehmend mit eigenen professionellen Selbst-
verständnissen im Transaktionsanalyse-Verband. Sie bemühen sich
dabei, aus der psychotherapeutischen Tradition zu schöpfen, sich
gleichzeitig aber von vielen Erklärungsgewohnheiten und impliziten
Vorgaben, die eher zum Beruf der Psychotherapie passen, zu lösen.
Sie versuchen, das Menschenbild, die herkömmlichen Konzepte und
Vorgehensweisen der TA für ihre eigenen Belange, ihre anderen Kontexte und beruflichen Selbstverständnisse neu zu fassen bzw. neue
Konzepte zu entwickeln.

Diese Emanzipation ist dann langwierig und schwierig, wenn
Psychotherapie als unterschwellige Vorlage für Berufsidentität, Weiterbildungen und Prüfungen traditionsgemäß dominiert. Derzeit
entstehen neue Notwendigkeiten, Verbandsidentitäten zu markieren.
Professionsbewusste und methodenpluralistische Verbände lösen
Schulen alter Prägung ab. Will man jedoch TA zu einem professions-
übergreifenden Verfahren für Wirklichkeitsgestaltung durch Kommunikation weiterentwickeln, ist es geradezu notwendig, TA von der
zwangsweisen Verbindung mit den Weltbildern, den Selbstverständ-
nissen und den Verfahren der Psychotherapie zu lösen.

Das Einnehmen dieser Metaperspektive in Bezug auf TA ist für
den Professionellen wichtig, damit er sich seiner Professionalität bewusst sein und neue Professionen und einen Fachverband entwickeln
kann, in dem verschiedene Berufe gleichberechtigt zusammenwirken
können.

9.3.2 Entwicklung von Autonomie geschieht in allen gesellschaftlichen Feldern

Bernes Hauptanliegen war der autonome Mensch, der *sein* Leben
und *seinen* Beitrag zur Gesellschaft schöpferisch gestaltet, nicht nur
gelöst von neurotischen Belastungen, sondern auch von anderen

gesellschaftlichen Einschränkungen seiner kreativen Möglichkeiten. In dem Sinne führen psychologische Behandlungsverfahren ebenso, wie es die gute Arbeit von Organisationsentwicklern, Supervisoren und Beratern leistet, zu einer Anregung, Vermittlung und Provokation von Veränderung. Umgekehrt tragen auch transaktionsanalytische Psychotherapeuten zur Entwicklung von Menschen und der Gesellschaft bei, wie auch Führungskräfte oder Lehrer mit Neurosen, Süchten, Essstörungen usw. umgehen müssen. Sie können im eigenen Verantwortungsbereich auf kompetente Weisen des Umgangs mit diesen menschlichen Verhaltensweisen nicht verzichten. Kompetenz und Verantwortung heißt für sie aber nicht, die Kompetenz und Verantwortung von Psychotherapeuten nachzuahmen.

Viele psychologische Behandlungsverfahren zielen auf Veränderung der subjektiven individuellen Interpretation von Wirklichkeit. Das wird aber auch bewirkt durch Änderungen der Denkgewohnheiten, der Rollenkompetenzen, der Architekturen sozialer Konstellationen (z. B. in Unternehmen) und der Definitionen professioneller Identitäten (z. B. in einem Professionsverband).

Menschliche Wirklichkeit kann zwar immer plausibel als psychologisches Phänomen beschrieben werden, doch ist dies für das Bewirken von Verwandlungen und für professionelle Kompetenz oft nicht entscheidend.

Berne hielt es für wichtig, Patienten durch eine auch geistige Auseinandersetzung mit der Wirklichkeit zu mehr Realitätstüchtigkeit zu verhelfen. So wird Realitätstüchtigkeit dann Gegenstand der Psychotherapie, wenn sie als eingeschränkt angesehen wird. Die Einschränkungen werden in der Regel auf lebensgeschichtlich gewachsene Voreingenommenheiten zurückgeführt. Zur Wiederherstellung von Realitätstüchtigkeit werden infolgedessen Methoden zur Befreiung von solchen Beeinträchtigungen konzipiert und entsprechende Maßnahmen ergriffen.

Aber auch in anderen Lebens- und Arbeitswelten geht es um Realitätskompetenz und ihre mögliche Beeinträchtigung. Hierfür müssen Beschreibungen und Vorgehensweisen gefunden werden, ohne dass die Selbstverständnisse der Psychotherapie adaptiert würden.

Realitätstüchtigkeit hat mit den gesellschaftlichen Wirklichkeiten, um die es jeweils geht, zu tun. Kompetenzen, die zu einer bestimmten Zeit in einer bestimmten Situation genügt haben und daher Erfolg und Wohlbefinden begründen konnten, genügen in anderer Zeit und anderen Situationen nicht mehr. Misserfolg, Unwohlsein und Desintegration der Persönlichkeits- und Beziehungsgefüge sind die Folge. Wenn in einem Heißluftballon das Auftriebssystem unter neuen Luftbedingungen nicht mehr hinreichend funktioniert, dann ist mit Ballastabwerfen nur bedingt etwas zu machen. Unzureichende Realitätstüchtigkeit hat weniger damit zu tun, dass man etwas loswerden muss, als damit, dass man etwas noch Fehlendes erwerben muss: z. B. Kompetenzen in den verschiedenen Profession- oder Organisations- und Privatrollen.

Dazu gehören angemessen differenzierte Wirklichkeitsbilder und die Fähigkeit, sie in sinnvollen Figuren des Erlebens und Handelns zu verdichten. Es geht also um die Verbesserung von Funktionen der Persönlichkeit und von gesellschaftlichen Zuständen durch Kompetenzerwerb sowie um die Fähigkeit, sinnvoll und mit Augenmaß zu gegenwärtigen und zukunftsorientierten Wirklichkeitsinszenierungen beizutragen. Diese haben ihrerseits wieder enorme Auswirkungen auf Lebensqualität, Sinnstiftung, Wohlbefinden und seelische Gesundheit von Menschen.

Tatsächlich sind in der Weiterbildungs- und Verbandskultur der TA die Entwicklung persönlicher Rollenkompetenz, die Erarbeitung einer persönlichen Identität in der Profession sowie das verantwortliche Mittragen einer konstruktiven und kreativen Professionskultur schon immer entscheidende Kulturbestandteile gewesen.

9.3.3 Psychotherapie und gesellschaftliche Verantwortung

Menschen müssen heute mehr denn je ihre Kommunikation und sich selbst an immer schnellere Szenen-, Kontext- und Rollenwechsel anpassen.

Unserer Meinung nach wäre es oft befriedigender, wenn sich Psychotherapeuten in ihren beruflichen Dienstleistungen nicht an der Beseitigung von neurotischen Störungen orientieren würden, sondern daran, wie sie konstruktiv und positiv Wirklichkeit durch Kommunikation mitgestalten können. D. h., Psychotherapie müsste sich von ihrem »Reperaturbetrieb«-Verständnis lösen und mehr Beiträge zur gesellschaftlichen Entwicklung leisten.

Für die Gesellschaft wäre es wichtiger, dass nicht einfach psychologische oder psychotherapeutische Konzepte in Organisationen übertragen würden, sondern dass das Know-how für die Belange anderer Professionen und Kontexte aufbereitet, neu entwickelt und integrierbar gemacht würde. Die Übertragung von Psychotherapiekultur kann sogar gelegentlich als kontraproduktiv eingeschätzt werden, wenn man bei der Evaluation über die direkt betroffenen Individuen hinausblickt. Die psychotherapieorientierte Arbeit mit einer Geschäftsführung z. B. kann zwar Spannungen lösen, bringt aber für Organisationen unpassende Beziehungsebenen in den Vordergrund und bietet sie als Maßstab an. Hier wäre viel wichtiger zu erleben, wie mit Vorgehensweisen, die auch von Führungskräften übernommen werden können, Probleme gelöst werden. Entsprechendes Führungsverhalten hat den Vorteil, dass quasi nebenbei neurotischen Mustern das Lebensmilieu entzogen wird.

Das Spektrum der Transaktionsanalyse sowohl in ihren Grundhaltungen, in ihrem Menschenbild, in ihren Konzepten als auch in der Verbandspraxis ist zu breit, als dass es auf Neurosenheilung beschränkt werden dürfte.

Die Überbetonung der Befreiung von Beeinträchtigungen und Neurosen zeigt sich auch darin, dass der Eigentherapie der Ausbildungskandidaten bei der Weiterbildung von Psychotherapeuten ein großer Raum und bei Schwierigkeiten oft Vorrang in den Gesamtbemühungen eingeräumt wird. Doch auch umgekehrt kann ein Schuh daraus werden (Schmid 1986b). Viele Therapieprobleme lösen sich von allein, wenn durch neue Kompetenzen alte neurotische Belastungen von selbst in den Hintergrund treten. Die Förderung und Begleitung von Menschen durch ausführliche Psychotherapie kann schon aus Ressourcengründen kein realistisches Vorbild für die Entwicklung der Gesellschaft sein.

9.3.4 Neue Kompetenzen statt Heilung alter Neurosen

Viele wirtschaftliche Fehlentwicklungen und viel gesellschaftliches Leid hängen damit zusammen, dass Menschen ihre Gewohnheiten bei neuen Herausforderungen nicht angemessen neu in Frage stellen. Sie versuchen eine Fortschreibung alter Wirklichkeitsverständnisse und Gestaltungsgewohnheiten, die zunehmend zu Schwierigkeiten führen und die später dann sinnvoll auch als Neurose beschrieben werden können. Doch ist Neurosenbeseitigung bei Einzelnen die Lösung? Der kreative und kompetente Aufbruch ganzer Organisationseinheiten ist gesellschaftlich sicher das bedeutsamere Mittel, will man Herausforderungen begegnen und neurotische Entwicklungen vermeiden. Es würde mehr Sinn ergeben, statt von Neurosen von Gewohnheitswirklichkeiten zu sprechen und transaktionsanalytische Konzepte und Kompetenzen zu benennen, die Menschen in Organisationen helfen, gemeinsam aufzubrechen. Nur, wenn das bei einzelnen Menschen in spezifischer Weise wieder und wieder misslingt, scheint es mir sinnvoll, auf psychotherapeutische Verständnisse und entsprechende befreiende Vorgehensweisen zuzugreifen.

Psychotherapeuten sollten daher nicht reflexhaft Psychotherapie im Sinne einer erlebnisgeschichtlich orientierten Arbeit ausweiten, sondern im Dialog mit anderen Disziplinen erwägen, ob nicht ganz andere Arten von Dienstleistungen angezeigt wären, wie z. B. eine Professionssupervision, die berufliche Kontexte angemessen berücksichtigen kann. Psychotherapeuten könnten entweder selbst entsprechende Dienstleistungen weiterentwickeln oder die Vernetzung mit anderen professionellen Dienstleistern, die hier ein komplementäres Spektrum anbieten können, verbessern.

9.3.5 Ein universelleres Verständnis von Transaktionsanalyse

Transaktionsanalyse ist auf die Entwicklung von Einsichten und die Entwicklung von Verhaltensweisen gleichermaßen ausgerichtet. Damit empfiehlt TA sich als eine integrierende Orientierung für eine künftige, nicht schulengebundene Profession der Psychotherapie.

Doch beschäftigen wir uns mit Transaktionsanalyse auch aus der Sicht anderer Professionen und im Zusammenhang mit Vorstellungen davon, was Professionalität in anderen Bereichen bedeutet. Wir beschreiben Lebenssituationen, menschliche Erlebensweisen und menschliche Beziehungen aus Sicht der TA im Zusammenhang verschiedener Professionellen und ihrer Qualifizierung.

Zusammenfassend kann man feststellen: Psychotherapie ist *ein* wichtiges Professionsfeld, in dem Transaktionsanalyse entwickelt wurde. Transaktionsanalyse in anderen Professionsfeldern ist genauso wichtig und muss sich für ihre besonderen Kontexte spezifizieren.

Dadurch, dass transaktionsanalytische Konzepte auch für die Professionalität und Professionalisierung von nicht nur psychologisch orientierten Professionen bedeutsam sind, entsteht die Frage, ob man Transaktionsanalyse überhaupt als eine Psychologie definieren sollte. Die psychologische Perspektive ist eine unter anderen möglichen Bezügen und wird für manche Professionen – wie z. B. die Psychotherapie – zentral bleiben.

Aus unserer Sicht wäre es auch möglich, diesen (psychologischen) Bezug aus der generellen Definition des transaktionsanalytischen Wirklichkeitsverständnisses herauszunehmen. Dann würden daraus vielleicht auch einige neue Grundverständnisse entstehen, die universeller als die bisherigen sind und die für verschiedene Professionen spezifiziert werden könnten.

So könnte man universeller definieren:

- *Transaktionen* sind Handlungen, die Realitäten durch Kommunikation mitgestalten.
- *Transaktionsanalyse* meint einen professionellen Umgang mit der Gestaltung von Wirklichkeit durch Kommunikation. Ihre Perspektiven sind selbst Gegenstand der Reflexion von Transaktionsanalytikern.
- *Transaktionsanalytiker* helfen als professionelle Praktiker, einschränkende Wirklichkeitsgewohnheiten ihrer Klienten zu überwinden und stattdessen schöpferische und sinnvolle Alternativen zu entwickeln.
- *Transaktionsanalytiker* als professionelle Lehrer und Supervisoren organisieren und gestalten qualifizierte Weiterbildungsgänge für professionelle Praktiker einerseits und für künftige Lehrer und Supervisoren andererseits. Hierzu gehören die Weiterentwicklung entsprechender Inhalte und Methoden und, soweit notwendig, eine philosophische und wissenschaftliche Auseinandersetzung mit ihnen.

10. Glossar

Beratungsvertrag s. Vertragsarbeit

Bezugrahmen
Bezugsrahmen wird ein Wirklichkeitsverständnis genannt, aus dem heraus oder auf das bezogen sich ein System organisiert. Dieser Ansatz wurde von der Schule um J. L. Schiff in die TA eingeführt und kann mittlerweile als klassisch bezeichnet werden.

Diagnose, soziale
eine Diagnose, die man aus den Informationen zieht, welche man aus der eigenen Reaktion und die anderer auf ein Geschehen oder auf einen Menschen entnimmt

Dramadreieck
Mit Hilfe des Dramadreiecks werden drei typische Positionen *(Opfer, Retter, Verfolger)* beschrieben, die an Spielen (s. Spiele) Beteiligte einnehmen. Die oft »überraschenden« Positionswechsel tragen zum Drama bei.

Eltern-Ich s. Ich-Zustand

erlösen
was angelegt ist, zur Entfaltung bringen oder eine problematische Version in eine geglückte Version verwandeln

Ich-Du-Typ – Ich-Es-Typ
Zwei Präferenzen, Beziehung zu gestalten: Für den Ich-Du-Typ ist die Beziehung zum anderen Menschen vorrangig. Der Ich-Es-Typ steuert sich über die Beziehung zum Thema.

Ich-Zustand
Kohärentes System von Gedanken, Gefühlen und Verhalten. Diese Beobachtungs- bzw. Analyseeinheit wird in der TA uneinheitlich benutzt. Entweder wird beschrieben, woher wohl ein gezeigtes Verhalten oder Erleben stammt, z. B. aus welcher Zeit und von wem übernommen *(strukturelle* Ich-Zustände). Häufiger jedoch werden

Ich-Zustände *funktional* benutzt. Dann dienen sie dazu, ein gezeigtes Verhalten und Erleben durch seinen Ausdruck (Körperhaltung, Ton, Inhalt usw.) zu charakterisieren: Es sieht aus, es fühlt sich so an, es zeigt Denken wie

Eltern (Eltern-Ich): z. B. fürsorglich, streng, orientierend, moralisierend usw.,

ein Kind(Kind-Ich): spontan wie ein *freies Kind, angepasst, rebellisch* oder »bauernschlau« wie ein *kleiner Professor,*

Erwachsene (Erwachsenen-Ich): Damit ist meistens das Verhalten und Erleben gemeint, das (aus Sicht des Beobachters) sachlich und der Situation angemessen scheint.
Die TA nach Eric Berne beschränkt sich auf diese drei Hauptkategorien des Verhaltens und seiner Herkunft.

Kind-Ich s. Ich-Zustand

kleiner Professor s. Ich-Zustand

kodefinieren s. Transaktion

kokreativ
etwas gemeinsam hervorbringend, erfindend

Komplexitätssteuerung
Beschreibt den Prozess und die Art und Weise, wie zwischen Komplexität und Übersichtlichkeit Beschreibungs- und Handlungsmöglichkeiten hergestellt werden.

Kontextkompetenz
die Fähigkeit, die unterschiedlichen Bedingungen und Anforderungen, mit denen ein Berater in einem Praxisfeld zu tun hat, überschauen und angemessen berücksichtigen zu können

läutern
Das Wort wird benutzt im Sinne von klären, ausrichten, qualifizieren. Z. B. geläuterte Intuition: Durch vielfältige Klärungs- und Supervisionsprozesse treten solche Intuitionen in den Vordergrund, die zur

Situation, zum Auftrag, zu den möglichen Beziehungen in eher nutzbarer Form erscheinen.

Opfer s. Spiele

Pastime s. Zeitvertreib

Person
Die Person ist hier definiert als das Bündel der Rollen (s. dort), die Menschen auf den Bühnen ihrer Welten einnehmen. Die unverwechselbare Wesensart tönt in jeder Situation und jeder Rolle hindurch (lat. *personare* = durchtönen, widerhallen, besingen).

Racket
Kernkonzept der klassischen TA in vielfältigen Varianten, z. B. Beziehungsmaschen, »Lieblings«- oder Ersatzgefühle und Rabattmarken. Gemeinsam ist ihnen die implizite Annahme, dass die gezeigten Gefühle und das gezeigte Verhalten statt eines (aus Sicht des Beobachters angenommenen) funktionaleren oder gesünderen Verhaltens oder Erlebens auftreten, entweder aus Gewohnheit oder weil jemand manipuliert werden soll oder weil ein anderer Nutzen davon erwartet wird.

redefinieren s. Transaktion

Retter s. Spiele

Rolle
Kohärentes System von Einstellungen, Gefühlen, Verhaltensweisen, Wirklichkeitsvorstellungen und zugehörigen Beziehungen. Das *Rollenkonzept* von B. Schmid erweitert das Konzept der Ich-Zustände. Dadurch werden Beziehungen und Kontext bereits in das Verständnis von Persönlichkeit einbezogen. Dualitäten zwischen Mensch und Rolle bzw. zwischen Mensch und Beruf oder Mensch und Organisation werden definitorisch in Frage gestellt.

Selbstorganisation
Beschreibt den Prozess und die Art und Weise, wie eine Person (oder auch ein System wie z. B. ein Unternehmen) sich selbst (mit seinem Denken, Erleben und Verhalten) sortiert und auf andere Menschen und/oder Situationen einstellt.

professionelle Selbstorganisation

beschreibt, wie sich jemand in seinem Beruf und den damit verbundenen Rollen selbst definiert und sein Verhalten und sein Erleben, bezogen auf ein spezielles Berufsfeld, in die jeweilige Situation einpasst.

Skript

Ist ein Konzept der TA, mit dem sie versucht, zu beschreiben und zu verstehen, warum manche Menschen, manchmal sogar über Generationen hinweg, immer wieder bestimmten (Lebens-)Mustern folgen, sogar dann, wenn sie die Lebensqualität mindern. Hinter solchen Lebensläufen vermutet die TA einen Lebensplan, der wie ein Drehbuch als Vorlage für Lebensgestaltung dient.

Wie ein solches Skript entsteht (ob z. B. nur in der Kindheit, ob nur durch Traumata usw.) und wie es wieder aufzulösen ist, dazu gibt es wieder unterschiedliche Konzepte und Ansätze. Fanita English sieht im Skript auch einen kreativen Lebensentwurf.

Spiele

Ein Spiel besteht aus einer Serie von Transaktionen (s. Transaktionen), die zu vorhersehbaren unguten Ergebnissen führen. Auch für dieses Kernkonzept der klassischen TA gibt es verschiedene Perspektiven. Spiele werden z. B. als Mittel zum Skriptvollzug und zur Bestätigung entsprechender Skriptüberzeugungen oder zur Etablierung bzw. Aufrechterhaltung nichtautonomer bzw. ausbeuterischer Beziehungen betrachtet.

System

Eine kleine bis große Beobachtungseinheit (durch Beobachter definiert); kann eine Person, ein Teil einer Person, kann ein Unternehmen, ein Teil des Unternehmens usw. sein. Neben solchen »strukturellen« Systemen können so auch Prozesse (Strategieprozesse) oder abstraktere Gebilde (Wertesystem) beschrieben werden. Welche System-Umwelt-Grenzen sinnvoll sind, muss passend zur Fragestellung jeweils bestimmt werden.

systemisch

Bezeichnung für wissenschaftliche und pragmatische Herangehensweisen, die bevorzugt Wechselwirkungen (Mobileeffekt) und sich selbst schöpfende Wirklichkeiten (Autopoiese) betrachten und die Erzeugung von Wirklichkeit durch Beteiligte und Beobachter von

Metastandpunkten aus beleuchten. »Systemisch« wird mit Haltungen wie Lösungs- und Ressourcenorientierung in Verbindung gebracht. »Systemische Didaktik« meint: Antworten auf die Frage, wer wann wie wofür und wodurch Lernen aus systemischen Perspektiven organisiert.

Transaktionen
Dieses Kernkonzept der klassischen TA beschreibt menschliches Verhalten und die Inszenierung von Wirklichkeiten in Kommunikationseinheiten. Eine Transaktion besteht aus einer gesendeten Botschaft und einer darauf bezogenen Resonanz. Zur Charakterisierung einer Transaktion kommt man durch verschiedene »Diagnosearten« (z. B. s. Diagnose, soziale). Eine vielschichtige Betrachtung vordergründiger und hintergründiger (»unterschwelliger«) Ebenen führt zu einem umfassenderen Verständnis von sich entfaltenden Wirklichkeiten und Beziehungen.

redefinierende Transaktionen
Das sind Kommunikationen, bei denen jemand eine auf angebotene Wirklichkeit Bezug nehmende Antwort vermeidet, entweder, indem er scheinbar passend und doch »daneben« antwortet (»tangentiale T.«), oder aber auf andere (konkurrierende) Wirklichkeiten Bezug nimmt (»blockierende T.«).

definierende bzw. kodefinierende Transaktionen
Das sind von B. Schmid eingeführte Begriffe, die beschreiben, dass jemand in der Kommunikation einen bestimmten Bezugsrahmen zu etablieren sucht bzw. einen solchen bestätigt.

Verfolger s. Spiele

Vertragsarbeit
Eine Vereinbarung zwischen Beteiligten einer Dienstleistungsbeziehung, z. B. zwischen Klienten und Berater, über das Beratungsziel (Beratungsvertrag), meist zu Beginn einer Zusammenarbeit. Für alle Beteiligten sollen dabei Ziele, Verantwortungen, Vorgehensweisen und Regeln geklärt werden.

Unabhängig vom formalen Vorgehen verpflichtet der Vertragsgedanke dazu, die Beziehungen aller Beteiligten auf Augenhöhe zu

pflegen und sich untereinander bezüglich Fortschritten, Verantwortlichkeiten und Gütekriterien für den Prozess abzustimmen.

Wirklichkeit

Meint die Welt- und Selbsterfahrung, die die Menschen als existent
und bedeutsam ansehen. Beim wirklichkeitskonstruktiven Ansatz geht
es nicht um ein Herausfinden von »Wahrheit«, ihrer Begründung und
Entstehung. Vielmehr geht es um die Funktion, die Wirklichkeitskonstruktionen für die Lebensart der Betroffenen haben, und darum, wie
sie durch Veränderungen der Wirklichkeitskonstruktionen andere
Wirklichkeiten schaffen können.

Wirklichkeitskonstruktion

Beschreibt die kompositorischen Merkmale einer Wirklichkeit. Mit
Hilfe der Theatermetapher können wesentliche Dimension von Wirklichkeitsinszenierungen von fast jedermann beschrieben werden.

Wirklichkeitsfindung, kokreative

Bezieht sich auf die Art und Weise, wie sich zwei oder mehr Personen
(oder Systeme, s. o.) zu einer gemeinsamen Wirklichkeit finden. »Finden« meint den von Francisco Varela propagierten »Weg der Mitte«
zwischen »heraus«finden und »hinein«erfinden[36]. Gunther Schmidt
(2005) spricht von »wahrgeben« neben wahrnehmen.

Zeitvertreib

Eric Berne beschreibt verschiedene Möglichkeiten, seine Zeit (miteinander) zu verbringen. Dabei werden konstruktive wie weniger
konstruktive Formen des Zeitvertreibs bzw. der Bedürfnisbefriedigung oder der Beziehungsgestaltung konzipiert. Wenn sinnerfüllende Erfahrungen (»Intimität«) schwer zugänglich scheinen, neigen
Menschen zu anderen Aktivitäten, die teilweise Ersatzbefriedigungen
bieten und hintergründige stille Verzweiflung angesichts von Leere
und Endlichkeit übertönen.

---

36 Francisco Varela (1982): The middle way in neuroscience. (Vortrag in Llorett de Mar.)

Literatur

Bandler, R. a. J. Grinder (1989): The structure of magic: A book about language and therapy. Palo Alto (Science and Behavior).

Barnes, G. (1986): Transactions. Keynote speech. (EATA Conference, Noordwijkerhout July 1986).

Barnes, G. (ed.) (1977): Transactional analysis after Eric Berne. New York (Harper's College).

Bateson, G. (1972): Steps to an ecology of mind. New York: (Ballantine).

Bateson, G. (1981): Ökologie des Geistes. Anthropologische, psychologische, biologische und epistemologische Perspektiven. Frankfurt a. M. (Suhrkamp).

Bauer, J. (2005): Warum ich fühle, was du fühlst. Intuitive Kommunikation und das Geheimnis der Spiegelneurone. Hamburg (Hoffmann und Campe).

Berne, E. (1949): The nature of Intuition. *The psychiatric Quarterly* 23: 203–225. [Dt. (1991): Das Wesen der Intuition. In: E. Berne: Transaktionsanalyse der Intuition: Ein Beitrag zur Ich-Psychologie. (Hrsg. von Heinrich Hagehülsmann.) Paderborn (Junfermann), S. 33–63.]

Berne, E. (1952): Concerning the nature of diagnosis. *International Record of Medicine* 165: 283–292. [Dt. (1991): Über das Wesen der Diagnose. In: E. Berne: Transaktionsanalyse der Intuition: Ein Beitrag zur Ich-Psychologie. Paderborn (Junfermann), S. 65–80.]

Berne, E. (1953): Concerning the nature of communication. *The psychiatric Quarterly* 27: 185–198. [Dt. (1991): Über das Wesen der Kommunikation. In: E. Berne: Transaktionsanalyse der Intuition: Ein Beitrag zur Ich-Psychologie. Paderborn (Junfermann), S. 81–97.]

Berne, E. (1955): Intuition IV: Primal images and primal judgment. *American Journal of Psychotherapy* 29: 634–658. [Dt. (1991): Urbilder und primäre Urteile. In: E. Berne: Transaktionsanalyse der Intuition: Ein Beitrag zur Ich-Psychologie. Paderborn (Junfermann), S. 99–129.]

Berne, E. (1957): Ego states and psychotherapy. *The psychiatric Quarterly* 1: 293–309. [Dt. (1991): Ich-Zustände in der Psychotherapie. In: E. Berne: Transaktionsanalyse der Intuition: Ein Beitrag zur Ich-Psychologie. Paderborn (Junfermann), S. 153–176.]

Berne, E. (1958): Transactional analysis: A new and effective method of group therapy. *American Journal of Psychotherapy* 12: 735–743. [Dt. (1991): Transaktionsanalyse: Eine neue und wirksame Methode der Gruppentherapie. In: E. Berne: Transaktionsanalyse der Intuition: Ein Beitrag zur Ich-Psychologie. Paderborn (Junfermann), S. 177–190.]

Berne, E. (1961): Transactional analysis in psychotherapy: A systematic individual and social psychiatry. New York (Grove).

Berne, E. (1962): Intuition VI: The psychodynamics of intuition. *The Psychiatric Quarterly* 36: 294–300. [Dt. (1991): Die Psychodynamik der Intuition. In: E. Berne: Transaktionsanalyse der Intuition: Ein Beitrag zur Ich-Psychologie. Paderborn (Junfermann), S. 191–199.]

Berne, E. (1970a): Spiele der Erwachsenen. Reinbek bei Hamburg (Rowohlt).

Berne, E. (1970b): Was sagen Sie, nachdem Sie »Guten Tag« gesagt haben? Frankfurt a. M. (Fischer), 20. Aufl. 1983.

Berne, E. (1971): Transaktionsanalyse der Intuition. Paderborn (Junfermann).

Berne, E. (1977): Intuition and ego-states. The origins of transactional analysis. (A series of papers. Ed. by P. McCormick.) San Francisco (Transactional).

Berne, E. (1991): Transaktionsanalyse der Intuition. Paderborn (Junfermann).

Bohm, D. (1998): Der Dialog. Stuttgart (Klett-Cotta).

Buber, M. (1923): Ich und Du. In: M. Buber (1979): Das Dialogische Prinzip. Heidelberg (Lambert Schneider), 4. Aufl.

Clarkson, P. a. M. Gilbert (1988). Berne's original model of EGO-STATES: Theoretical considerations. *Transactional Analysis Journal* 18: 20–29.

Cornell, W. F. (1980): Life script theory: A critical review from a developmental perspective. *Transactional analysis Journal* 18: 270–282.

Denzler, G., R. Jansche u. H. Küng (1996): Der Ketzer Rupert Lay und das Versagen der Kirche. Über Sinnsuche in einer komplexen Welt. (Hrsg. vom Ronneburger Kreis.) Düsseldorf (Econ).

English, F. (1977): What shall I do tomorrow? In: G. Barnes (ed.): Transactional analysis after Eric Berne. New York (Harper's College), pp. 287–347.

English, F. u. B. Schmid (1997): Dialog zwischen den Generationen. (Gespräche aus den Jahren 1987/1988, verschriftlicht und bearbeitet von Sabine Caspari.) In: B. Schmid (2003): Systemische Professionalität und Transaktionsanalyse. Bergisch Gladbach (Edition Humanistische Psychologie), S. 225–258. Verfügbar unter: http://www.systemische-professionalitaet.de/isbweb/component/option,com_docman/task,doc_download/gid,223/ [10.6.2008].

Erskine, R. G. , P. Clarkson, R. L. Goulding, M. G. Grader a. C. Moiso (1988): Ego state theory: Definitions, descriptions, and points of view. *Transactional Analysis Journal* 18: 614.

Foerster, H. von (1985): Sicht und Einsicht. Braunschweig (Vieweg).

Foerster, H. von (1993): KybernEthik. Berlin (Merve).

Frankl, V. E. (1987): Logotherapie und Existenzanalyse. Texte aus fünf Jahrzehnten. München (Piper).

Franz, M.-L. von u. J. Hillmann (1980): Zur Typologie C. G. Jungs. Fellbach-Oeffingen (Adolf Bonz).

Gautier-Caspari, S. (1994): »Der dritte Schwan«. Grundgedanken zur Transaktionsanalyse aus systemischer Sicht. *Zeitschrift für Transaktionsanalyse* 11 (34): 173–186.

Goulding, M. M. u. R. Goulding (1999): Neuentscheidung. Ein Modell der Psychotherapie. Stuttgart (Klett-Cotta), 7. Aufl. [Engl. Orig.(1979): Changing lives through redecision therapy. New York (Grove).]

Grawe, K. (2004): Neuropsychotherapie. Göttingen (Hogrefe).

Halper, J. (1989): Stille Verzweiflung. Landsberg am Lech (Moderne Verlagsgesellschaft).

Helwig, P. (1967): Charakterologie. Stuttgart (Klett).

Hillman, J. (1996): The soul's code: In search of character and calling. New York (Warner). [Dt. (1998): Charakter und Bestimmung, München (Goldmann).]

Hipp, J. (1998/2003): Die narrative Denkrichtung in der Beratung]. Wiesloch (Institut für systemische Beratung). Verfügbar unter: http://www.systemische-professionalitaet.de/isbweb/component/option,com_docman/task,doc_download/gid,508/ [18.6.2008]

Hüther, G. (2006a): Bedienungsanleitung für ein menschliches Gehirn. Göttingen (Vandenhoek & Ruprecht), 6. Aufl.

Hüther, G. (2006b): Die Macht der inneren Bilder. Göttingen (Vandenhoeck & Ruprecht); 3., durchges. Aufl.

Jung, C. G. (1972): Typologie. [1921.] Olten (Walter).

Jung, C. G. , M.-L. von Franz, J. L. Henderson, J. Jakob u. A. Jaffe (1968): Der Mensch und seine Symbole. Olten (Walter), 12. Aufl. 1991.

Kahler, T. (1979): Process therapy in brief. Little Rock (Human Development).

Kiltz, R. R. (2007): Der Schatten der TA. (Referat beim TA-Lehrenden-Treffen in Neustadt an der Bergstraße, 14.11.2007.)

Längle, A. (1986): Existenzanalyse der therapeutischen Beziehung und Logotherapie in der Begegnung. *Tagungsberichte der Gesellschaft für Logotherapie und Existenzanalyse* 1 (2): 55–77.

Lay, R. (1993): Vortrag über Ketzerei auf der Ronneburg. In: G. Denzler, R. Jansche u. H. Küng (1996): Der Ketzer Rupert Lay und das Versagen der Kirche. Über Sinnsuche in einer komplexen Welt. (Hrsg. vom Ronneburger Kreis.) Düsseldorf (Econ), S. 163–166.

Massey, R. F. (1989): Integrating systems theory and TA in couples therapy. *Transactional Analysis Journal* 19: 128–136.

Maturana, H. R. u. F. J. Varela (1987): Der Baum der Erkenntnis. Die biologischen Wurzeln menschlichen Erkennens. Bern/München (Goldmann).

Mellor, K. u. E. Schiff (1977): Missachten (Abwerten, discount). *Neues aus der Transaktionsanalyse* 3: 133–139.

Mohr, G. (2006): Systemische Organisationsanalyse. Dynamiken und Grundlagen der Organisationsentwicklung. Bergisch Gladbach (Edition Humanistische Psychologie).

Öhler, R. (2007): Bauchentscheidungen. Hessischer Rundfunk (hr2): »Wissenswert«, 14.9.2007 (Frankfurt a. M.).

Poincaré, H. (1948): Mathematical creation. In: J. R. Newman (ed.): The world of mathematics. New York (Simon and Schuster), pp. 2041–2051.

Popp, F. A. (2006): Biophotonen – Neue Horizonte in der Medizin. Von den Grundlagen zur Biophotonik. Stuttgart (Hippokrates), 3., vollst. überarb. Aufl.

Richards, D. (1999): Weil ich einzigartig bin. Dem inneren Genius folgen – der eigenen Stärke Raum geben. Freiburg i. Br. (Herder).

Schiff, I. L. (mit A. W. Schiff, K. Mellor, E. Schiff, S. Schiff, D. Richman, C. Fishman a. D. Momb) (1975): Cathexis reader: Transactional treatment of psychosis. New York (Harper & Row).

Schlegel, L. (1997): Was ist Transaktionsanalyse? *Zeitschrift für Transaktionsanalyse* 1/2: 5–30.

Schmid, B. (1986a): Systemische Transaktionsanalyse – Anstöße zu einem erneuten Durchdenken und zur Diskussion transaktions-analytischer Konzepte aus systemischer Sicht. Wiesloch (Eigenverlag).

Schmid, B. (1986b): Die Rolle der Eigentherapie in der Ausbildung zum Transaktionsanalytiker. In: R. Frühmann u. H. Petzold (Hrsg.): Lehrzeit der Seele. Paderborn (Junfermann) 1994, S. 108–120.

Schmid, B. (1986c): Theorie, Sprache und Intuition. *Zeitschrift für Transaktionsanalyse* 2: 73–77.

Schmid, B. (1988a): Acceptance speech, accepting the first EATA-award. (Short Version printed in EATA Newsletters 1989). [Siehe auch 1989b.]

Schmid, B. (1988b): Gegen die Macht der Gewohnheit – Systemische und wirklichkeitskonstruktive Ansätze in Beratung, Therapie und Training. *Zeitschrift für Transaktionsanalyse* 3: 68–91.

Schmid, B. (1988c): Überlegungen zur Identität als Transaktionsanalytiker. *Zeitschrift für Transaktionsanalyse* 2: 75–77.

Schmid, B. (1989a): Die wirklichkeitskonstruktive Perspektive – Systemisches Denken und Professionalität morgen. *Zeitschrift der Gesellschaft für Organisationsentwicklung* 2: 49–65.

Schmid, B. (1989b): Acceptance speech. (Programmatische Überlegungen anläßlich der Entgegennahme des 1. EATA-Wissenschaftspreises für Autoren, Blackpool 1988.) *Zeitschrift für Transaktionsanalyse* 4: 141–163.

Schmid, B. (1990a): Professionelle Kompetenz für Transaktionsanalytiker: Das Toblerone-Modell. *Zeitschrift für Transaktionsanalyse in Theorie und Praxis* 7: 32–42.

Schmid, B. (1990b/2002): Persönlichkeitscoaching – Beratung der Person in ihren Organisations-, Berufs- und Privatwelten. In: B. Schmid (2004): Systemisches Coaching – Konzepte und Vorgehensweisen in der

Persönlichkeitsberatung. Bergisch Gladbach (Edition Humanistische Psychologie), S. 160–167.

Schmid, B. (1990c): Supervision nach dem Toblerone-Modell. *Zeitschrift für Transaktionsanalyse* 2: 61–74.

Schmid, B. (1991a): Kritische Gedanken zu Eric Bernes Aufsätzen über Intuition, Klinische Diagnosen, Ich-Zustände und Transaktionen. In: E. Berne: Transaktionsanalyse der Intuition. Ein Beitrag zur Ich-Psychologie. Paderborn (Junfermann), S. 201–220.

Schmid, B. (1991b): Auf der Suche nach der verlorenen Würde – Kritische Argumente zur Ethik und zur Professionalität in Organisationen. *Zeitschrift für Organisationsentwicklung (ZOE)* 91 (3): 47–54.

Schmid, B. (1991c): Die professionelle Begegnung aus systemischer Sicht. *Zeitschrift für Transaktionsanalyse* 3: 140–151. Auch in: B. Schmid (1994a): Wo ist der Wind, wenn er nicht weht? Professionalität & Transaktionsanalyse aus systemischer Sicht. Paderborn (Junfermann), S. 41–54. Auch verfügbar unter: http://www.systemische-professionalitaet.de/isbweb/content/view/229/285/ [10.06.08].

Schmid, B. (1993): Menschen, Rollen und Systeme – Professionsentwicklung aus systemischer Sicht. *Zeitschrift für Organisationsentwicklung (ZOE)* 93 (4): 19–25.

Schmid, B. (1994a): Wo ist der Wind, wenn er nicht weht? – Professionalität und Transaktionsanalyse aus systemischer Sicht. Paderborn (Jungfermann). Auch verfügbar unter: http://www.systemische-professionalitaet.de/isbweb/content/view/229/285/ [20.03.08].

Schmid, B. (1994b): Systemische Transaktionsanalyse. In: R. Frühmann u. H. Petzold (Hrsg.): Lehrjahre der Seele. Paderborn (Junfermann).

Schmid, B. (1994c): Konzeptionelle Perspektiven für Therapie und Beratung. In: B: Schmid(1994): Wo ist der Wind, wenn er nicht weht? Paderborn (Junfermann), S. 125–140.

Schmid, B. (1997): TA – auch eine professionsübergreifende Qualifikation. Stellungnahme zu Leonhard Schlegels Aufsatz »Was ist Transaktionsanalyse?«. *Zeitschrift für Transaktionsanalyse* 12: S. 31–42.

Schmid, B. (1998a): Arbeit mit geleiteten Phantasien und Trance. In: B. Schmid (2004): Systemisches Coaching – Konzepte und Vorgehensweisen in der Persönlichkeitsberatung. Bergisch Gladbach (Edition Humanistische Psychologie), S. 123–129.

Schmid, B. (1998b): Umgang mit einschränkenden Identitätsüberzeugungen. In: B. Schmid (2004): Systemisches Coaching – Konzepte und Vorgehensweisen in der Persönlichkeitsberatung. Bergisch Gladbach (Edition Humanistische Psychologie), S. 130–141.

Schmid, B. (1998c): Originalton. Sprüche aus dem *Institut für systemische Beratung*. Wiesloch (Eigendruck). Im Druck beziehbar über info@isb-w.de. Auch verfügbar unter http://www.systemische-professionali-

taet.de/isbweb/component/option,com_docman/task,doc_download/
gid,209/ [11.06.08].

Schmid, B. (2001a): Persönlichkeit im Beruf als Erzählung. (Vortrag auf dem
Weltkongress für systemisches Management, Wien,1.–6. Mai 2001.)
In: B. Schmid (2004): Systemisches Coaching – Konzepte und Vorge-
hensweisen in der Persönlichkeitsberatung. Bergisch Gladbach (Edition
Humanistische Psychologie), S. 209–236. Auch beziehbar über die
DownloadBar des Carl-Auer Verlags: http://www.carl-auer.de/downloa-
dbar/lesbar.php?p df=151 [14.5.2008].

Schmid, B. (2001b): Antreiber-Dynamiken – Persönliche Inszenierungsstile
und Coaching. *Zeitschrift für systemische Therapie* 04: 82–92. Auch in:
B. Schmid (2004): Systemisches Coaching – Konzepte und Vorgehensweisen in der Persönlichkeitsberatung. Bergisch Gladbach (Edition
Humanistische Psychologie), S. 14–34.

Schmid, B. (2002): Das Eigene finden – Professionelle Begegnung und Persönlichkeitsentwicklung im Beruf – Eine systemische Sicht. Verfügbar
unter: http://www.systemische-professionalitaet.de/isbweb/compo-
nent/option,com_docman/task,doc_download/gid,446/ [18.6.2008].

Schmid, B. (2003a): Systemische Professionalität und Transaktionsanalyse.
Bergisch Gladbach (Edition Humanistische Psychologie)

Schmid, B. (2003b): Ebenen der Begegnung in der Beratung. In: B. Schmid
(2004): Systemisches Coaching – Konzepte und Vorgehensweisen in
der Persönlichkeitsberatung. Bergisch Gladbach (Edition Humanistische Psychologie), S. 198–203. Auch verfügbar unter: http://www.
systemische-professionalitaet.de/isbweb/component/option,com_doc-
man/task,doc_download/gid,455/ [20.3.2008].

Schmid, B. (2003c): Kontrolldynamik, Treibsand und fiktive Wirklichkeiten.
In: B. Schmid(2004): Systemisches Coaching – Konzepte und Vorgehensweisen in der Persönlichkeitsberatung. Bergisch Gladbach (Edition
Humanistische Psychologie), S. 87–100. Auch beziehbar über die DownloadBar des Carl-Auer Verlags: http://www.carl-auer.de/downloadbar/
lesbar.php?p df=154 [14.5.2008].

Schmid, B. (2004a): Systemisches Coaching – Konzepte und Vorgehensweisen in der Persönlichkeitsberatung. Bergisch Gladbach (Edition
Humanistische Psychologie).

Schmid, B. (2004b): Auf drei Beinen stehen. (B. Schmid unter anderem zu
Intuition als Basis von Kommunikations- und Führungskompetenz.)
management & training 4: 17–20. Auch verfügbar unter: http://www.
systemische-professionalitaet.de/isbweb/component/option,com_doc-
man/task,doc_download/gid,225/ [20.03.08]-

Schmid, B. (2004c): Innere Bilder der Seele und berufliche Beziehungen.
(Tagung der Internationalen Gesellschaft für Tiefenpsychologie, Lindau,
24.–28.10.2004.) [Audiodatei.] Wiesloch (Institut für systemische Beratung). Verfügbar unter: http://www.systemische-professionalitaet.de/

isbweb/component/option,com_docman/task,doc_download/gid,356/ [20.03.08].

Schmid, B. (2004d): Der Einsatz der Theatermetapher in der Praxis. *LO – Lernende Organisation. Zeitschrift für systemisches Management und Organisation* 18: 56–63. Auch in: B. Schmid u. A. Messmer (2005): Systemische Personal-, Organisations- und Kulturentwicklung. Bergisch Gladbach (Edition Humanistische Psychologie), S. 151–168.

Schmid, B. (2004e): Kult oder Kultur – oder: Ist »Coaching-Qualität« sicherungsfähig? *LO – Lernende Organisation. Zeitschrift für systemisches Management und Organisation* 19: 34–39. Auch in: B. Schmid u. A. Messmer (2005): Systemische Personal-, Organisations- und Kulturentwicklung. Bergisch Gladbach (Edition Humanistische Psychologie), S. 257–266. Auch im Newsletter 2007 (06/07) des Coaching-Magazins, verfügbar unter: http://www.coaching-newsletter.de/archiv/2007/2007_06.htm#1 [14.5.2008].

Schmid, B. (2004f): Identität und Abgrenzung. Beziehbar über die DownloadBar des Carl-Auer Verlags: http://www.carl-auer.de/downloadbar/lesbar.php?p df=159 [14.5.2008]. (Auch verfügbar unter: http://www.systemische-professionalitaet.de/isbweb/component/option,com_docman/task,doc_download/gid,551/ [20.03.08].

Schmid, B. (2005): Beziehungskultur in Organisationen – Eignet sich das Modell von Viktor Frankl? Verfügbar im Archiv des Online-Magazins *Das gepfefferte Ferkel*. Das Online-Magazin ist ein Dienst des Instituts für Beratung und Supervision, Aachen (IBS), verfügbar unter: http://www.ibs-network.de [02.06.2008]. Auch verfügbar unter: http://www.ibs-network.de/ferkel/juni-2005-schmid.html [14.5.2008]. Auch beziehbar über die DownloadBar des Carl-Auer Verlags: http://www.carl-auer.de/downloadbar/lesbar.php?p df=160 [14.5.2008].

Schmid, B. (2006): Die Macht der (schöpferischen) Beziehung. (Vortrag beim DGTA-Kongress, Hannover, 12.–14. Mai 2006.) Verfügbar über: http://www.systemische-professionalitaet.de/isbweb/component/option,com_docman/task,doc_download/gid,665/ [20.03.08].

Schmid, B. (2008): Wenn der Coach in der Zwickmühle steckt. *Coaching-Magazin* 01. Verfügbar über: http://www.coaching-report.de/coaching-magazin/coaching-magazin_2008-01.pdf [10.03.08].

Schmid, B. u. P. Boback (2001): Wirklichkeitskonstruktive Traumarbeit. In: B. Schmid (2004): Systemisches Coaching – Konzepte und Vorgehensweisen in der Persönlichkeitsberatung. Bergisch Gladbach (Edition Humanistische Psychologie), S. 101–122.

Schmid, B. u. S. Caspari (1997): Wege zu einer Verantwortungskultur oder symbiotische Beziehungen. In: B. Schmid (2004): Systemisches Coaching – Konzepte und Vorgehensweisen in der Persönlichkeitsberatung. Bergisch Gladbach (Edition Humanistische Psychologie), S. 49–60.

Schmid, B. u. S. Caspari (1998a): Zugänge zur Wirklichkeit. Die Typenlehre nach C. G. Jung. Verfügbar unter: http://www.systemische-professionalitaet.de/isbweb/component/option,com_docman/task,doc_download/gid,515/ [20.03.08].

Schmid, B. u. S. Caspari (1998b): Ebenen der Wirklichkeitsbegegnung. In: B. Schmid (2004): Systemisches Coaching – Konzepte und Vorgehensweisen in der Persönlichkeitsberatung. Bergisch Gladbach (Edition Humanistische Psychologie), S. 203–208.

Schmid, B. u. S. Caspari (1998c): Merkmale der Jungschen Psychologie. Verfügbar unter: http://www.systemische-professionalitaet.de/isbweb/component/option,com_docman/task,doc_download/gid,430/ [20.03.08].

Schmid, B. u. S. Caspari (2002): Beziehung und Begegnung. Verfügbar unter: http://www.coaching-magazin.de/artikel/schmid_bernd_-_beziehung_und_begegnung.doc [14.5.2008].

Schmid, B. u. J. Hipp (1998): Macht und Ohnmacht in Dilemmasituationen. Verfügbar unter: http://www.systemische-professionalitaet.de/isbweb/component/option,com_docman/task,doc_download/gid,426/ [20.3.2008].

Schmid, B. u. J. Hipp (2002): Anforderungen an Persönlichkeit und Dienstleistungen in einer komplexen Welt. *LO – Lernende Organisation. Zeitschrift für systemisches Management und Organisation*, 8: 20–22. Auch in: B. Schmid (Hrsg.) (2003): Systemische Professionalität und Transaktionsanalyse. Bergisch Gladbach (Edition Humanistische Psychologie), S. 167–173.

Schmid, B. u. K. Jäger (1986): Zwickmühlen – Oder: Wege aus dem Dilemmazirkel. *Zeitschrift für Transaktionsanalyse* 1: 51–65.

Schmid, B. u. W. Jokisch (1998): ICH-DU- und ICH-ES-Typen. In: B. Schmid (Hrsg.) (2004): Systemisches Coaching – Konzepte und Vorgehensweisen in der Persönlichkeitsberatung. Bergisch Gladbach (Edition Humanistische Psychologie), S. 35–48.

Schmid, B. u. A. Messmer (2000): Macht und Autorisierung. In: B. Schmid u. A. Messmer (2005): Systemische Personal-, Organisations- und Kulturentwicklung. Bergisch Gladbach (Edition Humanistische Psychologie), S. 136–150.

Schmid, B. u. A. Messmer (2003): Die Passung von Person und Organisation. In: B. Schmid B. u. A. Messmer (2005): Systemische Personal-, Organisations- und Kulturentwicklung. Bergisch Gladbach (Edition Humanistische Psychologie), S. 26–47.

Schmid, B. u. A. Messmer (2004a): Auf dem Weg zu einer Verantwortungskultur im Unternehmen. In: B. Schmid u. A. Messmer (2005): Systemische Personal-, Organisations- und Kulturentwicklung. Bergisch Gladbach (Edition Humanistische Psychologie), S. 48–64. Auch in:

LO – Lernende Organisation. Zeitschrift für systemisches Management und Organisation 18 (2004): 44–50.

Schmid, B. u. A. Messmer (2004b): Krisenphasen diagnostizieren und damit umgehen. In: B. Schmid u. A. Messmer (2005): Systemische Personal-, Organisations- und Kulturentwicklung. Bergisch Gladbach (Edition Humanistische Psychologie), S. 64–80. Auch in: *LO – Lernende Organisation. Zeitschrift für systemisches Management und Organisation* 17 (2004): 36–42.

Schmid, B. u. A. Messmer (2004c): Das Perspektiven-Ereignis-Modell. In: B. Schmid u. A. Messmer (2005): Systemische Personal-, Organisations- und Kulturentwicklung. Bergisch Gladbach (Edition Humanistische Psychologie), S. 169–185. Auch in: *LO – Lernende Organisation. Zeitschrift für systemisches Management und Organisation* 21 (2004): 42–47.

Schmid, B. u. A. Messmer (2005): Systemische Personal-, Organisations- und Kulturentwicklung. Bergisch Gladbach (Edition Humanistische Psychologie).

Schmid, B. u. M. Varga von Kibéd (2005a): Mit Dilemmata einfach umgehen. *LO – Lernende Organisation. Zeitschrift für systemisches Management und Organisation* 26: 525–7. Auch in: B. Schmid u. M. Varga von Kibéd: Verzweifeln – eine professionelle Kompetenz? Verfügbar unter: http://www.systemische-professionalitaet.de/isbweb/component/option,com_docman/task,doc_download/gid,219/ [20.03.08].

Schmid B. u. M. Varga von Kibéd (2005b) im Gespräch über: Komplexität, Paradoxien, Dilemmata. [Audiodatei.] Verfügbar unter: http://www.systemische-professionalitaet.de/isbweb/component/option,com_docman/task,doc_download/gid,729/ [20.03.08].

Schmid, B. u. S. Wahlich (2002): Beratung als kulturorientierte und sinnschöpfende Kommunikation. Verfügbar unter: http://www.coaching-magazin.de/artikel/schmid_bernd_wahlich_stefan_-_beratung_als_kulturorientierte_und_sinnschoepfende_kommunikation.doc [14.5.2008].

Schmid, B. u. G. Weber (1988): Fallbeispiel, Transkript einer Sitzung und Therapieverlauf. In: F. B. Simon (Hrsg.): Lebende Systeme – Wirklichkeitskonstruktion in der systemischen Therapie. Heidelberg/Berlin/New York (Springer), S. 66–80.

Schmid, B. u. T. Webers (2007): Dass sich unser Blick weitet ... (Interview in der Reihe »Köpfe der *Coaching*-Szene«, *Coaching-Newsletter* 04/2007.) Verfügbar unter: http://www.coaching-newsletter.de/archiv/2007/2007_04.htm#1 [15.03.08]. Auch verfügbar http://www.systemische-professionalitaet.de/isbweb/component/option,com_docman/task,doc_download/gid,1087/ [20.03.08].

Schmid, B. u. K. Wengel (2001): Die Theatermetapher: Perspektiven für Coaching, Personal- und Organisationsentwicklung. *profile – Zeitschrift für Veränderung, Lernen, Dialog* 1: 81–90. Auch verfügbar unter: http://www.

systemische-professionalitaet.de/isbweb/component/option,com_doc-man/task,doc_download/gid,439/ [28.5.2008].

Schmidt, G. (2005): Liebesaffären zwischen Problem und Lösung. Hypnosystemisches Arbeiten in schwierigen Kontexten. Heidelberg (Carl-Auer).

Schulz von Thun, F. (2005): Miteinander reden 1: Störungen und Klärungen. Allgemeine Psychologie der zwischenmenschlichen Kommunikation. Reinbek bei Hamburg (Rowohlt), 44. Aufl.

Sheldrake, R. (2003): The Sense of being stared at and other aspects of the extended mind. New York (Crown).

Sloterdijk, P. (2007): Optimierung des Menschen? »*Tele-Akademie*« Baden-Baden (Südwestrundfunk, 25.11.2007).

Steiner, C. a. C. Kerr (1976): Eric Berne beyond games and scripts. New York (Grove).

Trautmann, R. a. R. G. Erskine (1979): Ego state analysis: A comparative view. *Transactional Analysis Journal* 11: 178–185.

Varela, F. (1981): The middle way in neuroscience. (Vortrag auf der Forum-Konferenz, Lloret de Mar, Spanien, Juli 1981.)

Varga von Kibéd, M. u. I. Sparrer (2005): Ganz im Gegenteil. Heidelberg (Carl-Auer), 5., überarb. Aufl.

Wartenberg, R. (1988): Das Strukturmodell der Ichzustände. FB Philosophie, Psychologie, Sportwissenschaft der Universität Oldenburg (unveröffentl. Dissertation).

Wittels, F. (1945): The interpretation of dreams: »New developments and techniques« by Wilhelm Stekel [1944]. *Psychoanalytic Quarterly* 14: 540–544.

Zeig, J. (Hrsg.) (2006): Meine Stimme begleitet Sie überallhin. Ein Lehrseminar mit Milton H. Erickson. (Konzepte der Humanwissenschaften.) Stuttgart (Klett-Cotta), 9. Aufl.

Zerin, E. (1989): Epistemology and psychotherapy. *Transactional Analysis Journal* 19: 80–85.

Hinweise

Auf der Website des Instituts für systemische Beratung (www.isb-w.de) finden Sie im Downloadbereich eine Vielzahl an Schriften und Audios, die Ihnen zum kostenlosen Download zur Verfügung stehen.

Bernd Schmid:

1. Monografien

1986: Systemische Transaktionsanalyse – Anstöße zu einem erneuten Durchdenken und zur Diskussion transaktions-analytischer Konzepte aus systemischer Sicht. Wiesloch (Eigenverlag).

1994: Wo ist der Wind, wenn er nicht weht? Professionalität und Transaktionsanalyse aus systemischer Sicht. Paderborn (Junfermann).

2003: Systemische Professionalität und Transaktionsanalyse. Mit einem Gespräch mit Fanita English. (EHP-Handbuch systemische Professionalität und Beratung. Hrsg. von B. Schmid.) Köln (Edition Humanistische Psychologie).

2004: Systemisches Coaching und Persönlichkeitsentwicklung – Ausgewählte Konzepte und Vorgehensweisen. (EHP-Handbuch systemische Professionalität und Beratung. Hrsg. von B. Schmid. Köln (Edition Humanistische Psychologie).

2004 (zusammen mit P. Fauser): Teamberatung aus systemischer Perspektive. (EHP-Praxisreihe.) Köln (Edition Humanistische Psychologie).

2005 (zusammen mit A. Messmer): Systemische Personal-, Organisations- und Kulturentwicklung. (EHP-Handbuch systemische Professionalität und Beratung. Hrsg. von B. Schmid.) Köln (Edition Humanistische Psychologie).

2. Buchbeiträge

1984: Theory, language, and intuition. In: E. Stern (ed.): TA – The State of the Art – A European contribution. Dordrecht/Cinnaminson (Foris), pp. 61–65.

1984 (zusammen mit K. Jaeger): Breaking through the dilemma-circle. In: E. Stern (ed.): TA – The State of the Art – A European contribution. Dordrecht/Cinnaminson (Foris), pp. 107–118.

1991: Kritische Gedanken zu Eric Bernes Aufsätzen über Intuition, klinische Diagnosen, Ich-Zustände und Transaktionen. In: E. Berne: Transaktionsanalyse der Intuition. (Hrsg. von H. Hagehülsmann. Paderborn (Junfermann), S. 201–220.

1994: Die Rolle der Eigentherapie in der Ausbildung zum Transaktionsanalytiker. In: R. Frühmann und H. Petzold (Hrsg.): Lehrzeit der Seele. Paderborn (Junfermann), S. 108–120.

1996: The reality-constructive perspective! Systemic thinking and professionalism tomorrow. In: S. van Poelje a. T. Steinert (eds.): Transactional analysis in organizations. (First volume of selected articles 1974–1994.) San Francisco (ITAA – International Transactional Analysis Association), pp. 53–68. Beziehbar unter: http://www.itaa-net.org/resources/books/bktaorgs.htm [2.6.2008].

2004: Sinnstiftende Hintergrundbilder professioneller Szenen. In: C. Rauen (Hrsg.): Coaching Tools. Erfahrene Coaches präsentieren 60 Interventionstechniken aus ihrer Coaching-Praxis. Bonn (Managerseminare).

2005: Seelische Bilder und berufliche Beziehungen. (Vortrag anlässlich des Kongresses für Tiefenpsychologie, Lindau, vom 24.–28. Oktober 2004.) In: C. Neuen (Hrsg.): Einander anerkennen – Eine neue Beziehungskultur. Düsseldorf (Patmos).

3. Ausgewählte Zeitschriftenartikel

1980: TA ist vielseitig und nützlich. *Gruppendynamik im Bildungsbereich* 1: 20–27.

1984: Die Ausbildung in Transaktionsanalyse. *Zeitschrift für Transaktionsanalyse* 1 (l): 50–55.

1986 (zusammen mit Klaus Jäger): Zwickmühlen. Oder: Wege aus dem Dilemma-Zirkel. *Zeitschrift für Transaktionsanalyse* 3 (l): 5–16.

1986: Theorie, Sprache und Intuition. *Zeitschrift für Transaktionsanalyse* 3 (2): 73–77.

1988: Überlegungen zur Identität als Transaktionsanalytiker. *Zeitschrift für Transaktionsanalyse* 5 (2): 75–77.

1988: Theory and identity in the TA-community. *Newsletter European Association for Transactional Analysis* 33: 5, 34: 57: 36: 78, 37: 8–10.

1988: The Toblerone Model of competence for transactional analysis. *EATA newsletter.*

1989: Acceptance Speech: Een concept om met theorie en identiteit in de T.A.-gemeenschap om te gaan. Strook. *Tydschrift voor Transactionele Analyse* 2: 49–58.

1989 (zusammen mit Peter Fauser): Kontextbewußtsein und Fokusbildung in einem Trainingsseminar. *Zeitschrift für Transaktionsanalyse* 6 (l): 33–45.

1989: Gegen die Macht der Gewohnheit. *Zeitschrift für Transaktionsanalyse* 6 (2/3): 68–91.

1989: Acceptance Speech – Blackpool 1988: Programmatische Überlegungen anlässlich der Entgegennahme des l. EATA-Wissenschaftspreises für Autoren. *Zeitschrift für Transaktionsanalyse* 6 (4): 1941–1963.

1990: Professionelle Kompetenz für Transaktionsanalytiker – Das Toblerone-Modell. *Zeitschrift für Transaktionsanalyse* 7 (l): 32–41.

1990 (zusammen mit Peter Fauser): Supervision nach dem Toblerone-Modell im Praxisfeld Organisation. *Zeitschrift für Transaktionsanalyse* 7 (2): 61–74.

1990: Eine neue TA: Leitgedanken zu einem erneuerten Verständnis unseres professionellen Zugangs zur Wirklichkeit. *Zeitschrift für Transaktionsanalyse* 4 (7): 156–172.

1991: Intuition of the possible and transactional creations of reality. *Transactional Analysis Journal* 3: 144–154.

1991: Die professionelle Begegnung – Nachdenken aus der systemischen Perspektive. *Zeitschrift für Transaktionsanalyse* 3 (8): 140–251.

1992: Herstellen und Erhalten eines Rapports. *Zeitschrift der Deutschen Gesellschaft für Transaktionsanalyse* 1: 3 f.

1994: Transactional analysis and social roles. (Selection from the 20th EATA Conference, Maastricht, 10.–14. July 1994.) *The Maastricht papers:* 30–44.

1997: TA – auch eine professionenübergreifende Qualifikation – Stellungnahme zu Leonhard Schlegels Aufsatz »Was ist Transaktionsanalyse?«. *Zeitschrift für Transaktionsanalyse* 14 (12): 31–42.

1999 (zusammen mit S. Caspari und J. Hipp): Intuition in der professionellen Begegnung. *Zeitschrift für systemische Therapie* 2: 101–111.

2001: Professionelle Begegnung und Persönlichkeitsentwicklung im Beruf – Eine systemische Sicht. *Zeitschrift für systemische Therapie* 4: 209–220.

2001: Antreiber-Dynamiken – Persönliche Inszenierungsstile und Coaching. *Zeitschrift für systemische Therapie* 2: 82–92.

2002 (zusammen mit J. Hipp): Kontraktgestaltung im Coaching. *Organisationsberatung, Supervision, Coaching (OSC)* 3 (3): 255–263.

2003: Organisationsberatung als Begegnung von Wirklichkeiten und Kulturen. *Wirtschaftspsychologie* 1 (3): 18–25.

2004 (zusammen mit A. Messmer): Auf dem Weg zu einer Verantwortungskultur im Unternehmen. *LO – Lernende Organisation. Zeitschrift für systemisches Management und Organisation* 18 (März/April)· 44–50.

2004: Auf drei Beinen stehen. Interview zu zentralen Konzepten der TA mit Nicole Dargent für *management & training* 4 (www.mwonline. de). Verfügbar unter: http://www.systemische-professionalitaet.de/isbweb/component/option,com_docman/task,doc_download/gid,225/ [12.6.2008].

2005: Rezension zu Sigrid Röhls »Fanita English – über ihr Leben und die Transaktionsanalyse« [2004]. *Profile – Internationale Zeitschrift für Veränderung, Lernen, Dialog* 9: 98.

2005 (with A. Messmer): On the way to a culture of responsibility in organizations: Concepts of symbiosis revisited. *Transactional Analysis Journal Special on Organizations* (Oct.): 324–332.

2005: Inspiring background images and the use of the »theatre metaphor« in professional coaching. (Included in participants package on CD, ed. by Julie Hay, conference 30.11./1.12.2005, European Mentoring and Coaching Council.)

2007· The role concept of transactional analysis and other approaches to personality, encounter, and cocreativity for all professional fields. *Transactional Analysis Journal* 1: 17–30. Verfügbar unter: http://www.itaa-net. org/tajournal/pdfs/Jan2008SchmidArticle.pdf [14.5.2008].)

Über die Autoren

Bernd Schmid, Dr. phil., studierte Wirtschaftwissenschaften und promovierte in Erziehungswissenschaften und Psychologie. Weiterbildungen in Körpertherapie, Gestalttherapie, Gesprächspsychotherapie, Transaktionsanalyse und systemischer Familientherapie sowie Fortbildungen in NLP und Hypnose. Lehrtrainer der internationalen Transaktionsanalyse-Gesellschaft und anderer Gesellschaften im Bereich Psychotherapie, Coaching, Supervision, systemische Beratung sowie Organisations- und Personalentwicklung. Gründer und Leiter des Instituts für systemische Beratung in Wiesloch (seit 1984). Interessensschwerpunkte derzeit: Systemische Lern-, Professions- und Organisationskultur, die Arbeit mit Intuition, Träumen und inneren Bildern sowie Senior-Experten im Demographischen Wandel.

Bernd Schmid ist Mitgründer und Vorsitzender des Präsidiums des Deutschen Bundesverband Coaching (DBVC), Gründer und langjähriger Vorsitzender der Gesellschaft für Weiterbildung und Supervision (GWS), Mitgründer des *forum humanum* sowie Herausgeber der Reihe *Systemische Professionalität und Beratung* im EHP-Verlag. Zahlreiche Veröffentlichungen in Schrift und Ton.

Christiane Gérard ist Diplom-Psychologin mit Ausbildung zur Verhaltenstherapeutin, systemischen Transaktionsanalytikerin und Neuropsychologin. Seit 1983 arbeitet sie in einer neuropädiatrischen Klinik. Sie ist Autorin mehrerer transaktionsanalytischer Artikel sowie Mitautorin des Ratgebers *Schädelhirnverletzungen bei Kindern und Jugendlichen*. Ihre Arbeitsschwerpunkte sind Klinische Neuropsychologie und systemische Transaktionsanalyse.

Mehr als Weiterbildung

Institut für systemische Beratung

Leitung Dr. Bernd Schmid   06222–81880

Schlosshof 3   info@isb-w.de

69168 Wiesloch   www.isb-w.de